# 治国理政
# 新实践新经验

本书编写组　编

2015 年度马克思主义理论研究和建设工程
重大实践经验总结课题成果选编

学习出版社

**图书在版编目（CIP）数据**

治国理政新实践新经验：2015年度马克思主义理论研究和建设工程重大实践经验总结课题成果选编 /《治国理政新实践新经验：2015年度马克思主义理论研究和建设工程重大实践经验总结课题成果选编》编写组编. --北京：学习出版社，2017.11

ISBN 978-7-5147-0817-2

Ⅰ.①治⋯　Ⅱ.①治⋯　Ⅲ.①马克思主义理论－理论研究　Ⅳ.①A81

中国版本图书馆CIP数据核字（2017）第243562号

**治国理政新实践新经验**
ZHIGUOLIZHENG XINSHIJIAN XINJINGYAN
——2015年度马克思主义理论研究和建设工程
　　重大实践经验总结课题成果选编

本书编写组　编

责任编辑：李　岩
技术编辑：周媛卿

出版发行：学习出版社
　　　　　北京市崇外大街11号新成文化大厦B座11层（100062）
　　　　　010-66063020　010-66061634　010-66061646
网　　址：http://www.xuexiph.cn
经　　销：新华书店
印　　刷：北京联兴盛业印刷股份有限公司

开　　本：710毫米×1000毫米　1/16
印　　张：19.5
字　　数：242千字
版次印次：2017年11月第1版　2017年11月第1次印刷

书　　号：ISBN 978-7-5147-0817-2
定　　价：52.00元

如有印装错误请与本社联系调换

# 出版说明

　　2015年度马克思主义理论研究和建设工程重大实践经验总结课题，围绕贯彻落实党的十八大以来以习近平同志为核心的党中央治国理政新理念新思想新战略，组织力量展开深入研究，取得了一批成果。为更好地为工程各课题组专家学者研究工作和各地区各部门的实践工作服务，现将2015年度工程重大实践经验总结课题40项成果凝练成篇、汇集成册。

编　者

2017年10月

# Contents 目 录

# 积极探索具有中国特色、首都特点的治 网 之 道

## ——北京地区互联网建设和管理实践研究

"北京地区互联网建设和管理实践研究"课题组

互联网是弘扬社会主义核心价值观的重要阵地，是联系党和人民群众的重要桥梁，更是建设网络强国、实现中华民族伟大复兴的中国梦的重要推进器。北京作为中国互联网高速发展的一个超大型城市，囊括了全国 90% 以上的重点互联网企业和新浪、搜狐、网易、凤凰、百度等具有全国影响力的大型网站，不仅是全国网络信息传播中心和互联网产品应用中心，也是我国网络舆论斗争前沿阵地和主战场，在推动我国网信事业发展、建设网络强国中，肩负着重大责任、承担着重要使命。

多年以来，尤其是党的十八大以来，北京在中央和市委市政府的坚强领导下，始终坚持以中国特色社会主义理论特别是习近平总书记系列重要讲话精神为指导，牢固树立"看齐意识、天下意识、阵地意识和首善意识"，站在加强和改进党在互联网时代的意识形态工作、巩固党的执政地位的战略高度，立足于北京互联网发展实际，坚决贯彻"积极利用、科学发展、依法管理、确保安全"的方针，在践行"创新、协调、

绿色、开放、共享"的发展理念上先行一步，形成了一套具有中国特色、首都特点的互联网建设管理方式方法，取得较好成效。

## 一、坚持党的领导，确保互联网正确的发展方向

中国共产党是我国各项事业的领导核心，是人民利益的代表。党对网信事业的领导不仅是国家治理在网络空间中的必然延伸，也是现实社会治理的必然要求。在探索中国特色治网的道路上，北京始终不渝地坚持党的领导，从思想上、政治上、行动上同党中央保持高度一致。

坚持政治家办网，将马克思主义普遍原理、世界互联网治理的普遍规则与中国网络发展治理实践相结合。增强阵地意识，按照习近平总书记"各级党报党刊、电台电视台要讲导向，都市类报刊、新媒体也要讲导向"的指示精神，把"党管媒体"原则贯彻到新媒体各平台、各领域、各环节，将所有从事新闻信息服务、具有媒体属性和舆论动员功能的传播平台及其从业人员纳入管理，确保有亿量级受众的社会网站和新媒体平台始终与党中央保持高度一致，牢牢掌握舆论的主导权、管理权。以马克思主义新闻观为指导，努力提高新媒体从业人员政治素养和专业素养，解决好"为了谁、依靠谁、我是谁"这个根本问题，以对社会对人民负责的自觉，坚定不移地传播党中央声音。积极把握网络时代互联网企业党建新特点，通过抓党组织建设、抓党员培养、抓管理服务，基本实现属地主要互联网企业党组织广覆盖、关键岗位有党员，增强了互联网企业党组织战斗力和行业凝聚力。

## 二、坚持将网络舆论工作作为重中之重，促进社会共识不断凝聚

当前，互联网已成为社会主流媒体，意识形态斗争的主战场。习近平总书记指出，"要把网上舆论工作作为宣传思想工作的重中之重来抓"。北京按照习近平总书记的要求，从维护我国政权安全、制度安全和意识形态安全出发，积极发挥互联网在思想引领、舆论推动、精神激励和文化建设方面的强大力量。

以整合资源为基础，不断巩固和扩大网上阵地，统筹推动市属媒体和新兴媒体在信息内容、技术应用、平台终端等方面的深度融合，打造新型主流媒体，形成包括网上政务发布、市属媒体公众号、社会网站、自媒体以及名人微博、草根微博在内的宣传矩阵。以理念创新为先导，打造全媒体采编一体化平台，以"中央厨房"式生产，实现传统媒体与新媒体一体策划、一次采集、多种生成、多屏传播、同频共振。以内容建设为根本，加强议题设置，实施网络内容建设工程，鼓励网站、文艺工作者、网民深入挖掘具有时代特征、民族特点和首都特色的内容，创作网络微电影、微视频、网络文学等健康向上的网络文化作品，不断满足人民日益增长的网络文化需求。以先进技术为支撑，深入研究互联网传播规律，用群众喜闻乐见的话语形式和信息化传播手段推进网络宣传，努力从说教式报道向贴近群众、暖人心的报道演进，从长篇大论式报道向短小精干式报道演进，探索运用图文、数读、图说、音视频、动漫、H5等多种短小化、碎片化、口语化的形式做好宣传，让网上主旋律入眼、入脑、入心。

## 三、坚持统筹协调、多方联动，共筑管理合力

互联网是一种多节点、多中心的新型社会形态，随着互联网和各行各业融合加剧，互联网建设和管理单凭某一个部门已难以实现。习近平总书记指出，"面对互联网技术和应用飞速发展，现行管理体制存在明显弊端，主要是多头管理、职能交叉、权责不一、效率不高"。为在深刻变化的媒体格局和舆论格局中守好党的新闻舆论阵地，北京早谋划、早安排、早动手，创新管理机制和手段，加强统筹协调、多方联动，捏指成拳，形成合力。

加强顶层设计，强化市委网络安全和信息化领导小组的统筹协调职能，建立完善重大事项报告机制、横向沟通联络机制、舆论引导联动工作机制等，推进形成政府部门与商业网站、市属新媒体和行业组织"上下联动"，市网信办、市公安局、市通管局等相关责任部门之间以及新媒体和传统媒体之间"左右互通"的网络安全"大联动"工作格局，极大提升了全市互联网建设和管理工作统筹、协调、指导、推动、督促效能。注重发挥党委总揽全局、政府协调各方的作用，明确部门责任，严肃考核问责，切实做到守土有责、守土负责、守土尽责。每逢重大会议、重大活动、重大事件、重大主题宣传，及时启动"请进来、走出去"应急工作模式。"请进来"即联合相关职能部门、属地网站现场办公，"走出去"即建立起驻网站联络室机制，通过加强与职能部门和属地网站的沟通协调，共同提高舆情研判、协同联动、应急处置效率。

## 四、坚持创新管理，促进网络空间日渐清朗

北京网络资源丰富、知名网站云集、信息化水平高，管理任务十分繁重，互联网快速发展给管理带来了前所未有的巨大挑战。针对复杂多变的管理形势，北京坚持"下好先手棋，打好主动仗"，给网站"划出红线、亮明底线"的同时，不断创新、完善管理，促进产业有序发展，有效清朗网络空间，为北京乃至全国改革发展稳定营造好良好的舆论氛围和文化条件。

坚持依法管理，针对互联网管理中的重点和难点问题，制定《北京市网络信息服务管理若干规定》《互联网站转载新闻信息服务管理暂行办法》《北京市微博客发展管理若干规定》等系列文件，依法规范互联网信息服务和传播秩序。加强与市公安局、通管局、文化执法总队、金融局等部门的协同执法，依法打击制造传播网络谣言、暴恐音视频、淫秽色情、非法集资等网上违法犯罪行为，依法关闭违法违规网站、频道、栏目、微博、博客、微信、论坛等各类账号，有效净化网络环境，保护广大网民合法权益。坚持规范管理，落实网站主体责任，积极探索建立健全各种管理机制和网站内控制度，不断推动网站肩负起新闻舆论使命，把经济效益和社会效益结合起来，积极传播社会正能量、唱响主旋律。在全国率先建立网站总编辑和总编室主任制度，强化网站新闻编发、审核、应急响应；建立第一通知人制度，确保政府与网站沟通顺畅通达；建立驻站联络室制度，实现政府管理有效延伸；实行重大违规典型案例通报制度，督促提高网站责任意识。通过规范制度建设，有效提高网站自我管理水平，强化网站主体责任，为属地互联网管理奠定了坚实的基础。坚持技术管理，加强技术管控平台和手段建设，充分利用大数据等

手段，提升管理科学性和有效性。对不断涌现出的新情况新问题加强研究，联合通信、公安等部门，开展全市网络关键信息基础设施安全检查，加强对易信、米聊、手机客户端、云端、APP平台等新产品新技术新应用的安全评估，对网站资本、资质、技防、管理等提出明确要求，做到"装好闸门再放水，安好刹车再上路"。

## 五、坚持积极利用，有效提升互联网服务人民的水平

网络本身是一个中立的平台，用好了可以提升政府执政力、弘扬社会正气、通达社情民意、引导社会热点、搞好舆论监督，惠及普通百姓。因此，在抓好管理的同时，北京充分发挥网络平台贴近网民、贴近生活的优势，坚持走好"网上群众路线"，做好"人心"这篇大文章，落实好习近平总书记"让互联网更好造福国家和人民"的工作要求。

搭建政府与网民信息沟通的平台，做好"互联网＋政务"服务，推进网上网络新闻发言人队伍和政务微博微信矩阵建设，促进政府信息公开更主动、政策解读更精准、为民服务更到位。围绕重大决策、重大主题、重大活动及公众关注的热点难点，加强网上舆情搜集分析研判，找准网民思想认识的共同点、情感交流的共鸣点、利益关系的交汇点、化解矛盾的切入点，辅助科学决策，纾解社会情绪，排解民忧民困。对于网上错误认识，坚持在交锋中说理，在说理中引导，帮助网民厘清事实，走出思想误区，有效压缩错误言论空间。同时，积极推动网上问题网下解决，促进有关部门把解决实际困难和解开思想疙瘩结合起来，把政策暖人和教育服人结合起来，系好连心结，凝聚发展共识。组织属地网站运用网络平台和资源开展形式多样的网络公益活动，打造出"微博打拐""免费午餐""美丽童行""寻找你身边的抗战老兵""微博益起来"

等系列公益品牌活动，激发网民向善的情怀，让更多困难群众获得关心和救助，鲜亮了互联网底色。指导网站深入推进"互联网+"行动，通过"互联网+农业""互联网+物流""互联网+教育""互联网+文化"等，用互联网改造提升传统产业，为经济发展注入新动力，进一步促进基本服务均等化，让网络发展更好地造福人民。

## 六、坚持社会共治，打造多方参与的网络治理新格局

习近平总书记强调，"网络空间是亿万民众共同的精神家园"，北京在互联网治理上充分发挥政府监管部门主导作用的同时，注重动员企业、社会组织、网民等力量齐抓共管、良性互动，推动网络外在治理向内在治理积极转变，走出了一条"政府依法监管、网站行业自律、网民自我治理、社会公众监督"的互联网创新社会管理之路。

坚持发挥社会组织优势，在全国率先成立首都互联网协会，配合政府管理部门，在建立自律机制、制定从业规范、协调会员关系、保障会员权益、加强网民媒介素养教育等方面，发挥了积极作用。指导新浪制定《微博社区公约》《微博社区管理规定》《微博社区委员会制度》三大规定，从微博用户中招募社区委员，通过网民自治实现"让网民教育网民"，使网民成为文明办网、文明上网的重要推动力量。创新社会监督工作机制，成立北京市互联网违法和不良信息举报中心，指导新浪、搜狐、网易、百度、凤凰网等具有影响力的属地网站建立举报热线，构建北京地区网站联合辟谣平台，加强首都互联网协会新闻评议专业委员会、妈妈评审团、网络监督志愿者、自律专员等社会监督力量建设，开展各种监督活动，吸引广大网民积极参与网络举报、监督，充分发挥广大网民的智慧和力量，团结广大网民共同营造风清气正的网络环境。

互联网建设和管理是国家治理的重要组成部分，关系到国家安全、社会稳定、人民利益。面对互联网不断发展的新形势、新机遇和新挑战，北京将继续以党的十八大、十八届三中、四中、五中全会精神和习近平总书记系列重要讲话精神为指导，牢固树立"创新、协调、绿色、开放、共享"发展理念，围绕引领中国互联网发展、打造全国网络文化中心的目标，遵循互联网建设与管理规律，大胆探索、锐意进取，通过产业与事业协调发展、建设和管理相互促进，牢牢掌握网络意识形态主导权，着力保障网络安全和推动信息化发展，进一步让首都互联网的发展服务国家发展战略，成果惠及每一个普通百姓，并为首都乃至全国改革发展稳定营造良好网络舆论氛围、精神动力和文化条件。

# 重塑政府与市场关系的新格局

## ——天津市行政管理体制改革的创新与实践

"天津市深化行政管理体制改革的创新与实践研究"课题组

党的十八大以来，以习近平同志为核心的党中央全面深化改革，大力推进国家治理体系和治理能力现代化。天津市委、市政府认真贯彻落实中央决策部署，充分利用综合配套改革和先行先试政策优势，以转变政府职能为用力方向，大力推进简政放权，落实放管结合，实现规范运行，全面优化服务，行政管理体制多个领域的改革创新走在全国前列。

## 一、大道至简：打出行政管理体制改革"组合拳"

在精心筹划的基础上，天津市滨海新区率先成立行政审批局，将18个政府工作部门的216项行政审批职责全部划转到行政审批局，将各个部门原有的109颗审批专用章简化为1颗"行政审批局"专用章。随后，天津市16个区县均成立了行政审批局，成为全国第一个在区县层面全部建立行政审批局的省市。2014年9月11日，李克强总理在滨海新区行政审批局见证了109颗印章的封存，强调"这些公章一旦封存绝不能再打开，要让它们彻底成为历史"。2014 年 11 月 15 日，国家博物馆永久收藏被封存的 109 颗公章。这些小小的公章曾经是权力的符号，现在却成为简政放权改革的历史见证。

在此之后，天津持续拓展改革领域，形成了新的改革和创新，即市政府向社会公布行政许可目录，厘定政府及其职能部门的职权边界；合并工商、质监、食药监三个局，建立大部门市场监管新模式；整合街镇执法力量，设立街道综合执法机构，集中行使行政处罚权；建立统一的市场主体信用信息公示平台，提高信用约束和监控的效力；构建京津冀海关通关全流程一体化运作模式和检验检疫一体化通关模式，实现区域通关一体化作业；建成行政执法监督平台和"审计监督一张网"管理系统，实现对行政执法和审计对象全过程、全覆盖和实时监督；整合全市 53 个政府热线号码，建构集政府服务、公共服务和社会服务于一体的便民服务平台；市场监管委联合各部门对企业实施随机抽查，随机抽取执法人员，实现"双随机"检查模式；精简审批事项、环节和要件，引进人才一站式办成所有事情。这样最终形成了天津市行政管理体制改革的整体格局。

随着天津市行政管理体制改革不断深化，改革的领域不断拓展，改革的效应不断延伸放大，形成强有力的改革"组合拳"。各项改革措施删繁就简，使权力运行更加清晰和透明，体现了大道至简的朴素真理，落实了"把权力关进制度的笼子"的要求。精简政府权力，重组机构和人员，这样"用政府减权的痛，换企业和群众办事的爽"，重塑了政府与市场关系的新格局。

## 二、红利释放：改革取得显著成效

行政管理体制改革破解了边界模糊、权责不清、政出多门、效率低下等老大难问题，释放了经济和社会发展的巨大红利，形成了良好的示范和连锁效应。

1. **简政放权厘清了政府与市场边界**。天津市先后9次清理减少行政审批事项，全国率先一次性取消非行政许可事项。在此基础上，行政审批局进行流程再造和优化，以并联方式开展行政审批，实施"团队化"专业审查，实现一个窗口管全程。行政审批单办件事项平均用时仅为原来的1/4，企业设立审批由过去的3天取得"四证一章"到现在1天办结完成，大大提高了行政审批的效率。

天津市还将直接面向基层、量大面广、由基层管理更方便有效的经济社会管理职权下放给基层政府，激活基层的活力；将相互关联的职权同步下放至区县或街镇政府主管部门，实现了协同放权；减少一大批干预和束缚企业自主性的行政职权，给企业松绑；扶持和培育社会组织，为向社会转移政府服务创造了条件。

2. **放管结合建立了全过程监管体系**。天津市面向市场领域推行了大刀阔斧的改革，包括在全国省级层面率先推出"三证合一"商事登记制度改革，实行"一照一码"企业登记模式；实行药品零售（连锁）"五证合一"的行政许可制度，办理时限从五证分别办理的承诺办结时间59个工作日缩短为7个工作日。

行政审批局建立后，审批与监管区分开来，行政审批职权全部划归行政审批局，职能部门的主要职责则转向监督、管理和服务。审批与监管联动的"行政审批与事后监管信息交换平台"，为提高审批质量和强化政府监管提供了机制和信息保障。合并工商、质监、食药监三个局为市场监管委，实行统一监管，消除了职权交叉、执法空白和执法力量不均等问题，提高了市场监管的整体能力。市场监管委按照"双随机"形式开展联合检查，避免了重复检查和随意检查，提高了检查效率。建立统一的市场主体信用信息公示平台，健全诚信激励和失信惩戒的联动机制，强化了对市场主体的信用约束。

这些改革举措向市场放权，为企业松绑，让企业说了算，给市场和社会更多的自主权，激发了市场和社会的活力，促进了市场的公平竞争、有序发展和理性繁荣。

**3. 规范运行推进了政府运行的法制化**。权力不可以任性，改革也不能妄为。天津市始终坚持法制先行，加快建立和健全法规制度，为改革保驾护航，确保改革的合法性、规范化和有序性，防止改革的偏离和走样。

出台《天津市行政许可管理办法》，为建立行政审批局等提供了政策依据；出台《天津市街道综合执法暂行办法》等文件，为执法权下移和街镇综合执法改革提供了依据；制定《天津市市场监管暂行办法》等文件，保障了市场与质量监督管理委员会改革的顺利运行；印发《天津市市场监管随机抽查联合检查暂行办法》等文件，为市场监管委开展联合检查提供了制度依据。

各项改革也积极探索政府运行的新流程和新机制：一方面，大力推进政府流程再造，对审批流程、监管流程、绩效评估流程进行优化，减少不必要的流程和环节，推行标准化操作流程；另一方面，探索政府协同治理的机制，诸如部门联动机制、信息共享机制、绩效评估机制、公民参与机制等，提高了政府的整体效能，尤其是信息技术的广泛应用，优化了政府流程及机制，提高了政府的智能化水平。

**4. 优化服务提高了市民的满意度**。行政审批局推行"一体化"的审批方式，建立"一条龙"的办理机制，创建网上办事大厅直通车渠道，减少了审批层级，缩短了审批链条，提高了审批效率。

建立"8890"便民服务专线平台，市民记住一个电话号码，就能解决生活生产问题；实施一站式服务，为引进人才提供全方位的便利服务；建立基层执法站所，充实基层监管执法力量，解决群众身边的事；政府权力下移到街镇和社区，使政府服务更加贴近民众的需求；推进区域通关一体化，降低了通关的时间和费用……

天津市行政管理体制改革分进合击，减除繁苛，查禁非法，进退有度，一方面大力收缩并明晰政府权力的边界，使权力运行更加清晰和透明；一方面强化政府的市场监管责任，优化监管机制和流程，提高政府服务的水平，也使法治政府、责任政府、服务型政府和协同政府等理念得以普及和落实。

## 三、优化升级：深化改革任重道远

从整体上说，当前改革的顶层设计还需要进一步加强，中央和地方的改革步调还不一致，地方改革和创新的自主性还难以保障。目前主要着眼于为市场服务的改革限制了改革的深度，各项改革举措缺乏全国层面上的系统性、整体性和同步性，难以产生连锁反应。

在具体的改革领域中，审批与监管的责任还缺乏明确的法制保障，基于部门的流程再造形成了碎片化的问题，机构精简、功能整合和部门协同还存在体制和机制上的障碍，一些政府官员的能力素质还跟不上改革的需要，社会组织还存在着承接能力不足的瓶颈等。这些既有历史遗留问题，也是发展过程中的问题。

面对新格局、新情况和新问题，只有牢固树立改革理念和创新思维，不断推动行政管理体制改革向纵深发展，才能更好地实现治理体系和治理能力的现代化。

1. **注重系统规划和顶层设计**。贯彻落实党中央国务院的精神，紧扣国家对于天津市改革和发展的定位，立足于经济和社会发展的实际情况，坚持问题导向和发展导向，更加注重改革的顶层设计，对行政管理体制改革进行全面规划，增强改革的系统性和整体性，形成进一步深化改革的路线图和时间表。

2. **强化改革的动力和激励**。统一思想，统筹规划，"以敬民之心，行简政之道"，减少职权交叉和权责不清，切实转变政府职能；健全沟通和协调机制，加强部门和层级间的协调；优化改革的激励和动力，强化对干扰或阻碍改革行为的问责，提高改革的执行力和协同性，注重改革实效。

3. **提高改革的法治化水平**。树立法治理念，加强立法预测，提高立法水平，使相关法律法规与行政管理体制改革进程同步发展，尤其是要注意保障区县及基层政府改革创新的合法性；面对改革过程中出现的新情况和新问题，注重改革实践和法制规范的动态协调，防止权力真空和权力寻租。

4. **推动社会组织的良性发展**。厘清社会组织与政府的关系，完善社会组织的信息披露制度、公众投诉制度和重大事项报告制度等，提高社会组织的透明度和公信力；制定科学的评估指标体系，建立适合社会组织发展的评估模式和监管体系；加大政府购买公共服务的力度，将更多的公共服务事项转移给社会组织。

5. **发挥"互联网+"的支撑作用**。充分运用互联网技术，加快建立安全统一的信息平台，实现各级各部门的信息共享和业务协同；加强信息和数据安全保障，提高信息安全水平，充分应用大数据技术，提高信息利用的效益；依托网络平台，创新公共服务方式，创新政府服务的评估模式，切实提高公共服务的品质及便捷性。

6. **加大政务公开的力度**。充分保障公民的知情权、表达权、参与权和监督权，提高人民群众的认知率和参与度，使更多人民群众关注改革、支持改革；大力发挥智库的作用，搭建多渠道的交流平台，深化国际国内行政管理体制改革的经验交流，提高改革的开放性、前瞻性和领先度。

行政管理体制改革千头万绪，艰难繁复，牵一发而动全身，改革是由问题倒逼出来的，是在不断解决问题中深化的。当前的改革不是终点，而是迈向善治的起点，改革永远在路上。天津市的行政管理体制改革仍将砥砺前行，为国家试制度，为地方谋发展，为民众增福利，服务于经济和社会发展的需要，接受实践的考验，接受人民群众的检验。

# 把脱贫致富奔小康的火热实践写在
# 太 行 山 上

## ——河北省扶贫开发工作实践经验研究

"河北省扶贫开发工作实践经验研究"课题组

2013年元旦前夕，党的十八大闭幕不久，习近平总书记冒严寒，踏冰雪，访农户，到河北省阜平县专程考察扶贫工作，对新时期扶贫开发作出重要指示。习近平总书记指出，全面建成小康社会，最艰巨、最繁重的任务在农村，特别是在贫困地区，没有农村的小康，特别是没有贫困地区的小康，就没有全面建成小康社会。习近平总书记强调，扶贫开发要坚持因地制宜、科学规划、分类指导、因势利导，从实际出发，理清思路、找准突破口。习近平总书记的阜平考察和指示，不仅吹响了新时期脱贫攻坚的"集结号"，而且播下了精准扶贫战略的"思想火种"。阜平之后，习近平总书记多次就扶贫开发工作发表重要讲话，深刻阐明了推进脱贫攻坚的重大意义，明确提出了新时期扶贫开发的大政方针和目标任务，构建起以精准扶贫、精准脱贫为核心的战略思想，为做好新时期扶贫开发工作提供了正确指南。

　　河北省委、省政府深入学习贯彻落实习近平总书记系列重要讲话精神，深入实施精准扶贫、精准脱贫战略，形成了符合河北实际、具有河北特点的扶贫开发工作新格局。在扶贫开发实践中，围绕"扶持谁""谁来扶""怎么扶"等关键问题，河北省积极创新工作方式，建立扶贫开发信息平台，实现扶贫信息共享和精准管理；制定实施片区区域发展与扶贫攻坚规划，将燕山——太行山连片特困地区、黑龙港流域连片特困地区和环首都扶贫攻坚示范区作为主战场，着力破解贫困地区发展瓶颈；坚持政府的主导作用，发挥市场在资源配置中的决定性作用，构建政府、市场、社会合力推进的大扶贫格局；统筹推进脱贫攻坚与美丽乡村建设、山区综合开发、现代农业发展、乡村旅游发展，放大扶贫开发整体效益；实施产业和就业脱贫、易地搬迁和危房改造脱贫、生态保护脱贫、教育脱贫、社保政策兜底脱贫、医疗保险和医疗救助脱贫、基础设施脱贫、"互联网+"扶贫等八大专项行动，推动了河北扶贫开发工作取得显著进展。

　　河北省扶贫开发实践经验，深刻印证了精准扶贫战略思想蕴含着以人为本、精准发力、内外结合、统筹协调等一系列重大理论创新，是对传统扶贫理论的丰富、开拓、凝练与综合，是新时期我国扶贫开发工作的根本指南，是马克思主义中国化时代化的最新成果。党的十八大以来，河北省扶贫开发实现的突破性进展，是对精准扶贫战略思想的全面贯彻落实；河北省扶贫开发的成功经验与模式，是在精准扶贫战略思想指导下取得的辉煌战果。

# 一、精准扶贫战略思想坚持以人民为中心的发展宗旨，把增加人民福祉、促进人的全面发展作为扶贫开发的出发点和落脚点，丰富了马克思主义人的本质理论内涵

国际上一般的反贫困理论与实践，以救济式和低标准为基本准则，主要通过提供最低生活保障，满足贫困人口基本生活需求。而我国作为社会主义国家，扶贫开发的目的不仅在于提供最低生活保障，消除贫困、改善民生，更要着眼于实现共同富裕。改革开放以来，党和国家通过有计划组织大规模的开发式扶贫使绝大部分贫困群众实现了脱贫，扶贫开发已经进入由解决温饱问题向加快贫困地区、贫困人口的脱贫致富、实现全面建成小康社会的新阶段。

近年来，河北省坚持以人民为中心的发展思想，牢固树立共享发展理念，在提高贫困农户收入水平的基础上，加大对贫困地区的公共投入力度，切实改善基础设施条件，推进城乡基本公共服务均等化，让贫困地区老百姓得到实实在在的好处。"十二五"期间，河北省贫困地区生产生活条件大幅改善，解决了贫困地区 959 万农村人口饮水安全问题，完成农村危房改造 57.4 万户，修筑贫困地区农村公路总里程 2.6 万公里；贫困地区办学条件明显改观，营养计划惠及 52 万学生，中职学生全部免除学费，农村低保和基本养老保险实现全覆盖，贫困人口免费就业服务全面实施。尤其是党的十八大以来，河北省扶贫开发进入到贫困人口数量减少最快、收入增长最快的时期。按照国家新的、更高的扶贫标准，全省平均每年减贫 100 万人以上，贫困发生率由 9.9% 降至 8%；贫困县农民人均纯收入由 2012 年的 5272 元，提高到 2015 年的 7971 元，

年均增长率接近 15%。

河北的实践经验证明，精准扶贫战略思想，充分体现了社会主义共同富裕的本质要求，既是社会主义公平正义的生动体现，也是全面建成小康社会的必然要求。我国的扶贫开发不仅要满足贫困群众基本生活需求，更要着眼于实现贫困地区经济、社会、政治、文化、生态等各方面发展，着眼于满足人民群众物质文化上的多方面需求，促进人的全面发展。

## 二、精准扶贫战略思想以问题导向、精准发力破解扶贫开发中的主要矛盾和难题，创造性地生成了指导我国新时期扶贫工作实践的理论体系

扶贫开发贵在精准，重在精准，成败之举在于精准。我国扶贫开发的主要矛盾已经由大面积减少贫困人口转移到"啃硬骨头"、消除"最难扶的贫困"上来，面临减贫成本高、脱贫难度大、脱贫易返贫等突出问题。随着扶贫开发进入到关键的冲刺阶段，扶贫工作应越来越侧重解决贫困的本质问题，越来越侧重由大规模面上推进转变为向重点区域重点人群精准推进，越来越侧重对每个贫困人口的帮助和扶持，开发方式也应由"大水漫灌"转变为"精准滴灌"。

河北省从实际出发，针对扶贫开发工作中存在的突出问题，建立精准识别、精准投入和精准受益机制，把精准扶贫、精准脱贫落到实处。一是"准星锁定"——建立精准识别动态管理机制，建立包括农户申报、调查核实、民主评议、公开公示、信息录入在内的识别流程，推进省、市、县、乡、村五级扶贫信息纵向互通，定期开展全面核查，实现贫困人口

"动态管理、进退有序"，着重解决扶贫对象"瞄不准"问题。二是"项目自选"——建立精准投入机制，将扶贫项目审批权下放到县，将扶贫项目选择权直接交给贫困村、贫困户、贫困人口，让各种惠民政策、项目和工程最大限度地向贫困人口倾斜，着重解决扶贫项目"不对路"问题。三是"多股分红"——建立精准受益机制，探索形成以股份合作为基础的权益增收机制，通过"扶贫资金入股、土地入股、宅基地入股、劳务入股"等多种模式，将贫困户增收与产业经营紧密相连，着重解决扶贫开发中真贫特贫难受益问题。

河北的实践经验证明，精准扶贫的核心要义是精准化，即实现扶贫的全过程精准和策略精准。实施精准扶贫战略，必须针对传统粗放式扶贫无法解决的突出矛盾和问题，围绕"扶持谁、谁来扶、怎么扶、如何退"一系列扶贫开发中的本质问题，推动扶贫理论创新，切实转变扶贫方式，做到因人因地施策、因贫困原因施策、因贫困类型施策，形成一整套破解难题的方案。

### 三、精准扶贫战略思想以内外生动力结合理念科学诠释扶贫开发动力机制，对中国开发式扶贫经验进行了历史凝练与理论升华

扶贫开发只有内外结合、共同发力，才能标本兼治、斩断"穷根"。一方面，贫困地区地处偏远、土地贫瘠、交通不便、信息闭塞，生产生活条件恶劣，经济社会发展的自然禀赋较差，必须弥补发展短板，加大基础设施和公共服务投入力度，使其能够享有与一般地区平等的发展机遇。另一方面，目前一些贫困地区仍存在"等、靠、要"思想，一定程度上影响了扶贫开发的有效推进。内外生动力有机结合加快推进脱贫攻

坚，最根本的在于激发贫困地区和贫困人口内生发展动力，通过发展生产、提升科教水平等促使其独立自主、自力更生，逐步走上自我提升、良性循环的发展道路，彻底摆脱"贫困陷阱"。推进扶贫攻坚，必须充分调动贫困地区和贫困人口主观能动性，提高其发展能力，发挥其主体作用，增强贫困群众脱贫致富奔小康的内生动力。

河北省建立"政府引导、市场运作、贫困户参与"的长效动力机制，以培育壮大贫困地区产业、全面提升贫困人口素质、大力开展技术推广为重点，切实增强了贫困地区和贫困人口的内生发展动力。一是坚持开发式扶贫方针，大力培育特色增收产业，形成贫困地区县有龙头企业、乡有特色产业、村有合作组织、户有增收项目的扶贫开发新格局，贫困地区和贫困人口自我发展能力显著提升。二是加大贫困地区人力资本投资开发力度，开展山区教育扶贫工程，重点支持贫困地区建设县乡基层劳动就业和社会保障服务平台，引导用人企业在贫困地区建立劳务培训基地，提高贫困人口综合素质，增强创业就业能力。三是坚持科技引领、绿山富民，通过科技人员到村入户现场指导示范、举办培训班等形式，让贫困户学到致富本领，涌现了河北农业大学李保国等一批科技扶贫先进模范，探索出科技开发荒山等"绿山富民"模式。

河北的实践经验证明，实施精准扶贫战略，必须坚持开发式扶贫的方针，促进内外生动力有机结合，通过发展生产、提升科教水平等方式，合理利用贫困地区现有资源和条件，进行开发性生产建设，促使贫困地区、贫困人口逐步走上自我提升、良性循环的发展道路，彻底摆脱"贫困陷阱"。

## 四、精准扶贫战略思想以统筹协调的系统思维破解扶贫工作单兵突进的时代难题，形成了综合集成的方法论创新

"人心齐、泰山移"，脱贫致富不仅仅是贫困地区的事，也是全社会的事。随着经济社会不断发展，我国脱贫攻坚形势发生了深刻变化。一是扶贫工作的内容更加全面，涉及产业、生态、社会保障、基础设施、教育等方方面面，需要不同职能部门相互配合、协调推进。二是扶贫投入更大，不仅需要大幅增加财政投入，更需要金融资金和社会投入的大力支持，以此确保扶贫开发投资需求。

河北省在扶贫开发过程中充分发挥政府主导、市场主体和社会参与的共同作用，实行党政一把手负总责的扶贫开发工作责任制，完善干部联系点制度，建立民营企业帮扶贫困县、京津对口帮扶等机制，广泛动员党政机关、企事业单位、扶贫志愿者等方方面面力量扶贫帮困，形成了扶贫攻坚强大合力，推动了扶贫攻坚各项工作迈向前进。仅2015年，河北共选派7853个工作队、2.3万干部驻村帮扶，1万余家民营企业与4.6万多户贫困户结对帮扶，社会各界爱心人士捐款捐物价值超亿元。

河北的实践经验证明，实施精准扶贫战略，必须充分发挥社会主义集中力量办大事的政治优势和制度优势，建立起以国家政策支持为导向、贫困地区干部群众积极参与为支撑、社会各界帮扶为依托的大扶贫开发格局，集中推动人才、资金、技术等要素向贫困地区流动，齐心协力打赢脱贫攻坚战。

# 以创造性实践激活传统文化优质基因
## ——山西省运城市盐湖区德孝文化建设的启示

"山西省运城市盐湖区德孝文化建设实践研究"课题组

党的十八大以来，习近平总书记多次强调，要继承弘扬中华民族在长期实践中形成的传统美德，引导人们向往和追求讲道德、尊道德、守道德的生活，形成向上的力量、向善的力量。千百年来，崇德尚孝的优良传统浸润在中华民族伦理世界中，成为中华美德最重要的文化基因。在新的历史条件下，如何实现"德孝"基因的创造性转化，是我们面临的一个重要实践课题。近年来，山西省运城市盐湖区以习近平总书记系列重要讲话精神为遵循，持之以恒地开展以"德政千秋，孝行天下"为主题的德孝文化实践，挖掘培植蕴藏于文化心理深层的"孝"文化基因，将培育和践行社会主义核心价值观与传承传统美德、创新社会治理有机结合起来，在推动中华优秀传统文化的创造性转化、创新性发展上积累了丰富的实践经验。

# 一、立足区域文化特色，担当文化传承使命

运城古称"河东"，地处黄河文明发祥地核心区域，是虞舜之乡、关公故里，千百年来积淀的德孝文化构成其鲜明文化底色。当地党委政府清醒认识到德孝文化在传统文化中的重要地位，以高度的历史自觉和文化自觉担当传承弘扬德孝文化的使命。盐湖区提出党委政府和党员干部要"做喊第一嗓子的人"，就是在传统道德式微、人心风俗"异化"、善行义举遭受冷遇的情况下，要主动站出来喊第一嗓子，把群众心中的孝行善念激发出来。事实证明，这"第一嗓子"喊出了一呼百应的效果，喊出了党和政府的责任担当。他们要求每一个干部都要好好想一想，群众凭啥要听你的，你能够给群众带来什么？把情感化的精神力量同创新发展结合起来，实现了区域性的统筹发展。扎实持久的德孝文化建设不仅使盐湖区对外的吸引力和美誉度明显提升，同时也为当地经济的全面发展提供了有力的文化支撑。与此同时，文化认同的增强，使得干部群众对党和政府的信任、对社会主义制度的认同不断加深。

坚持认识自觉与能动推进相统一，强调责任担当、文化自信，注重政府主导与主动发力，把价值引领融入社会发展的战略定位当中，是德孝文化建设产生实践成效的首要前提。盐湖区德孝文化实践启示我们，在实现中华民族伟大复兴的中国梦的伟大征程中，党员干部要主动担当传承优秀传统文化的使命，自觉做传承创新优秀传统文化的领跑者。传承发展优秀传统文化，需要树立高度的文化自觉，立足当地文化资源禀赋，对接群众精神文化需求，不断探索传承发展传统文化的载体形式，努力形成百川汇海的文化传承格局，从整体上推动中华优秀传统文化的创造性转化和创新性发展。

## 二、深耕传统文化土壤，唤醒民族集体记忆

　　盐湖区德孝文化实践的重要特色，就是重视深耕易耨传统文化，做好固本培基工作，确保社会主义核心价值观根植优良传统文化土壤。在德孝文化建设初期，组织当地虞舜文化研究会对传统德孝文化思想概括凝练，邀请国内外知名专家学者围绕舜帝德孝文化的历史演进、时代内涵和现实价值进行深入研究，推动传统德孝理念的创造性转化。同时，通过身边的人讲身边事、面对面的心理沟通，有理论有实践，将高高在上的理论转化为富有示范性和操作性的实践，变成了盐湖区德孝文化建设的"乡土教材"。在此基础上结合实践、博采众长，提出新时代的德孝文化理念，把"德"字作为党风政风建设的着力点，把"孝"字作为家风民风建设的着力点，强调以德政润民心、以孝行化民风，赋予德孝以全新的时代内涵。德孝文化首倡"孝德"，强调"孝"在处理家庭生活的重要性和基础性，提取了中华民族"孝"文化的精华，同时，"德孝"思想的提出沟通了家国之间道德的过渡，使德孝成为处理个人与他人、个人与社会之间关系的行为规范及实现自我完善的一种重要精神力量，通过倡导德孝文化理念推动了和谐社会建设，通过文化的力量熏陶每一个人、每一个家庭，形成良好的家风。他们以党员干部行动作为联结"德政"与"孝行"的关键点，把党风建设与家风建设联系起来，对"德孝"思想进行了新的诠释和放大，实现了中国传统"孝"文化的自我更新和发展。对党员干部进行"道德体检"和廉洁文化熏陶，促使广大干部主动履职、服务群众、干事创业，激励全体党员发挥先锋模范带头作用。干部带头践行德孝能引发群众情感的共鸣，群众是德孝文化建设的创造者，也是文化传承的主体。盐湖区通过德孝大讲堂、德孝文化苑工

程、德孝道德模范评选等，充分发挥群众的创造性和主体性，使德孝文化的精髓在群众感知领悟中得到传承弘扬。

坚持传统文化与时代元素相结合，把价值引领融入文化传承创新中，是德孝文化建设充满时代活力的根本原因。盐湖区的实践启示我们，社会主义核心价值观必须植根优秀传统文化土壤才能根深叶茂，深入群众中去才能开花结果。中华优秀传统文化不仅存在于书斋里、博物馆和历史遗迹中，更存在于千百年来形成的人心风俗传统中。传承优秀传统文化，培育和滋养社会主义核心价值观，要重视深耕文化土壤，推动传统文化的创造性转化，赋予其时代内涵，注重通过群众喜闻乐见的实践形式，唤醒群众心中的文化记忆，使中华优秀传统文化获得鲜活的生命力。

## 三、厚植核心价值种子，激发向上向善力量

盐湖区把传承传统文化与培育和践行社会主义核心价值观结合起来，认真做好核心价值观的"植树造林"。近年来，盐湖区不断创新培育社会主义核心价值观的载体形式，搭建了"六位一体"的德孝文化活动平台，即老年人日间照料中心、德孝大讲堂、德孝文化墙、农家书屋、德孝文艺宣传队、德孝志愿服务队。老百姓形象地称之为"一顿饭、一堂课、一面墙、一本书、一台戏、一门亲"。"六个一"扎根百姓生活实践，使德孝文化在百姓心中生根发芽，逐步成为老百姓的日常生活习惯。在这种群众性德孝文化实践的推动下，社会主义核心价值观如春风化雨，渗透到广大群众思想和行动中，促进了优良党风、政风、民风、村风和家风的形成。目前，盐湖区已在全区建成不同规模、形式多样的德孝大讲堂 182 个。在城市社区建立的 400 多块德政孝行榜、农村基层建立

的 117 面德孝文化墙，起到了"评选一个人、影响一大片、教育全社会"的效果。与此同时，445 支德孝文艺演出队常年在农村、社区表演，455 支志愿服务队、1.8 万余名志愿者活跃在全区城乡开展各种志愿服务活动。

坚持价值引领与实践操作相衔接，强调过程育人、实践创新，创新主旋律传导方式，把价值引领融入百姓生活、日常行为当中，是德孝文化建设激发社会感召力的关键环节。盐湖区德孝文化实践启示我们，培育和践行社会主义核心价值观，关键要在落细落小落实上下功夫，使社会主义核心价值观内化为人们的精神追求，外化为人们的自觉行动。只有运用群众喜闻乐见的方式、搭建群众便于参与的平台，开辟群众便于参与的渠道，才能使群众在潜移默化中将核心价值观内化于心、外化于行；只有坚持不懈，才能积水成渊、积土成山、积善成德，才能让社会主义核心价值观在百姓的精神世界中结出丰硕果实。

## 四、注重统筹推进，发挥文化的社会实践效能

盐湖区的德孝文化实践活动，坚持把当地优秀传统文化资源与培育社会主义核心价值观、创新基层社会治理有机结合起来，取得了很好的社会效果。盐湖区在活动伊始，就坚持党委领导、群众广泛参与的原则，建立了党委领导、政府推进、宣传部门牵头、部门乡镇联动、社会组织协作、干群积极参与的机制。他们突出"分众化"理念，注重区分层次和对象、加强分类指导，使社会主义核心价值观教育更加具体化、精准化。盐湖区以"德行孝举、崇善向德"为突破，提出了"七进七创"，即德孝进农村，创建孝老爱亲、和睦邻里的幸福村庄；德孝进社区，创建互助友善、崇尚文明的和谐社区；德孝进机关，创建清正廉洁、建功

立业的德政单位；德孝进企业，创建感恩社会、诚信经营的诚信企业；德孝进学校，创建尊师敬老、品学兼优的爱心校园；德孝进家庭，创建崇尚德孝、传承家风的最美家庭；德孝进党校，创建立党为公、无私奉献的高素质党员队伍。在具体实践中，注重发挥党员干部带头作用，注重将德孝文化实践与解决群众关心的问题相结合。通过对德孝文化理念的广泛宣传和细致推广，将德孝文化与相关的文化建设设施相结合，创建德孝文化苑的建设，让盐湖区民众感受到德孝文化建设实实在在的发展进步，同时也调动了群众的积极性。德孝文化苑的建设通过政府补贴、企业家捐款、群众广泛参与，不仅使老年群体有了强烈的归属感，而且使干群关系更加密切，还创新了社会管理模式，提升了公共服务水平，开启了农村城镇德孝文化建设的新模式。日间照料中心使全区5000多名留守老人、孤寡老人老有所养、老有所乐、老有所为，同时解除了两万多名青壮年外出务工、离乡创业的后顾之忧。

坚持以德润心与以利辅人相协调，把价值引领融入义利并举、激发良行善治的实践当中，是德孝文化建设具有广泛社会基础和内生动力的重要因素。盐湖区德孝实践启示我们，推动传统文化的创造性转化和创新性发展，要坚持统筹兼顾的方法论，将党的政策、区域传统和群众实践有机结合起来，实现文化建设与党的建设、社会建设相互促进、相得益彰；坚持顶层设计与具体实践相结合，以顶层设计强化价值引领，以群众实践推动创造转化，只有这样才能使传统文化的传承创新获得具有现实生命力的实践支撑。

# 新发展理念的实践样本

## ——辽宁省沈阳市铁西工业区改造实践调研报告

"辽宁省沈阳市铁西工业区改造实践研究"课题组

老工业基地振兴是一项世界性难题，相对于德国鲁尔、美国锈带地区等国外老工业基地来说，我国老工业基地既存在资源枯竭、传统产业衰退、环境恶化等共性问题，也存在体制机制等个性问题。从时间上来看，国外老工业基地衰退是在工业化中后期、后工业化前期开始的，而我国老工业基地是在工业化中期开始的。相对来说，我国老工业基地问题更复杂，改造振兴难度更大。铁西工业区敢为人先，勇于担当，走出了一条充分体现铁西特点和凝聚改革创新精神的振兴之路。

## 一、铁西工业区改造的理论与实践探索

我们将"铁西模式"定义为以传承工业历史，延续工业特色为特征，以建设世界级装备制造业基地为引领，外引内育发展现代企业，着力打造先进装备制造业的聚集区、现代建筑产业的核心区、现代服务业的特色区、和谐宜居的生态城区。铁西工业区改造成功完成了从传统工业社

会向现代工业社会的历史性转变。

1. **根据区域空间布局理论，优化区域布局，拓展经济发展空间**。铁西工业区经过十余年的"东搬西建"，解决了城区发展的空间问题，基本实现了城市功能条块划分，根据空间布局相关理论，铁西工业区将全区划分为"五区三城三带一园"十二大功能区："五区"分别是兴华核心商贸区、金谷生产性服务业聚集区、兴工特色商业区、工人村文化旅游商贸区、泛滑翔便民经贸区；"三城"分别是滨河生态新城、宝马汽车产业新城、细河新城；"三带"分别是装备制造产业带、现代建筑产业带、都市农业观光带；"一园"是化工医药产业园。这些功能区划分进一步明确了各区域核心功能，充分发挥了各个功能区的资源优势和发展潜力，形成了一个发展特色鲜明、优势产业集聚、服务功能完善的区域经济发展新格局。

2. **根据产业发展理论，推进传统工业改造，发展战略性新兴产业**。随着科学技术的日新月异和高新技术产业的迅速发展，低技术含量、低附加值的劳动密集型传统产业受到严峻挑战。发达国家的产业发展规律显示，在产业发展的不同阶段，针对自身发展的初始条件和产业发展的一般规律，选择适合本地区发展的新兴产业，提升改造传统产业是各个地区产业发展中的必然选择。产业发展规律和铁西工业区现实经济发展水平决定了工业区改造推进战略性新兴产业的同时，不能忽视对传统产业的改造升级。实践中，铁西工业区较好地完成了二者的兼顾。

3. **根据创新理论，整合土地、人才、资本、技术等生产要素，促进区域发展**。铁西工业区改造分别从技术创新和制度创新等方面入手，整合要素资源，促进改造项目不断推进。改造起步阶段，单纯强调企业的技术改造，没有收到理想的效果。后来工业区实施"东搬西建"改造，从技术、制度等多方面创新入手，加大对科学研发的支持力度，改革政府行政机构，重新整合各类生产要素，腾迁出土地，搭建人才发展的平台，拓宽融资渠道，培育技术创新的氛围和环境等，极大地推进了铁西工业区改造任务的完成。

**4. 根据科学发展理念，促进工业区改造和谐发展。** 在铁西工业区改造实践过程中坚持把从严治党摆在突出位置，为铁西改造复兴提供坚强保证；保持廉洁自律的从政环境，营造良好政治生态；弘扬铁西特色文化，加强保护和整理工业文化遗存；坚持"民生优先"，建立多层次较为完善的社会保障体系；注重生态环境建设，荣获"联合国全球宜居城区示范奖"等殊荣；在不降低环境质量和不破坏自然资源的基础上实现经济可持续发展。

## 二、基本经验与启示

**1. 创新——改革创新是工业区改造的不竭动力。** 为加速建设装备制造业聚集区和科技创新前沿区的步伐，区财政每年安排专项资金，用于鼓励企业自主创新。作为创新主体的企业，一手抓科技创新，夯实核心竞争力，一手抓经营模式创新拓展市场份额，借助信息化的强力驱动，走"科技创新＋商业模式创新"道路，铁西工业全速迈入"泛制造业时代"。骨干企业大力推进科技攻关，突破国外核心技术控制，重大技术装备产品实现国产化。

**2. 协调——产业协调发展是工业区改造的主线。** 老工业区改造是一项十分复杂的系统工程，产业协调发展贯穿工业区改造的始终。铁西工业区现有工业企业超过 3000 家，规模以上企业 482 家，工业基础雄厚。相对于工业而言，服务业发展相对滞后。为使工业与服务业协调发展，铁西工业区采取了园区牵动模式，即建设中德（沈阳）高端装备制造产业园和铁西金谷，这两个园区是铁西工业区重点推进区域。

**3. 绿色——绿色发展是工业区改造的基本要求**。将环保理念融入产业体系、区域功能、绿地系统等全领域，是铁西工业区启动升级发展"绿色引擎"的又一创新实践。多年来，铁西工业区实施清洁生产方案800多项；沈阳机床、贝卡尔特等重点用能企业投入大量资金，实施节能技术改造62项；多家企业建成中水回用设施；10平方公里的浑河流域生态修复工程和30万平方米的细河生态湿地建设工程全面完成。铁西工业区改造最为典型的做法就是以环保理念促进产城融合模式发展，即建设中法生态城。

**4. 开放——扩大开放是工业区改造的有效途径**。"引进来"与"走出去"双轮驱动形成铁西工业区对外开放的强大合力。在"引进来"方面，按照产业升级要求，面向全世界招商选资。目前，45家世界500强企业，120多家跨国公司相继落户铁西。铁西工业区已成为国际资本聚集度高、海外投资商认可度高的代表性地区。铁西工业区在"引进来"的同时，不断加快"走出去"的步伐，推进企业走向国际市场，在世界平台上积聚和配置资源。

**5. 共享——全民共享是工业区改造的最终目的**。铁西工业区改造的最终目的是实现改革成果全民共享。在实践中坚持民生为先，认真解决调整改造过程中百姓最关心、最直接、最现实的利益问题，处理好经济建设与社会建设、民生改善的关系，处理好发展与回报的关系，实现了经济与社会事业全面发展，经济与人民生活水平同步发展。在利用企业搬迁腾出的土地发展现代服务业的同时，铁西工业区注重创造良好的生活娱乐空间，努力实现广大人民群众的安居乐业。

# 三、发展思路及对策建议

### 1. 未来改造振兴的总体思路。

一是瞄准国内外经济深度调整趋势，推进产业结构的系统性转型。系统性转型有三个层次：首先发展目标的转型。包括数量型增长向质量效益型增长的转变，由追求物本发展向人本发展的转变，由国富向民富的转变等。其次发展手段和途径的转型，包括由依靠投资向依靠消费转型，由依靠原材料、能源、土地等低级要素向技术、人才、管理、信息等高级要素转型等。再次制度的转型，包括由权力型政府向服务型政府转型，由经济型政府向社会型政府转型等。

二是推进供给侧结构性改革，完善产业升级的制度供给、结构供给、要素供给。改变主要依靠投资、消费、出口"三架马车"拉动经济增长的模式，致力于从需求拉动和供给推动两侧促进经济增长，更加重视通过供给侧结构性改革来增强经济发展动力，通过创新来增加供给，通过供给来创造需求。通过政府、市场、企业等方面的制度创新促进制度供给，通过人力资源、资本、技术方面的创新促进要素供给，通过产业、城乡、区域的结构优化来促进结构供给。

三是围绕"大众创业万众创新"，促进产业调整的活力竞相迸发。经济持续健康发展的关键在于构建充满活力的市场微观基础，促进大众创业、万众创新对于脱胎于计划经济的老工业基地来说具有重要意义。通过"双创"打破相对固化的重工业占主体的产业结构，实现产业增长的多点支撑。"创客经济"代表着新模式、新创意、新技术、新业态，是构筑市场微观基础的重要来源，是促进产业结构升级的重要动力，必须给予充分的重视，为促进其培育、发展、壮大创造良好环境。

四是依托"中国制造2025",明晰制造业提质增效的发展方向和路径。国家实施"中国制造2025"战略,是应对西方国家"再工业化""工业4.0"等战略、提升制造业竞争力和综合国力的重大举措。铁西工业区在推进产业转型升级中,围绕"中国制造2025"确定的产业重点领域和发展方向来谋划产业升级和新兴产业培育,推进工业向高端化、信息化、智能化方向发展,提高综合集成水平,完善多层次人才体系,促进产业转型升级,实现制造业由大变强的历史跨越。

五是推进产业价值链协同管理,培育价值链组合优势。产业价值链协同管理是指企业利用技术和管理所提供的一整套跨企业协同合作的能力及价值链集成。从铁西工业区现实来看,企业仅是在生产制造环节有竞争优势,在价值链其他环节不具备优势,总体来看处于价值链的中低端。而企业的中高端竞争优势来自价值链多个环节的优势组合,这也正是产业发展最欠缺的和最核心的问题之一。从这一意义上来说,今后铁西工业区提升产业结构的重点在于促进产业链由低端向高端延伸,培育价值链多个环节的组合优势。

### 2.对策建议。

一是进一步转变经济发展模式。由要素驱动、投资驱动向创新驱动转变。以创新发展为重点,转变铁西工业区整体的经济发展模式,由以工业产业为经济发展的核心动力转化为以推动生产性服务业建设、实现制造业和服务业融合与联动发展、促进创新性经济体系的形成、提升科研能力以寻求新的经济增长点等为核心动力的发展模式,由"中国制谷"升级为"中国智谷"。

二是在空间层面,追求精细化发展,将工作专注于土地利用效率的提升。由于铁西工业区改造前期已经在空间外延拓展上做了文章,未来要在空间上由量的扩张转变为质的发展,严格控制增量,挖潜存量,整体提升城市环境和城市竞争力。

三是在产业发展层面，促进三次产业协调发展，推动传统产业升级改造和战略性新兴产业发展，完善现代产业体系；围绕价值链部署创新链，促进产业走向中高端；利用丰富的工业遗产，发展工业旅游文化产业；发展服务型制造和生产性服务业，培育多环节价值链组合优势。

四是继续促进"一园一城一谷"重点项目建设和绿色制造示范基地建设。指导铁西工业区从基础夯实、门类齐全的制造业集聚区向智能导向、产城融合、魅力高效的世界级装备制造基地转变，全面推动铁西工业区的国际化进程。

五是铁西工业区进一步改造需要倾注更多的努力，面临的问题也将更多，仅凭铁西工业区一己之力很难完成，需要上级党委政府站在更高的战略角度，谋划铁西工业区改造发展蓝图，并给予政策和资金上的扶持。

# 吉林省深入实施"青马工程"
# 推进大学生思想理论教育实践创新

"深入实施'青马工程'开展大学生思想理论教育实践"课题组

习近平总书记在全国高校思想政治工作会议上指出，青年一代有理想、有担当，国家就有前途，民族就有希望。吉林省认真学习贯彻习近平总书记系列重要讲话精神和党中央治国理政新理念新思想新战略，特别是习近平总书记"7·26"重要讲话关于加强高校思想理论建设和理论武装工作的重要指示精神，以大学生思想理论教育为切入、学习贯彻习近平总书记系列重要讲话精神为主线、青年马克思主义者培养工程（以下简称"青马工程"）为抓手、实践创新为路径，在探讨解决大学生理想信念问题方面积累了新经验、走出了新路子。

## 一、着眼"两个巩固"，进一步明确
## "青马工程"职责定位

吉林省坚持把大学生理想信念教育作为高校理论武装工作的重中之重来抓，通过深入调研，进一步找准了大学生思想理论教育工作的切入点和着力点，明确实施"青马工程"职责定位，不断推出加强大学生思想理论教育的新思路新举措。

1. **坚持问题导向，加强理想信念教育**。高校是各种思想文化和社会思潮的汇聚地，对青年学生的思想观念、价值取向和行为方式产生深刻影响。调查表明，当前大学生理想信念状况的主流是积极、健康、向上的，他们对坚持走中国特色社会主义道路和实现中华民族伟大复兴的中国梦充满信心。但同时受各种因素影响，大学生信仰呈现多元化发展趋势，部分大学生对理想信念认识模糊，往往从实用主义角度理解政治信仰问题；有的价值观偏移、重实际的价值取向突出，讲究奉献的精神弱化；有的缺乏集体主义观念，追求个人主义、艰苦奋斗精神淡化，等等。青年大学生处在价值观形成和确立的关键时期，系好理想信念这枚"人生的扣子"，抓好大学生思想理论教育十分重要、刻不容缓。目前高校大学生马克思主义理论教育工作还有待加强。中央马克思主义理论研究和建设工程实施以来，编辑出版了一系列"青马工程"教材，已基本实现了马克思主义理论"进教材""进课堂"，但是一些高校在"进头脑"上还落实不够。同时马克思主义理论教育方式方法陈旧，结合实际不够，针对性不强，难以引起学生兴趣、进入心灵。因此，加强高校马克思主义理论教育、打通"进头脑"的"最后一公里"问题，还任重道远。

2. **坚持学习系列讲话，增强"四个意识"**。习近平总书记系列重要讲话是"青马工程"学习的核心内容，加强理想信念教育是"青马工程"实施的根本目的。突出"青马工程""姓马""信马"，切实把理想信念教育贯穿实施"青马工程"全过程。坚持用习近平总书记系列重要讲话武装大学生，打牢思想理论根基，引导大学生进一步增强政治意识、大局意识、核心意识、看齐意识，不断增进对中国特色社会主义的理论认同、政治认同、情感认同，坚定道路自信、理论自信、制度自信、文化自信，努力成为坚定的青年马克思主义者，用中国梦激扬青春梦，书写精彩人生。

**3. 坚持高位统筹推动，构建培养大格局**。深入实施"青马工程"是加强高校思想理论建设的重要抓手。吉林省在深入调研基础上找准了理论武装工作突破口，确定了"抓两头带中间"工作思路，通过抓党员干部、抓青年学生，带动社会、引领潮流。省委从学习贯彻习近平总书记系列重要讲话精神和党中央治国理政新理论新思想新战略，加强高校思想理论建设，培养中国特色社会主义事业合格建设者和可靠接班人的战略高度，作出了深入实施"青马工程"的重要部署。省委将"青马工程"纳入省委全委工作报告、纳入省委常委会和省委党建工作要点，纳入宣传思想文化工作"四项工程"、纳入高校党委"一把手"工程，精心谋划、深入推动，确保取得实效。目前在选拔培养、政策扶持、工作指导、资金保障等方面形成了一整套较为完善的工作体系和运行机制。

## 二、推进"青马工程"实践创新，让有意义的东西变得更有意思

吉林省深入实施"青马工程"，采取"思想引领＋实践养成＋价值观培育"的培养模式，让有意义的东西变得有意思、有意思的载体体现有意义，进一步推动大学生理想信念教育在吉林落地生根。

**1. 突出思想引领**。着眼于推进马克思主义中国化时代化大众化，着眼于让习近平总书记系列重要讲话精神和党中央治国理政新理念新思想新战略真正入脑入心，一是打造全媒体理论宣讲栏目"有理讲理"。在吉林日报、吉林电视台、吉林人民广播电台开办"有理讲理"栏目，报纸版定位是"高手论剑"，倡导大手笔写小文章，主要是对社会上的错误思潮进行有针对性地批驳；电视版定位是"大咖传道"，邀请孙正聿、张维为等理论大家登台亮相、解疑释惑；电台版定位是"草根互动"，

把基层优秀理论宣讲员请进演播室，与专家和听众就一些老百姓感兴趣的话题直接交流；网站的定位是"网军助力"，通过多种渠道推送，放大节目效应。栏目创办以来共刊播 160 余期，社会反响较好，人民日报等中央主流媒体多次转载，成为吉林省理论宣传的一个重要品牌。二是突出青马导师引领这个关键。青马学员培养实行导师制。加强政策引导，出台扶持办法，把更多优秀教学资源向马克思主义学院、思想政治教育学科集中，大力培养青马导师、青马学员。分层分类建立导师库，实行特聘教授制度和导师兼职制度，形成了理论导师、实践导师、网络导师联动工作机制。三是发挥大学生自学组织引带作用。成立吉林省大学生自学组织联盟，作为深入实施"青马工程"的重要载体，全省 60 所高校的所有大学生自学组织全部加入联盟，20 余万名大学生参加，初步形成了系统化、组织化的工作机制。联盟突出理论特色、突出共建共享、突出扶持指导，努力培养青马骨干，引领一批大学生自学组织，带动一代大学生。

**2. 突出实践养成**。组织丰富多彩的社会实践活动，引导大学生进一步坚定人生信念、提升思想觉悟和道德情操。一是在主题教育中养成人生信仰。组织优秀青马学员到井冈山干部学院等地培训，进行理想信念教育和革命传统教育；依托大型国有企业、科研院所和爱国主义教育基地，进行爱国主义教育、改革开放成果教育、国情省情教育，增强大学生对党和政府的信任、对人民群众的感情。二是在志愿服务中养成责任担当。成立志愿服务团，到基层挂职锻炼，参加扶危扶贫、支教支医、政策宣传等公益活动，使实践活动与大学生的学习、成长及人生规划结合起来，成为深入社会、了解生活、锤炼品格、增强社会责任感的重要实践载体。三是在网络平台中养成学习兴趣。探索"互联网＋理论教育"的新方式，打造"指尖上的马原理"，将马克思主义理论教育与新媒体有效融合；聚合全省高校校园网资源，建立"青马工程"专题网站、QQ群、官方微博和微信公众号、"青马读书"音频库等新媒体平台，实现理论资源共享、促进互动交流。

**3. 突出价值观培育**。掌握马克思主义理论最终要转化为科学的世界观和方法论，转化为人生理想和价值追求。在深入实施"青马工程"过程中，吉林省坚持用社会主义核心价值观凝聚大学生思想共识。一是在专题宣讲中培育核心价值观。开展社会主义核心价值观专题宣讲，邀请有关专家赴高校作报告；开展"吉林好人"、先进典型进高校巡讲活动，引导大学生向先进典型人物学习；推动"有理讲理"理论宣讲节目和长白山讲坛走进校园、覆盖大学生群体。二是在中华优秀传统文化教育中培育道德责任感。通过"国学大讲堂"进校园，在大学生中开展品读经典、传授经典、践行经典系列活动，推动传统文化经典在大学生中传播，引导大学生树立正确的价值取向和道德理想。三是在实践锻炼中培育价值判断力。安排学员到党委机关和意识形态工作部门实习锻炼，通过锻炼培养，提高大学生明辨是非的能力，增强政治敏感性和政治鉴别力，在讲好校园故事、唱好校园好声音中发挥积极作用。

目前，青马骨干学员50%以上加入了党组织、马克思主义理论课考试优秀率达到50%以上、获各级各类奖学金和荣誉称号的占80%以上。一些优秀的理论骨干荣获全国"实践之星"、省市"十佳大学生""吉林好人"等荣誉称号。吉林省深入实施"青马工程"、加强大学生理想信念教育工作的探索与实践取得了初步成果，得到了中央有关领导的批示肯定，引起了较好社会反响。人民日报、求是、光明日报和中央电视台等中央媒体对吉林省实施"青马工程"做法进行了宣传报道。

# 三、深入总结把握，不断丰富
# "青马工程"的时代内涵

青年时期接受理论教育决定其一生的政治方向和理想信念。实施好这"青马工程"对于抓好大学生思想理论教育具有深刻的启示和借鉴意义。

1. **必须抓住根本，突出大学生理想信念教育这一核心任务**。理想信念教育是高校思想理论建设的核心任务。吉林省深入实施"青马工程"，就是要着力破解"培养什么人，怎样培养人""应该信仰什么，不应该信仰什么"的根本问题，并逐步将其打造成为高校思想理论建设的"举旗"工程、"铸魂"工程和思想政治引领工程。姓"马"容易、信"马"难，实施"青马工程"不是一般的理论学习，而是要加强理想信念教育，树牢马克思主义世界观、人生观、价值观，坚定中国特色社会主义道路自信、理论自信、制度自信、文化自信。最根本的，就是要始终坚持用习近平总书记系列重要讲话武装大学生，坚定地与习近平同志为核心的党中央在政治上思想上行动上保持高度一致，提高政治觉悟，增强政治自信和政治定力，引导大学生永远紧跟党走，高高举起中国特色社会主义伟大旗帜。

2. **必须创新方式方法，让有意义的东西变得有意思、有意思的载体体现有意义**。大学生思想理论教育效果不理想，关键是教育方式方法创新不够。实践创新是吉林省深入实施"青马工程"的重要途径和有效形式。着眼传播力不够问题，策划并推出理论宣传品牌《有理讲理》栏目，搭建"青马工程"新媒体传播平台，进行全媒体推送，把大学生吸引过来、让他们参与进来。着眼"接受""共鸣"，积极回应大学生关心的重大理论和现实问题，针对当前社会中的种种矛盾和问题作出有说服力的解释；创新理论话语系统、改进表达方式，用大学生听得懂、能接受的话语传递思想力量。着眼体验式教育，把社会实践作为青马学员的必修课，引导大学生了解社会，增进感性认同。

**3. 必须构建长效机制，在政策和导向、"融合"和"创新"上下功夫。**用好政策导向这个指挥棒，把大学生思想理论教育工作落细落实。实施"青马工程"，注重政策导向，把更多优秀教学资源向马克思主义学院、思想政治教育学科集中。吉林省出台《关于进一步加强和改进新形势下高校宣传思想工作的实施意见》和《深入实施"青马工程"扶持办法》时，明确提出在人才培养、评选表彰、岗位聘用（职务评聘）等方面优先支持思想政治课教师。通过课题立项、成果发表等扶持措施，让最优秀的教师从事思政课教学、青马学员培养，让思政课教师和青马导师成为令人羡慕的职业；通过优秀青马学员评比、优先考虑青马学员留校担任辅导员等务实之举，使"青马工程"成为大学生成人成才的引领高地。实践证明，健全培养机制、考核奖励机制、政策扶持机制，是实现大学生思想理论教育可持续发展、取得实效的重要保证。

# 探索和推进具有地域特点的
# 现代化大农业发展之路
## ——黑龙江省推进"两大平原"
## 现代农业发展的探索与实践

"黑龙江省'两大平原'现代农业发展实践研究"课题组

党的十八大以来，黑龙江省实施和推进了松嫩、三江"两大平原"现代农业综合配套改革试验，探寻了一条在充分发挥比较优势条件下，现代农业发展向产业化、组织化、市场化和国际化快速推进的道路。2013年6月，《黑龙江省"两大平原"现代农业综合配套改革试验总体方案》获得了国务院批复，标志这项改革正式启动。黑龙江省委省政府高度重视"两大平原"现代农业发展，在加强顶层设计的同时，充分尊重广大农民的首创精神，探索和推进具有地域特点的现代化大农业发展之路。现代农业建设取得了显著成效，国家粮食安全保障功能大大加强，现代农业综合生产能力稳步提升，现代农业新型生产关系逐步完善，农民生活水平、素质能力显著改善。由此形成的有益经验与做法，既具有因地制宜的特殊性，也具有一定意义上的可复制、可参考和可借鉴价值。

# 一、着力构建农业规模经营新格局，
# 厚植现代化大农业新优势

"两大平原"现代农业发展之路，其实质就是探索规模化经营的社会主义现代化大农业发展之路，就是充分利用本区域自然禀赋和在现代农业发展中形成的经济技术条件，大力提高劳动生产率、土地产出率和资源利用率，厚植现代化大农业的新优势，增强在各种复杂环境下的农业应对能力和竞争力。

1. **积极推动农业生产经营规模化**。在尊重农民意愿的前提下，采取多种形式推动土地流转，尤其是加快推动土地向农业新型经营主体流转，促进规模经营。"两大平原"80% 的县市搭建了农村产权及土地流转平台，土地流转面积和规模经营面积均占到耕地面积的 40%，"两大平原"通过土地流转促进规模经营愈发显示出生机和活力。

2. **重点推动农业生产作业机械化**。农业机械化是规模经营的必要支撑条件。针对"两大平原"不同区域的地形、气候和种植结构条件的差异，确定不同类型区的农业机械化发展方向，推动农业机械化的全面发展，实现良机与良种、良法、良田有机融合。

3. **全面推动农业支撑手段科技化**。"两大平原"正在努力构筑现代化大农业发展的技术新高地。积极研发培育新品种，仅 2015 年新审定通过的主粮作物新品种就有 107 个；推广秸秆还田、稻田综合种养等重大农业技术达 3230 万亩；全面推行深松整地，建立科学合理轮作体系，完善粮作高产栽培技术模式；探索和扩大航化作业范围和服务领域，完善气象监测预警预报和信息发布系统，有力提升了科技引领农业发展的新能力。

# 二、着力发展农业经营新主体，
# 激发农业内生增长新活力

"两大平原"现代农业发展的主体是农民，围绕农民构建现代农业新型经营主体是农村改革的重要任务。正是培育和构建起了多种形式的新型农业经营主体，才使得农业生产关系的变革适应了农业生产力的发展，由此激发了农业内生增长的新活力，也为现代化大农业的发展找到了载体。

1. **围绕主导产业建设新主体**。主要是围绕专业化生产和特色种植养殖业培育建设新型农业经营主体。围绕专业化特点较强的主粮作物产区重点发展农机合作社，"两大平原"现有农机合作社已达 1224 个；围绕特色种植养殖业积极发展各种类型的规模化经营新主体。"两大平原"现已基本形成以综合经营性合作社为核心，以专业大户、家庭农场等为补充的多元农业生产新主体格局。

2. **依托现代园区引入新主体**。主要是通过建设现代农业园区引入农业产业化龙头企业、家庭农场、专业大户等。2015 年规模以上农业产业化龙头企业达 1900 户，农产品加工主营业务收入突破 4000 亿元，农产品精深加工率达到 38%。特别是"两大平原"已有的 16 个国家现代农业示范区，正按照"生产有规模、产品有品牌、设施有配套、管理有制度"的要求，积极探索培育不同生产经营领域的农业经营主体，展现出良好的发展前景。

3. **面向市场培育激活新主体**。"两大平原"正在推进农业生产全程社会化服务机制创新试点，帮助农民降成本、控风险、增收入；支持现有的农业推广服务体系为农户提供代耕代收、统防统治、烘干储藏等服务，并支持社会力量兴办经营性农业技术服务组织；推进农产品电子商务平台建设，促进新型农业服务主体与新型农业生产主体的合作，目前已有1000多家各类农民合作社、农产品加工企业进入平台。

### 三、着力拓展农业多种新功能，<br>延伸农村产业融合新链条

农村各产业均是多维体，不仅具有产品和经济功能，而且还有生态与环保、文化与休闲、就业与社保、教化与示范等多种功能。通过拓展农村一二三产业各个环节的多种新功能，既有助于促进各个产业间的融合，又有助于促进产业链条的延伸，扩大农业生产可能性边界。

1. **塑造绿色文化新品牌**。根据"两大平原"特定的自然地理条件和文化条件，赋予农产品以绿色内涵和文化内涵，提高农产品的美誉度和知名度。"两大平原"获得有机食品和绿色食品认证的农产品分别已达400多个和1600多个，获得认证的具有文化内涵的地理标志农产品达到80多个，并培育出北大荒、黑森、九三、完达山、飞鹤等一批著名农产品品牌。具有绿色、文化内涵的农产品已逐渐成为"两大平原"乃至黑龙江省农业的靓丽名片。

2. **产业融合形成新业态**。"两大平原"积极推进农村一二三产业的融合，以休闲农业为代表的融合载体正在形成。农事活动参与、农业景观游览、农产美食品尝、农产品加工、农业工艺品制作、农产品及其加工品销售，以及农村民俗风情体验、休闲度假等等，正在打破产业界限，逐渐融合形成观光农业、体验农业、创意农业等各种新业态，大大降低了农业发展的机会成本，增加了农民收入，也为贫困地区扶贫脱贫提供了新途径。

**3. 延伸产品加工新链条**。延伸农产品加工产业链条，是加快农产品加工集群化发展、做大做强龙头企业、提升农产品价值链、提高农村经济整体效益的重要举措。"两大平原"以绿色食品产业化建设为核心，全力推动加工向精细化、高端化延伸。如水稻加工已初步形成稻米精制、米糠制油、稻壳发电的相对完整的产业链条，其他农产品加工也获得较快发展，对农业和农村经济的带动作用日益凸显。

## 四、着力培育现代理念新农民，
## 增强农业发展主体新本领

培养新型农民特别是培育职业农民，是"两大平原"发展现代农业的根本举措。"两大平原"区域的各级党委和政府，加大了对新型职业农民培育的人力资本投入支持力度，以提高其从事现代农业建设的新理念、新知识、新技能、新本领。

**1. 培育职业农民新理念**。"两大平原"各县市将创新、协调、绿色、开放、共享五大发展理念贯穿于职业农民的各种培训之中，引导农民开阔视野、开拓创新，增强其发展现代农业的新本领，提高其调结构、转方式、闯市场的自觉性。新理念带来了新思路，"两大平原"很多地方"互联网＋农业"做的风生水起，就是一个有力的印证。

**2. 探索农民职业教育新方式**。黑龙江省于 2015 年已启动实施新型职业农民培训工程试点，主要是经过系统培育，激活农村青年自身创造活力，使之成为深化农村改革、促进现代农业发展的骨干力量。省里已与教育部共建国家现代农村职业教育改革试验区，力争形成较为完备的农村职业教育体系，重点建设 6 个涉农职教集团、33 所涉农中高职示范骨干院校、50 个涉农专业的 200 个专业点，试验期内将培养中专学历职业农民1万人，这将为"两大平原"现代农业的发展注入新鲜血液。

3. **提升农民创新创业新能力**。"两大平原"各市县为促进现代农业发展和农业劳动力转移，支持农民转移就业尤其是创业带动就业，采取了多种形式的帮扶举措，加大了支持力度。组织开展创业培训、项目开发、风险评估、开业指导、融资服务、跟踪服务等"六位一体"的就业创业服务，有效提升了农民就业创业的新能力。

## 五、着力建设美丽宜居新乡村，创造农民群众美好新生活

"两大平原"发展现代农业的出发点和落脚点，就是增进广大农民群众的福祉。建设美丽宜居新乡村，就是其具体体现。建设田园牧歌、秀山丽水、生活美好的宜居新乡村，就是要让居住在农村从事农业的农民群众拥有更多的获得感和创造美好新生活的幸福感，让外出和转移的农民能够记得住乡愁，留得住乡情。

1. **努力增加农村公共服务新供给**。主要是针对农民对文化、医疗、信息、管理等公共服务的强烈需求，加强"软"环境建设。新建村级文体广场800多个、综合活动室1200多个、省级群众满意乡镇卫生院200个，通过12316短信平台发布农产品供求、价格、生产、气象服务等服务短信30万条次，村务公开、村规民约、民主议事的制度进一步健全，让农民群众共享到了发展的成果。

2. **积极创建农村和谐人居新环境**。主要是保持农民日常生活和农业生产活动与自然和谐相处。针对"两大平原"农村的实际情况，组织开展了成效明显的农村环境卫生整治行动。现已有70%以上的行政村建立了保洁队伍，新增了保洁车、垃圾箱、污水处理设施、化粪池等，改造

新建边沟 8000 公里，新增村屯绿化面积 8 万多亩，使很多村屯面貌焕然一新，农村环境得到了改观。

3. **培育涵养农村文明新风尚**。主要是根据省里《美丽乡村建设三年行动计划》，以提升道德风尚为核心，培育良好民风，开展"美在农家""星级文明户"评选活动，共评选各级"十星级文明户" 6000 余户，对其在贷款、保险、帮扶政策上予以倾斜。

## 六、着力探索农业发展新体制，释放农业持续发展新动能

"两大平原"现代农业发展的过程，也是一个农业政策创设和制度供给体系不断完善健全的过程。在省委省政府的领导下，现代农业发展的新体制新机制探索取得了积极进展，有效释放了现代农业发展的新动能。

1. **注重加强顶层设计**。"两大平原"现代农业建设，是党中央、国务院对黑龙江省的重托，是黑龙江省委省政府经济社会发展工作的重中之重。省委省政府就"两大平原"现代农业发展制定了专门的实施方案，就"两大平原"现代农业综合配套改革作出专门的制度安排，在省委关于"十三五"规划的建议中，又进一步明确要求创新实施《黑龙江省"两大平原"现代农业综合配套改革试验总体方案》，这为"两大平原"的改革与现代农业发展提供了强有力的制度保障。

2. **精细谋划制度创新**。"两大平原"在现代农业发展中进行的制度创新，涉及诸多方面，尤以农机合作社的发展具有代表性。在支持农机合作社发展的过程中，在吸引大户投资的同时，将政府农机补贴资金折股量化到合作社社员，社员按股分红，既促进了大户发展，又让农民分享到了政府支持的实惠。普遍开办土地承包经营权抵押贷款业务，有效

支撑了现代农业发展。

**3.大力促进城乡一体化。**根据"两大平原"的实际情况,探索垦区、林区、矿区、油区、景区带动城镇化,通过城镇化带动一体化。较为典型的举措就是推动"场县共建",完善"场县共建"机制,共享社会资源。"两大平原"市县已与垦区上百个农场开展了合作共建,通过农业生产、产业、基础设施、社会化服务、人才培训等方面的共建,产生了共享发展的示范带动效果。

# 实施创新驱动发展战略
# 推进全球科创中心建设

"上海市推进科创中心建设实践经验总结"课题组

把"创新"作为引领发展的第一动力，是以习近平同志为核心的党中央治国理政的核心理念之一，也是适应和引领我国经济发展新常态的关键之举。加快建设具有全球影响力的科技创新中心，正是上海对"创新"这一核心理念在实践上和理论上的有力探索，是对"创新驱动"这一中国发展的核心战略在行动上的积极响应。

## 一、科创中心建设的上海担当与作为

上海率先推进科创中心建设，既是顺应世界经济新常态和新一轮全球科技革命发展趋势，落实习近平总书记关于创新发展新理念的重大战略步骤；也是上海经济社会发展到一定阶段，丰富与完善城市功能，实现自身发展动力转换的现实需要。在"四个全面"战略布局引领下，上海开展了一系列科创中心建设实践与探索，旨在继续当好全国改革开放排头兵、创新发展先行者，显著提升全球科技资源的集聚和辐射功能，向全球城市迈进，体现出上海城市发展的时代使命与责任担当。

上海建设具有全球影响力的科技创新中心具有较好的基础和条件。改革开放以来，上海科技创新实力雄厚，居全国各地区前列，肇始于20世纪90年代的"四个中心"建设使上海已具备建设全球创新中心的综合实力，在航运、金融、贸易、研发等知识密集型领域取得了突飞猛进的发展。"十二五"期间上海就已经提出并实施"创新驱动,转型发展"的总方针和发展主线。近年来，上海经济保持平稳较快发展，社会民生持续改善，改革开放不断深化，科技自主创新能力、支撑经济社会发展能力和服务国家创新战略能力明显增强。因此，上海应该在实施创新驱动发展战略中发挥应有的作用与担当，不负党中央国务院对上海全球科技创新中心建设的重望与嘱托。

上海集全市合力，在广泛调查研究的基础上，立足上海实际、国家战略和全球视野，于2015年5月，在中共上海市委十届八次会议上通过《关于加快建设具有全球影响力的科技创新中心的意见》(以下简称"科创22条")，对上海建设具有全球影响力的科创中心作出具体部署，勾勒出科创中心建设的时间表，吹响了科创制度变革的号角。围绕"科创22条"，上海又陆续出台了人才改革、众创空间、国企科技创新、科技金融、财政支持、成果转移转化、外资银行、知识产权等多项配套政策，初步形成了"1+9+操作细则"的科创中心建设政策体系框架，形成了具有可操作性的政策导向和推进计划。与此同时，各项旨在理顺科技创新链的措施与安排，以正式制度形式确立下来，标志着上海在优化科技资源配置方面迈出了关键一步，在为上海建设具有全球影响力科技创新中心提供有力的制度保障方面，积累了宝贵的经验，初步实现了全球科创中心建设从概念提出、蓝图设计再到具体推进的跨越。目前，上海正在全面贯彻落实各项政策措施，有序推进具有全球影响力的科创中心建设，积极探索具有中国特色的自主创新和科技进步的道路与模式。

## 二、科创中心建设的上海经验与特色

上海在推进科创中心建设中勇于尝试，坚持以制度变革引领科创中心建设，针对上海在推进科创中心建设中遇到的各种瓶颈与难点，开展了一系列卓有成效的创建活动，形成了上海科创中心建设的经验、规律、特色与模式。

**1. 注重以提升创新能力为主线的创新链建设，实施科技创新系统工程战略**。科创中心建设应注重交互协同的创新链建设，主要针对受不同利益驱使导致创新链脆弱易断的问题，重点放在构建各类科创主体（产、学、研、官）协同机制，矫正政府和市场在配置科技资源上的权力错配，完善科技创新资源配置体制。同时，以提升创新能力为主线促进创新链的不断发展与提升，从知识、技术、模式、空间线性过程的"线性创新链"向包括众多创新参与者互动与学习过程和各个创新阶段相互影响的"非线性创新链"发展，进一步向动态可持续创新过程及实现基于创新链资源整合和互融互通的"循环创新链"发展。上海以创新链建设为中心，实施科技创新系统工程战略，为科创中心建设打下坚实基础。

**2. 注重以创新链与价值链融合发展，促进产业结构升级和发展动力转化**。科创中心建设不应该仅仅停留在增加专利数量、论文发表数量、高级职称数量等狭隘的目标上，而是要瞄准劳动生产率的提高，解决经济发展中存在的供给侧结构性障碍，满足不断升级的消费需求，转换发展动力。这就需要以创新引领发展为指导实现创新链与价值链融合发展，提升知识创新和成果转化能力。上海通过资金链有效对接创新链，催化创新成果产业化；实行企业自主创新能力培育与价值链提升的有机整合，引领产业高端优势；借助"互联网+"平台，促进"四新"经济；通过"双自联动"，发挥创新对拉动发展的乘数效应。

3. **注重以协同、共享为特征的科技创新网络建设，充分利用全球创新资源**。科创中心建设应立足世界科技创新前沿，融入全球科技创新网络，顺应开放式创新的主流模式。上海围绕综合性国家科学中心建设和依托重大科技基础设施，积极打造泛在的公共研发平台，促进创新资源的自由流动与相互协作，整合内外部创新资源，采取信任机制、抵押机制、权力机制和激励机制进行综合治理，积极维护创新网络的稳定性和有效性，充分发挥创新资源在网络中不断学习传递的乘数效应，充分发挥不同创新资源在网络中交互作用的交叉激发效应，在更高起点上推进自主创新。

4. **注重功能配套的创新服务体系建设，营造有利于激发创新活动的生态环境**。为适应现代科技创新日益专业化、高端化、集成化趋势，科创中心建设迫切需要一个强健的功能配套服务体系所支撑，为创新活动提供全过程服务和复合型服务。上海尤为重视规范政府服务，提高科技政策和管理的有效性；创新金融服务，加大金融对创新的扶持力度；打造功能性众创空间，为科技成果培育提供全方位配套服务；强化科技成果转化等配套服务，促进科技成果产业化；大力发展中介专业性服务，为科技创新营造良好、高效的外部环境。

5. **注重与创新型城市建设的有机结合，开创全面创新发展的新局面**。推进科技创新，要着力于形成涵盖技术创新、组织创新、制度创新、融资创新、营销创新等全社会创新的一个创新体系，打破传统以若干高科技园区或科技城为标志的狭隘布局和模式，置于创新型城市建设之中。上海把科技创新作为城市发展的新方向，纳入城市核心功能，倡导全城参与，全市共建，融入大众创业、万众创新。根据不同区位及发展基础合理分工，形成了各具特色的创新创业承载区，以及校区（科技、产业）、园区、城区"三区联动"的新型创新创业空间。

**6. 注重以人才为本的创新创业队伍建设，充分调动人才的积极性、主动性、创造性。** 人才是构成科创中心核心竞争力的核心要素。吸引、留住和用好人才是科创中心建设的重中之重。上海在科创中心建设中，高度重视人力资本的核心作用，把人才作为创新的第一资源，着力形成尊重人才的机制与氛围，打通科技人才便捷流动、优化配置的通道，集聚一批站在行业科技前沿、具有国际视野和产业化能力的领军人才，大力引进培育企业急需的应用型高科技创新人才，充分发挥企业家在推进技术创新和科技成果产业化中的重要作用。

## 三、上海科创中心建设需要进一步处理好五对关系

正如中共上海市委在上海市第十一次党代会指出的，"上海将深化科技管理体制机制创新，以系统推进全面创新改革试验为抓手，建立符合创新规律的政府管理制度，完善以企业为主体的产学研结合的技术创新体系，构建市场导向的科技成果转移转化制度，实施激发市场创新动力的收益分配制度，推动形成跨境融合的开放合作新局面"。为此，上海建设具有全球影响力的科技创新中心是一场深刻的制度变革，不仅要遵循科技创新活动的客观规律，而且也要体现全球城市发展的客观要求。展望未来，上海需要重视和正确处理好以下五对关系，推进全球科创中心建设循序渐进、行稳致远。

**1. 科创中心与"四个中心"的关系。** 正确处理好科技创新中心与原有"四个中心"的关系，就是要把科技创新摆在上海发展战略的核心位置，把科技创新中心作为城市发展的核心功能予以布局谋划，充分利

用上海在历史中积淀和形成的国际经济、国际金融、国际贸易和国际航运等优势保障科技创新的持续繁荣；同时，用科技创新的持续繁荣提升国际经济中心的内涵和质量、拓展国际金融中心的影响、增强国际贸易中心的能级、巩固国际航运中心的优势，从而实现科技创新中心与"四个中心"的良性互动。

2. **科创中心建设中政府与市场的关系**。科技创新的主体是科学家、工程师和企业家，尤其是企业家在连接创新供给与潜在需求方面的重要作用，而不是政府。但在实践中，要明确政府和市场的边界却充满着挑战。中国从来都不缺乏政府管理的经验，政府的善治意愿和干预冲动客观上阻止了市场决定性作用的发挥，有时甚至还会"帮倒忙"。为此，从制度变革的角度看，应尽快形成"市场准入负面清单"和政府的"权力清单"，树立"法无授权不可为"的理念与规范。

3. **精英创新与草根创新的关系**。上海推进科创中心建设，既要重视发挥科学家、企业家等高端精英的作用，更要激发全社会各个阶层的创新活力；既要瞄准科技制高点、追求创新"高大上"，更要重视民生关注点，推动科技"接地气"。要着力在创新政策的"普惠性"和创新环境的"包容性"这两个方面下功夫，使创新政策能更多体现公平、普惠和实用的原则，让创新之树扎根于民间沃土，营造"大众创业、万众创新"的体制机制与社会氛围，让城市的每一个角落都开出创新之花、结出创新之果。

4. **创新驱动发展与激励驱动创新的关系**。创新是驱动经济转型发展的动力，而激励是驱动创新的动力。上海推进科创中心建设，重点是要营造具有创新激励功能与导向的体制环境，主要包括：确保市场在创新资源配置方面起决定性作用的体制，健全国有企业科技骨干员工的参股分配机制，加快科技成果的资本化和产业化过程，强化知识产权保护力度，充分保障科技产权的经济民主权利，保护各级政府部门推动科创中心建设的积极性，设立创新底线和安全阀机制，营造鼓励创新、包容失败的市场环境等，让各类人才的创新智慧竞相迸发。

5. 科技创新与"补短板"的关系。上海的科技队伍建设也还存在着"短板"，创新型科技人才结构性不足矛盾突出，缺大师、缺领军、缺尖子。要解决这个问题，就要"择天下英才而用之，实施更加积极的创新人才引进政策，集聚一批站在行业科技前沿、具有国际视野和能力的领军人才"，使土地、劳动力、资本这三大基本要素在企业家精神和创新人才的带动下自由流动、优化组合，卓有成效地推进科创中心建设。

# 建设开放型经济新体制的重大实践
## ——中国（上海）自贸区试验的战略内涵与理论意义

"中国（上海）自贸区制度创新经验总结"课题组

　　设立自由贸易试验区是以习近平同志为核心的党中央治国理政的重大战略实践，其理念之新在于从政策激励型开放转变为以建设开放型经济体制提高开放水平实现发展转型；其思想之新在于以开放倒逼改革，以改革推进开放，揭示了改革与开放在新阶段上的深刻联系；其战略之新在于以个别地区的探索试验发现风险、创造经验，以推广复制实现全国深化改革扩大开放目标。3年多来，这一重大实践已经充分体现了其现实意义与深远影响，为实现中国梦作出了新的探索，也为中国道路丰富了新的内涵。

## 一、中国发展新阶段上的重大战略实践
### ——自贸区试验的历史背景

　　进入新世纪以来，经济全球化深入发展，世界经济格局进一步发生

深刻变化。对于中国而言，一个新的历史时期开始了：改革进入了深水区，开放面对着高标准，发展走上了新常态，国家开启了强盛路。在这一历史条件下，上海自贸区试验开始了一场系统性的探索，以全面的创新性实践承担起了国家战略的使命。

1. **改革进入深水区需要发现风险探索道路**。在中外历史上，由改革带来的风险乃至震荡不胜枚举。当改革进入深水区，市场经济矛盾凸显，深化改革成为一场利益再调整。在需要推进的一系列改革中，转变政府职能、减少和取消审批可能产生的政府缺位又会带来严重的社会经济问题。风险决定了试验的必要性，决定了在一个可控的范围内进行探索的必要性。同时，由于改革需要新的动力，改革的根本方向是建立更成熟的市场经济，而国际经济规则正是市场经济原则，因此以一种开放的模式倒逼改革就是一种最合理的选择。

2. **开放面对高标准需要掌握规则谋划对策**。进入新世纪以来经济全球化继续向纵深发展，其核心是一个经济体开放的内涵已经从边境上的措施转变为边境后的措施。全球化的深化正是体现在国内管理体制意义上的更高标准的开放。中国真正要扩大开放，抓住全球化发展机遇，就必须深化国内改革，按照高标准的开放要求改革政府管理体制，修改制订相关法律法规。为此，要了解和掌握这些高标准，认识这些高标准对我现有体制提出的挑战，认识采用这些标准所需要的国内改革，认识扩大开放后如何有效维护国家安全。一个稳健路径就是先在开放度和国际化水平已经较高的个别地区进行试验和模拟，以此发现风险，取得经验，避免全国一下子变动带来的震荡与冲击。

3. **发展走上新常态需要创新模式优化结构**。2008年国际金融危机后，各国产业结构的调整开始改变国际分工的格局，中国经济同样受到了世界经济的影响。更重要的是，在规模扩张的发展阶段完成以后，一系列结构性问题成为发展新阶段上的新课题。中国需要从根本上转变经济增长的动力，从要素趋动转变为创新趋动；建设创新型国家的战略替代了发挥廉价劳动力优势的战略。这是发展战略的重大创新，需要以系统的发展模式创新去推进。由一个开放度与结构水平相对较高的地区进行探索后向全国推广，这样的战略部署更为可靠和更加稳健。

4.**国家开启强盛路需要创新战略重塑优势**。目前，中国已经成为一个名副其实的世界经济大国，这也意味着由大走强历史阶段的开始。中国要从廉价商品的竞争转变为综合国力的竞争，这种竞争必然是制度竞争与战略竞争。这需要再探索政府与市场的关系，在特大城市中集聚大企业与先进科技。中央对上海自贸区试验从一开始就聚焦政府与市场关系，推进金融改革开放，促进对外投资，扩区中又把金融贸易中心、现代制造业与高科技发展园区全面整合起来。习近平总书记更明确指示上海要建设有全球影响力的科技创新中心。由此，上海自贸区试验与自主创新形成"双自联动"，成为国家强国战略的缩影。

## 二、建设开放型经济新体制——自贸区 试验与改革开放发展新目标

上海自贸区试验的本质在于建设开放型经济新体制。3年多来，上海以"大胆试，大胆闯，自主改"为指导思想，以国家战略为崇高使命，以可复制可推广为基本要求，以体制创新为核心主题，以开放倒逼改革为推进思路，以发展模式转型为主要任务，以防范风险为约束条件，通过一系列具体实践为国家战略的探索与推进作出了成功探索。

1.**政府改革：从审批限制型体制向监管服务型职能转型**。政府职能转变是是上海自贸区试验的重心。这一改革的宗旨就是要让市场在资源

配置中发挥决定性作用，而政府则履行监管和服务职能，从事前审批改革转变为事中事后监管。上海自贸区试验聚焦于突破事中事后监管这一最大难题，探索建立起了五位一体基本制度，即社会信用体系制度、信息共享和综合执法制度、企业年度报告公示和经营异常名录制度、社会力量参与市场监督制度，以及各部门的专业监管制度。这就从根本上改变了政府与企业与市场的关系。

**2. 开放模式：从消除内生性障碍向对标全球化规则转型**。对外开放是一个封闭型经济向开放型经济转型的过程，一个重要特征就是消除对市场和商品资本国际流动的种种约束。进入新世纪以来，全球化加速发展，投资超越贸易成为开放主题，国民待遇的内涵从原来的准入后延伸到从准入前开始的全过程，以负面清单列明不完全开放部门成为全球化推进的标志。上海自贸区试验的核心是参照全球化的新规则探索其内涵及实现方式。采用负面清单的开放模式是最大的亮点，集中体现了更高的开放度与透明度。整个试验涉及了多项全球化新规则，为国家开放模式的转型提供了重要经验。

**3. 推进方式：从政策激励性传统向体制建设性创新转型**。当前中国对外开放升级的根本要求就是从政策性开放向体制性开放转型。在过去的三十年中，政策激励是推动开放的基本手段。但是，任何政策都必然有扭曲价格的效应，干扰了市场机制，影响了公平竞争，不利于长期经济发展。上海自贸区试验标志着我国靠特殊政策推进开放阶段的结束和探索体制性开放阶段的开始。上海自贸区没有形成政策洼地，没有拿到特殊政策，拿到的是任务清单和责任证书，承担在全国探索可推广可复制的经验的责任。

**4. 分工地位：从出口数量型发展向分工价值链提升转型**。提升国际分工地位是中国开放型经济向高水平发展的一个核心目标。上海自贸区试验没有把加工贸易的进一步发展作为重心，而是聚焦于现代贸易中心城市的功能建设，致力于培育贸易新业态和新功能，建设贸易结算中心，推动内外贸一体化，建立国际大宗商品市场，发展跨境电子商务等。金融改革创新环绕支持实体经济特别是贸易中心功能推进，商务、法律、信息、咨询、融资等的各种现代服务业为贸易中心提供了系统的支撑，使贸易从制造真正转变为商业，服务于国家国际分工地位的提升。

5. **发展空间：从单向开放式结构向双向投资性格局转型**。从经济大国走向经济强国，中国迫切需要在全球范围开辟发展新空间。从现代经济强国看，对外投资是一个核心标志。中国需要一个企业走向世界的桥梁与平台，在这个平台上能够提供本土跨国公司发展的完整的支撑体系。上海自贸区的重大意义在于建设这样一个平台。在扩大开放注重引进来的同时，大量改革创新所瞄准的正是这一目标。外汇管理体制改革，对外投融资汇兑便利化，人民币跨境使用的扩大，跨国公司资金池建设，各项支持总部经济的措施，自由贸易账户的建立，对外投资备案制取代审批制，鼓励境外股权投资，以及法律、咨询、会计、融资等国际化营商环境的全面建设，等等这些都是为了构筑完整的对外投资服务促进体系。

# 三、开放型发展道路的再创新——自贸区实践的理论意义

上海自贸区在多个方面突破了国际上自贸区的一般内涵。自贸区不是一个特定区域的发展部署，而是为全国推进改革开放的试验，复制推广为试验的根本目的，而不是以自贸区本身的发展为目标；自贸区的功能远远超出了对外贸易与资本流入的范围，突破了各国自贸区限于贸易

与投资自由化的一般内涵，使之拓展到了开放型经济体制建设的广泛主题；在区内外关系上，上海自贸区突破了简单封闭模式，创新了区内外联动模式。

园区型经济是中国发展的一大特色，而自贸区试验又一次创新了园区型经济发展模式。自贸区的使命是通过体制改革创新营造发展环境而不是强化特殊优惠政策推动发展。改革哪些领域，怎么改，正是要求自贸区自身要探索的，而不是中央予以事先规划的。形成这一差异的原因在于，进行自贸区试验是为了探索改革方案，发现开放风险。采用园区模式的目的是把风险控制在一定的范围内，不同于以往在一个地区先发展。虽然一切探索必然会以成功的发展为标志，但自贸区不是要以政策优势实现发展，而是靠能有效防范风险的改革开放推进来实现发展。

上海自贸区试验启动了对外开放的战略升级进程。自贸区试验就是以对标全球化新规则全面推进改革创新制度，因此其不仅是中国扩大开放的实践，而且是建设开放型经济新体制的一种探索。自贸区把投资领域更大开放相关问题作为试验重点，充分体现了中国开放进入新阶段后的重心与主题。"可推广可复制"的基本原则清晰表明，开放升级新阶段的基本特点是全国在政策与体制上的统一性。

上海自贸区试验形成了以实现"三新"提升开放水平的总体架构。在培育新优势上，上海自贸区不是利用海关特别监管的体制条件继续发展依靠劳动力的加工贸易，而是把鼓励创新作为政策指向与体制目标；在构建新平台上，上海自贸区致力于探索在一些新的国际平台上我国与各国合作需要回答的问题；在拓展新空间上，上海自贸区致力于构建在全球范围进行资源配置的新机制，把本土发展与走出去发展紧密结合起来。

上海自贸区试验引领了以改革开放促发展新阶段的国家战略。在先前的发展格局下，各地的发展竞争本质上是一种政策竞争、要素竞争、规模竞争，其结果是利益外流、结构失衡、产能过剩、环境破坏。中国迫切需要走上靠体制机制优化引领更高水平发展的新阶段。这一阶段性的历史推进，使中国发展的关键词从先前的"特殊政策"转变为"复制推广"，即要在一个或几个地区先进行体制性创新，进而在全国普遍推行。从上海自贸区试验的内容与原则可以使我们看到中国未来以改革开放促发展的新特点，看到构建改革开放促发展新机制的模型。

# 江苏率先建成小康社会区域性探索与实践

"江苏省率先建成小康社会区域性探索与实践"课题组

习近平总书记2014年视察江苏时，对江苏提出了新的发展要求，这就是："紧紧围绕率先全面建设小康社会、率先基本实现现代化的光荣使命，协调推进全面建成小康社会、全面深化改革、全面推进依法治国、全面从严治党，努力建设经济强、百姓富、环境美、社会文明程度高的新江苏。"根据习近平总书记的指示精神，对江苏率先建成全面小康社会的成就，可以用"经济强，百姓富，环境美和社会文明程度高"进行概括；江苏率先建成全面小康社会的经验，能够以"创新、协调、绿色、开放、共享"新发展理念作出诠释。

## 一、江苏经济强在率先实施创新驱动发展战略

经济强是建成全面小康社会的基础和前提。经济强靠什么？GDP增长是经济强的重要指标，但增长不等于发展，更要看长期发展的能力。江苏的经验表明，建设经济强省，最为重要的是塑造影响长期发展的驱

动力。

党的十八大以后，江苏成为全国首个创新型省份建设试点省。江苏把创新驱动发展融入全面小康社会建设之中，创造了如下经验：一是突出创新驱动产业结构转型升级，依靠科技创新培育有竞争优势的产业。二是推动产学研协同创新。江苏充分利用高校和科研机构集中的优势，强化同高校和科研结构的合作，推动产学研协同创新，实现了创新驱动战略各要素的无缝对接，最大限度地释放了创新活力。三是政府推动建立各种类型的大学科技园，利用科教资源丰富的优势，构建各种类型的"产学研结合"合作平台。四是实施一系列人才工程，加快培养和引进高层次创新创业人才、高水平管理人才、高技能实用人才。江苏的"十三五"规划明确提出建设具有全球影响力的产业科技创新中心的发展目标。江苏的创新型省份建设取得明显进展。区域创新能力连续七年居全国第一，科技进步贡献率达60%。发明专利授权量突破2万件，跃居全国第一。在大中型企业普遍建立研发机构，2015年科研机构数量居全国第一位。

## 二、发展的整体性和均衡性体现协调发展的理念

小康社会建设更高水平的重要表现是"全面"。全面小康的更高水平是覆盖所有领域、覆盖所有人口、覆盖所有区域，这是惠及面广的"全面"。党的十八大以后，针对全面小康社会建设中的不平衡性，着力点转向协调发展。具体表现在补三块短板：一是补落后地区短板。二是补农业现代化短板。三是补城乡发展一体化短板。

针对全面小康进程中存在的苏南和苏北差距，江苏实行"积极提高苏南、加快发展苏北"和"提升苏南发展水平，促进苏中快速崛起，发

挥苏北后发优势"的分类指导方针。一是在苏北和苏中实施几个重大的区域性发展战略。二是培育区域经济增长极。三是出台"南北合作"政策，在苏北地区建立苏南各城市对口支持的开发区。四是推进"四项转移"，即推动产业、财政、科技和人才向苏北转移。

江苏通过大力推进农业现代化的进程补齐农业现代化短板。其途径包括：一是创新农业科技；二是提升农业基础设施与物质装备水平；三是构建新型农业经营体系；四是深化农村改革；五是加大农业投入。江苏积极推进城乡发展一体化，通过推进城乡规划、产业发展、基础设施、公共服务、就业社保、社会管理等"六个一体化"来促进城乡发展一体化。其途径：一是推进以人为核心的城镇化，提高城镇发展质量；二是以"三集中"实现"三化"，即以土地集中推进农业现代化，以人口集中推进新型城镇化，以工业项目集中推进新型工业化；三是构建"以工促农、以城带乡、工农互惠、城乡一体"新型工农城乡关系的长效机制；四是构建完善的城乡基本公共服务体系，确保城乡居民共享发展成果。

全面小康社会建设的初期阶段一般致力于经济建设，而进入全面小康社会建设的决胜阶段，根据协调发展的要求，江苏不仅努力补齐社会发展的短板，使社会发展达到更高水平，还特别注重协调推进经济建设、政治建设、文化建设、社会建设、生态文明建设和党的建设。

## 三、生产发展、生活富裕、生态良好的文明发展道路体现绿色发展理念

"更高水平"的全面小康对生态环境质量提出了新的更高要求，人民期盼着富饶秀美、宜业宜居的绿水青山，人与自然和谐共生，让良好生态环境成为全面小康社会普惠的公共产品和民生福祉。

苏南是全国制造业比重最大的地区和最早推进工业化的地区之一，也是外商投资企业最早集中进入的地区之一，最早进来的外资企业不乏高消耗高污染的企业。当时的环境约束不是十分严格，再加上这里国土空间狭小、资源匮乏、环境容量小，因此不可避免地存在严重的环境和生态问题。2007年5月爆发太湖环保事件，对江苏生态文明建设是巨大的促进。江苏的"两个率先"的战略目标中包括率先建设生态省的目标，不仅要求新的项目不能破坏生态，还要求治理过去发展所造成的对生态的破坏。江苏认真践行"绿水青山就是金山银山"的财富观，抛弃那种以损害环境为代价换取经济增长发展的模式，以追求绿色GDP为目标，建设资源节约型、环境友好型社会。

江苏生态文明建设的主要措施包括以下方面：一是严格的环境保护指标约束；二是在结构调整中淘汰污染产能；三是实施系统化的生态文明建设工程。尤其是将循环经济纳入生态城市建设之中，既找到了抓手，又丰富了生态城市和循环经济的内涵。

## 四、提升经济国际化水平体现开放发展理念

20世纪90年代，发展外向型经济的浪潮把江苏推向我国经济开放的最前沿，尤其是21世纪初江苏积极呼应国家的浦东的开放开发战略，一跃成为吸引外资最多的省份，在全面建设小康社会的进程中，江苏的开放型经济得到了进一步发展。不仅规模不断扩大，而且内涵不断拓展、结构不断优化，开放型经济主要指标一直位居全国前列。经济国际化从根本上改变了江苏经济社会发展的路径和模式，在资源集约利用、发展空间拓展、发展思路转换等方面显示出巨大的能量，成为推动江苏小康社会建设的重要力量。

　　经济国际化从以下方面提升全面小康水平。一是对外贸易。出口的高速增长突破了江苏资源和市场的局限性，带动了生产和就业规模的扩大，而贸易的"乘数效应"进一步放大了对江苏经济增长的积极影响。数据显示，江苏外贸一直名列全国第二。据测算，江苏进口占GDP的比重每增长1%，江苏全要素生产率提高0.19%；出口占GDP比重每增长1%，提升全要素生产率0.23%。二是利用外资。截至2014年，江苏实际使用外资规模已经是连续12年位居全国第一，实际利用外资占全国总额的比重超过1/4。全省外资经济创造了1/3的GDP、1/4的税收、提供了1/4的投资规模。外商投资的进入，不仅增加了江苏的资本积累、提高了资本的形成率，提高了江苏的设备和技术水平，还以其经营的"示范效应"和"竞争效应"，促进了江苏的技术进步和对微观经济制度、市场组织等的改进，从而促进经济增长。目前，世界"500强"已有近400家在江苏投资。伴随着跨国公司地区总部和功能性机构落户江苏，江苏在较短时间内形成了集成电路、数字通信、生物医药、纳米科技、新能源、物联网等领域的20多个高新技术产业集群，其中电子信息产业跃升为江苏制造业第一大产业。

　　各类开发区是江苏利用外商直接投资的主要载体，也成为创新驱动型经济的基地。目前，开发区集聚了全省90%左右的外资高新技术企业以及80%以上的创业服务中心、研发中心和孵化中心，开发区研发投入占GDP的比重超过3%。开发区高新技术产业产值占开发区工业总产值的比重超过30%。江苏各类开发区以不到全省2%的土地面积，创造了1/2的地区生产总值、2/3的工业增加值、2/5的地方一般预算收入、3/4的对外贸易额，开发区已经成为江苏经济发展的增长极、新兴产业的集聚区、改革创新的先行区和迅速崛起的新城区。

## 五、建设全民共享的小康社会体现共享发展的理念

共享是中国特色社会主义的本质要求。全面建成小康社会，惠及全体人民，就是共享发展理念的全面呈现。我国幅员辽阔，即使是经济最为发达的区域都存在不发达的地区。同时，不同人群存在较大的收入差距。全面小康是人人共享、不让一个人掉队的小康，这正是全面建成小康社会的难点所在、攻坚所指。江苏全面小康社会建设的实践，从以下几个方面体现了共享发展理念：

首先，要防止收入平均数掩盖大多数的问题。平均数的不足之处，是它不能反映低于平均数的人口数量。考核全面小康，不仅要看平均数，更要看大多数；富民不仅要看平均收入，还要看达到平均收入的人数。因此，在江苏的 2013 年版小康指标体系中专设了城乡居民收入达标人口比例，并且明确大于 50 才达标。这个指标的意义在于克服平均数掩盖大多数的缺陷，充分兼顾平均数和大多数。现在江苏全省范围内已不存在国定标准的贫困人口。

其次，是使广大人民学有优教、劳有厚得、病有良医、老有颐养、住有宜居。按此要求，共享发展就体现在：全面提高收入增长与经济增长协调性，让群众充分感受到经济发展带来的富足感；全面提高社会平安度，让群众充分感受到和谐稳定带来的安全感；全面提高法治化水平，让群众充分感受到法治建设带来的公正感；全面提高社会文明程度，让群众充分感受到共同精神家园带来的归属感和文化繁荣带来的愉悦感；全面提高民生保障水平，让群众充分感受到社会发展带来的舒适感。

最后，多管齐下富百姓。现阶段居民收入构成大致为劳动收入、经营性收入、财产性收入和转移性收入四大部分。因此，富民包括劳

动致富、创业致富、经营致富和财产致富等路径。百姓的收入水平不仅得到大幅提升，而且收入结构也不断优化，呈现出收入来源多元化趋势。在省际比较中，江苏的人均收入水平尽管不是最高的，但是在公共产品的供给上总体是好的。这说明基本公共服务在富民中的作用：一是公共基础设施建设。江苏扩大公共财政覆盖农村的范围，实施道路通达工程、农民健康工程、环境整治工程和文化建设工程等社会主义新农村建设"十大工程"。现在江苏范围的高等级公路及村村通公路可以说是全国最好的。二是健全居民社会养老保险、居民基本医疗保险、生育和失业保险体系。

全民共享的关键和难点在农村，突破口也在农村。其基本路径是打破城乡二元结构、统筹城乡发展，实现城乡一体化。苏南地区早在推进农村工业化和城镇化时就通过非农化和城镇化的途径解决"三农"问题。在此基础上，江苏全面小康社会建设又着力解决非农化后的务农农民的收入和农业的增产增收问题，其途径包括加快农业产业化和规模化经营、农业外向化以及提高农业的组织化程度。特别是积极推进工业反哺农业，城市支持农村的进程，由此产生的效果非常明显。农民纯收入近年来都保持递增的趋势，逐步缩小了城乡差距。江苏尤其是苏南地区，城乡收入差距是全国最低的。

# "红船精神"：历史地位·当代意义·永恒价值

"浙江省'红船精神'研究"课题组

2005 年 6 月 21 日，习近平同志在《光明日报》发表《弘扬红船精神·走在时代前列》的署名文章，首次公开提出"红船精神"，并深刻阐述了"红船精神"的主要内涵、历史地位和时代价值。习近平指出："开天辟地、敢为人先的首创精神，坚定理想、百折不挠的奋斗精神，立党为公、忠诚为民的奉献精神，是中国革命精神之源，也是'红船精神'的深刻内涵。""红船精神"的提出，是中国共产党革命精神史宝库的丰富和发展，是马克思主义建党学说中国化的具体展现，是习近平党建思想的重要组成部分。

## "红船精神"是马克思主义建党学说中国化的具体展现

"红船精神"是走在时代前列的精神。中国共产党诞生所蕴含的"红船精神"，体现了中国共产党对中国近代以来历史规律的自觉认识，对历史任务的自觉把握，对实现最广大人民根本利益的自觉担当。自党诞生以来，中国共产党人始终站在中国革命和建设的历史前沿，准确把握时代和世界发展的正确方向，将自身的发展和中国的前途命运同世界的前途命运紧密结合在一起，创立了毛泽东思想，开辟了中国特色社会主义道路，形成了中国特色社会主义理论体系，不断推进马克思主义中国化、时代化、大众化。

"红船精神"是中国革命精神之源。"红船精神"是中国共产党革命精神的历史起点，是党在不同历史阶段形成的各种革命精神的价值基础。综观中国共产党革命精神史，在革命、建设和改革开放以来形成的一系列革命精神，都在不同历史时间和空间里保持了"红船精神"的核心内涵，并始终激励、推动着党的发展壮大。

"红船精神"是党的先进性之源。中国共产党从成立那天起，就公开宣布，党除了工人阶级和最广大人民群众的利益，没有自己的特殊利益，而代表中国先进生产力的发展要求，代表中国先进文化的前进方向，代表中国最广大人民群众的根本利益，是我们党最根本的价值追求和终极目标。细数中国共产党奋斗的精神历程，"红船精神"所承载的首创、奋斗、奉献精神，集中展现了中国共产党人科学思想理论、崇高理想信念、高尚道德情操、优秀政治品格、优良工作作风，集中体现了党的先进性。

"红船精神"是马克思主义建党学说中国化的具体展现。习近平同志关于"红船精神"的论述，不仅丰富了马克思主义建党学说和中国共产党思想建党理论，而且为加强和改善党的领导、全面提高党的建设科学化水平提供了新的理论指导，为党领导全国人民实现"两个一百年"奋斗目标和中华民族伟大复兴的中国梦提供了坚强的思想保证。

## "红船精神"是中国革命实践和
## 中国共产党革命精神的开篇和奠基

"红船精神"第一次把中国革命实践建立在马克思主义科学理论指导基础之上。中国共产党建党伟业实践的精神结晶，就是"红船精神"。党的一大通过的党的第一个纲领表明，"中国的先进分子经过长期的艰苦探索，找到马克思主义这个正确的革命理论，认识到只有社会主义、共产主义才能救中国。这是他们对中国革命问题认识的一次具有划时代意义的飞跃"。

"红船精神"第一次把中国革命实践建立在中国共产党领导基础之上。中国近代以来，围绕着民族独立和人民解放这一主题，各种阶级力量和政治派别先后提出过不同的救国方案，但最终都未能取得成功。"1921年产生了中国共产党，中国就改变了方向，5000年的中国历史就改变了方向。"从此，中国共产党带领人民推翻"三座大山"，赢得民族独立和人民解放，建立起初步繁荣昌盛的社会主义大国，并在社会主义的道路上实现中华民族伟大复兴的使命。

"红船精神"第一次把中国革命实践建立在独立自主地探索中国道路历史起点上。鸦片战争后80年的历史进程，为实现中华民族的伟大复兴，中国的各种阶级力量和政治派别先后提出过不同救国方案，并为此做过各种努力，但无论是救国图存的变法梦，还是中体西用的"洋务梦"，或是资本主义的"宪政梦"，都没有得到成功。是中国共产党把马克思列宁主义和中国工人运动相结合，以开天辟地的"红船精神"走出一条人类历史上从未走过的崭新发展道路，开辟了一条从新民主主义走向社会主义的独特道路。

"红船精神"是中国共产党建党精神的集中体现。党的一大通过的第一个纲领和第一个决议是中国共产党诞生的重要标志，而党的创建者们在建党实践中所展现的首创、奋斗和奉献精神，正是建党精神基本内涵的集中体现。在建党实践中，中国早期马克思主义者大多数人是当时中国优秀分子的集中代表，是以天下为己任的理想主义者，他们站在新文化运动的起点上，超越了以往志士仁人的追求，怀揣着用马克思主义来"改造中国和世界"的理想，完成了"开天辟地的大事变"，充分展现了首创、奋斗和奉献的"红船精神"。

## "红船精神"是推进中国特色社会主义伟大实践的精神动力

推进中国特色社会主义伟大实践需要继续弘扬首创精神。开天辟地、敢为人先的首创精神是"红船精神"的核心。"红船精神"体现了勇立时代潮头、善开风气之先、敢于争创一流的锐气和魄力，其实质是面对世界发展潮流而展现出的前所未有的勇于担当和变革创新精神。96年来，中国共产党之所以能够始终站在历史和时代发展的潮头，就在于掌握了马克思主义立场、观点和方法，敢于担起历史和时代的责任，不断推进实践创新和理论创新，不断开创马克思主义中国化的新境界。党的十八大以来，以习近平同志为核心的党中央顺应时代要求，勇敢担负起时代赋予的历史使命，"始终把改革创新精神贯彻到治国理政各个环节"。在全面推进党的建设伟大工程和党领导的伟大事业中，我们仍然需要大力弘扬开天辟地、敢为人先的首创精神，切实担当起新的历史使命，开创马克思主义中国化的新境界。

推进中国特色社会主义伟大实践需要继续弘扬奋斗精神。坚定理想、百折不挠的奋斗精神是"红船精神"的支柱。"红船精神"体现了党始终站在历史和时代发展的前列,保持先进性和纯洁性,其实质是为了实现共产主义理想不断实践、不断奋斗、脚踏实地的实干精神。中国共产党从诞生起,就以坚定理想、百折不挠的奋斗精神,肩负起推动中国革命和建设事业的历史重任,使中华民族伟大复兴的中国梦有了一个新的历史起点。96年来,正是无数中国共产党人为了中华民族的救亡图强和共产主义理想艰苦奋斗、无私奉献,才完成和推进了新民主主义革命、社会主义革命和改革开放新的伟大革命,开创、坚持、发展了中国特色社会主义。党的十八大以来,面对新的世情、国情、党情,习近平同志多次强调要解决好世界观、人生观、价值观这个"总开关"问题。习近平系列讲话始终贯穿着"革命理想高于天""永不动摇信仰"的思想红线,充满着对马克思主义、共产主义的坚定信仰,对中国特色社会主义的坚定信念,对党和人民事业必定胜利的坚定信心。

推进中国特色社会主义伟大实践需要继续弘扬奉献精神。立党为公、忠诚为民的奉献精神是"红船精神"的本质。"红船精神"彰显了马克思主义政党的性质和宗旨,是中国共产党同一切剥削阶级政党的根本区别所在,其实质是为共产主义崇高事业和最广大人民群众的根本利益而不懈努力、敢于牺牲、为民服务的精神。"红船精神"蕴含着我们党全心全意为人民谋利益的最高价值追求,也是中国共产党生存、发展和壮大的思想基础。在推进党的建设伟大工程和党领导的伟大事业中,我们广大党员要始终在党爱党、在党为党,心系人民、情系人民,忠诚一辈子、奉献一辈子,以自己的实际行动,团结带领亿万人民为实现"两个一百年"奋斗目标、实现中华民族伟大复兴的中国梦而共同奋斗。

## "红船精神"是推进党的建设新的
## 伟大工程的重要法宝

推进党的建设新的伟大工程需要"红船精神"所蕴含的忧患意识。"红船精神"本身就是20世纪20年代前后中国早期共产主义分子所具有的一种对国家、对民族的强烈忧患意识的产物。"红船精神"所蕴含的这种忧患意识，在当下推进党的建设新的伟大工程的历史进程中具有十分重要的时代价值。我们党从南湖畔成立时只有58名党员的小党，成为今天拥有8900多万党员的世界第一大党，自身的建设同样成就斐然。但是必须以一种忧患意识来看待当前党的建设所面临的诸多问题。我们要切实增强忧患意识，深刻认识党面临的"四大考验"长期性、复杂性和"四大危险"的尖锐性、严峻性，全面推进党的建设新的伟大工程，主动把握发展机遇，积极应对各种挑战，切实巩固执政地位，在新的历史起点上坚持和发展中国特色社会主义。

推进党的建设新的伟大工程需要"红船精神"所蕴含的使命意识。建党时的中国共产党人之所以具有这种舍弃自我为国家的精神，就是因为他们面对民族和国家危亡有一种舍我其谁的使命意识。"红船精神"中所彰显的这种使命意识，同样是今天推进党的建设新的伟大工程所必须具备的。推进党的建设，就是要着力解决好宗旨问题，树立好使命意识，把对党绝对忠诚作为根本政治要求和最重要的政治纪律，讲大局、守规矩、敢担当、勇作为，始终把人民放在心中最高位置，永葆共产党人政治本色，矢志不渝为党和人民的事业而奋斗。

推进党的建设新的伟大工程需要"红船精神"所蕴含的开拓意识。新文化运动期间，以李大钊为代表的一批先进知识分子，最终把目光投向了遥远的莫斯科，走俄式道路，接受马克思主义，成为他们最终的抉择，这集中体现了一种走在时代前列、勇于开拓进取的意识。正是这种开拓意识，开启了中国共产党的历史征程。新的历史条件下推进党的建设新的伟大工程同样离不开这种开拓意识。新形势下，在党的建设中要始终秉持一种开拓意识，以创新的精神不断赋予党建新思路，构建新体制，引入新方法，这关乎党的建设能否有效运转，关乎党的执政地位。

"红船精神"是浙江决胜全面小康实践的精神旗帜。习近平同志指出："红船起航于浙江，既有历史的偶然性，也有历史的必然性。这是浙江的光荣，也是推动浙江发展的精神力量所在。"新世纪以来，中国特色社会主义在浙江的实践和浙江党的建设伟大事业都取得了显著成就，在全国发挥着"先行和示范作用"，其中离不开"红船精神"的传承与弘扬。在未来的发展实践中，浙江要永无止境地弘扬"红船精神"，在"四个全面"战略布局中继续走在前列，真正做到习近平同志强调的"不断强化前列意识，切实把'走在前列'的要求体现到精神状态上，贯彻到衡量标准上，落实到各项工作上"。真正实现习近平同志对浙江"更快一步、更进一步，继续发挥先行和示范作用"的要求，早日建成全面小康社会的标杆省份，为实现"两个一百年"奋斗目标和中华民族伟大复兴的中国梦作出应有贡献。

# "两山"重要思想在浙江的实践研究

"'绿水青山就是金山银山'重要思想在浙江的实践研究"课题组

习近平同志"两山"重要思想发源于浙江，率先践行于浙江，指引浙江率先走上绿色发展之路。浙江的实践证明，"两山"重要思想将继续指引中国建成"美丽中国"，并将引领世界建成"美丽世界"。

## 一、"两山"重要思想是经济生态化与生态经济化的高度凝练和通俗表达

一般认为"绿水青山就是金山银山"简称"两山"重要思想。严格地说，"两山"重要思想有一个发展过程。习近平同志主政浙江工作时，"两山"重要思想集中体现在"认识三阶段"上：第一阶段是只要金山银山不要绿水青山；第二阶段是既要金山银山又要绿水青山；第三阶段是绿水青山就是金山银山。习近平同志主政中央工作后，"两山"重要思想集中体现在"三个论断"上：一是既要金山银山又要绿水青山；二是宁要绿水青山不要金山银山；三是绿水青山就是金山银山。"两山"重要思想中，一座山就是绿水青山，另一座山就是金山银山。绿水青山代表生态保护，金山银山代表经济增长。因此，必须妥善处理好生态保

护与经济增长的关系。

"两山"重要思想的本质就是要实现经济生态化和生态经济化。一方面，要遏制经济增长同时的环境退化，就是经济生态化。另一方面，要把优质的生态环境转化成居民的货币收入，就是生态经济化。

经济生态化包括产业生态化和消费绿色化两个方面。产业生态化就是产业经济活动从有害于生态环境向无害于甚至有利于生态环境的转变过程。消费绿色化就是妥善处理人与自然的关系，逐步形成环境友好型的消费意识、消费模式和消费习惯。经济生态化就是要实现从黑色发展向绿色发展的转变，从线性发展向循环发展的转变，从高碳发展向低碳发展的转变。

生态经济化就是将自然资源、环境资源、气候资源视作经济资源加以开发、保护和使用。对于自然资源不仅要考察其经济价值，还要考察其生态价值；对于环境资源和气候资源，要根据其稀缺性赋予它价格信号，进行有偿使用和交易。生态经济化的实现途径可能是通过财税制度方式，例如征收资源税、环境税、碳税等实现负外部性的内部化，采取生态补偿、循环补贴、低碳补助等实现正外部性的内部化。生态经济化的实现途径也可能是产权制度方式。实施水权、矿权、林权、捕鱼权、用能权等自然资源产权的有偿使用和交易制度，实施生态权、排污权等环境资源产权的有偿使用和交易制度，实施碳权、碳汇等气候资源的有偿使用和交易制度。

## 二、"两山"重要思想率先在浙江大地开花结果 并取得了一系列的成功经验

"两山"重要思想发源于浙江并率先在浙江开花结果。发达国家以

两三百年的时间完成了工业化，浙江仅仅用了二三十年时间完成了工业化；发达国家短则三五十年、长则上百年的时间实现生态环境质量的好转，浙江省仅仅用10多年时间完成了生态环境质量的总体好转。浙江在践行"两山"重要思想的进程中，为全国作出了贡献：一是浙江为"美丽中国"这一生态文明建设目标的提出作出了贡献，发端于浙江的美丽乡村建设为"美丽中国"提供了丰富的元素；二是浙江为"美丽中国"建设提供了样本，浙江已经涌现出了"生态文明之都"（杭州市）、生态文明建设示范区（杭州市、湖州市、丽水市、宁波市等）等鲜活样本；三是浙江为美丽中国建设提供了制度示范，生态补偿制度、河长制等均发源于浙江。而且，"两山"重要思想在浙江的实践已经形成了一系列宝贵经验：

**1.坚持"以人民为中心"的发展观，始终紧扣"人民对美好生活的向往，就是我们的奋斗目标"的宗旨精神**。习近平总书记关于"人民对美好生活的向往，就是我们的奋斗目标"的观点充分表达了"以人民为中心"的发展观。人民对美好生活的向往并非是单一目标的，而是经济效益、生态效益和社会效益等多重目标的统一。随着收入水平的上升，人民群众对环境问题的敏感度越来越高，容忍度越来越低；社会舆论对生态环境的关注度也越来越高，环境问题的"燃点"越来越低。这就是问题所在、压力所在，也是方向所在、动力所在。正是人民在追求物质富裕的同时，也十分向往山清水秀、天蓝地净的优美环境，浙江省委才作出建设美丽浙江、创造美好生活的决定并且努力付诸实施，并涌现出桐庐县等诸多全县景区化打造的典型。

**2.坚持经济生态化战略，在尊重自然、顺应自然、保护自然的前提下推进经济转型升级**。人类只不过是食物链当中的一个环节，人类只不过是自然界的一个组成部分。因此，要尊重自然而不是鄙视自然，要顺应自然而不是对抗自然，要保护自然而不是破坏自然。因此，浙江省积极推进经济生态化，把生态文明建设与"腾笼换鸟""空间换地""三改一拆""五水共治""四边三化"和新农村建设等有机结合起来，开辟了浙江经济转型升级的新路子。加大对传统产业、重化工业的改造，走清洁化、循环化的路子，以此带动传统优势产业的改造提升。加快推进产业园区、集聚区的生态化建设，实现环境治理从点源治理向集中治理转变。经济生态化是一个壮士断腕的痛苦抉择。但是，浙江省"敢于放弃GDP，敢于牺牲 GDP"。坚决贯彻"宁要绿水青山，不要金山银山"的思想。"不要躺在垃圾堆上数钱"已经成为浙江人民的共识。

**3. 坚持生态经济化方向，努力将"生态资本"转变成"富民资本"，培育绿色经济增长点**。生态环境是经济发展的基础，生态环境是人们生活不可或缺的条件。生态环境不仅可以供自己享用，而且可以供他人享用，可以供其他经济主体有偿享用，从而实现其应有的价值。因此，努力把绿水青山转化成金山银山是践行"两山"重要思想的根本任务。"不能坐在绿水青山上没钱数"。把"生态资本"变成"富民资本"，夯实"绿水青山就是金山银山"的经济基础；把"生态资本"变成"富民资本"，依托绿水青山培育新的经济增长点。衢州市的开化县行走三天找不到一堆垃圾，村民说："村口有垃圾，游客不上门"；丽水市的遂昌县村庄里找不到一颗烟蒂，村民说："只有自己做到文明，才能吸引文明游客。"

**4. 坚持齐抓共管的理念，形成政府引导、企业主体、公众参与的协同格局**。政府是践行"两山"重要思想的引领者。政府是绿色制度、绿色环境等公共产品的供给者，是环境污染负外部性和生态保护正外部性的矫正者，是绿色产品市场交易秩序的维护者。企业是践行"两山"重要思想的主力军。绿水青山的价值转化，只能依靠市场。而企业是市场经济中最活跃的力量。没有企业的参与，绿水青山的价值转化是不可想象的。公众是践行"两山"重要思想的参与者。作为消费者的公众，以货币购买商品实际就是用货币投票。如果把货币选票投给绿色产品，那么，"黑色产品"就没有市场；如果把货币选票投给黑色产品，那么，绿色产品就会市场冷清。浙江省正是充分激发了政府、企业、中介组织、社会团体和社会公众广泛参与生态文明建设的积极性、主动性和创新性，才形成了全社会的合力，保证了绿色发展走在全国前列。

5.**坚持体制机制改革，以制度激励人们走绿色发展、循环发展和低碳发展之路**。把绿水青山转化成金山银山，必须依靠体制、机制和制度的保障。随着自然资源、环境资源、气候资源稀缺性的加剧，"让市场机制在资源配置中发挥决定性的作用"成为可能。浙江省是开市场化改革先河的省份，也是生态文明制度建设走在全国前列的省份。排污权制度、水权制度、林权制度等市场化制度的娴熟运用，提高了自然资源和环境资源配置效率，保障了"资源小省"变成"经济强省"。不同区域有不同的功能定位，"不能以一把尺子丈量不同的区域"。因此，浙江省在全国最早实施差异化考核制度，对丽水市、淳安县等生态保护为主的区域不考核 GDP。这为全国政绩考核制度的改革与创新提供了经验。

## 三、"两山"重要思想是引领中国和世界
## 绿色化发展道路的普遍真理

1.**"两山"重要思想扬弃了可持续发展观并建立了中国生态文明建设的话语体系**。长期以来，在生态文明建设领域往往是西方世界掌握话语权，"可持续发展"所要求的"限制"往往是对发展中国家的"限制"，"低碳经济"所要求的"约束"往往是对发展中国家的"约束"。"两山"重要思想则站在世界文明建设的战略高度，强调只有通过人与人之间的

合作乃至国家与国家之间的合作,才能实现人类与自然的和谐。而且,以绿水青山和金山银山来形容生态保护和经济增长,语言朴实,形象生动,容易被广大干部和群众所接受。

**2."两山"重要思想开辟了中国特色社会主义政治经济学的新天地**。传统的马克思主义政治经济学是研究社会生产关系体系及其发展规律的科学,即是关注人与人之间的关系,而"两山"重要思想十分强调妥善处理好人与自然、人与人、人与社会的关系。这是政治经济学的新跨越。"两山"重要思想本质上是一种发展观,"两山"重要思想不仅是绿色发展的理论源泉,而且是"五大发展理念"的理论先导。"两山"重要思想为"五大发展理念"提供理论支持,"五大发展理念"可能是中国特色社会主义政治经济学的基本内容,因此,"两山"重要思想开辟了中国特色社会主义政治经济学的新天地。

**3."两山"重要思想开创了人类文明演进的一个崭新的阶段**。人类文明进化经历了史前文明、农业文明、工业文明等阶段。史前文明基本上是人不敌天,农业文明时期基本上是天人和谐,工业文明时期则是人定胜天。生态文明时期就是要扬弃工业文明——发扬工业文明时期的高效率,抛弃工业文明时期的高污染。"两山"重要思想正是要解决经济生态化和生态经济化,从而实现高层次的天人和谐。这样,就可能把人类文明层次进一步推向更高的高度。

总而言之,"两山"重要思想不仅具有区域意义和国家意义,而且具有世界意义。"两山"重要思想为建构生态文明建设的中国话语体系作出了巨大贡献。正是在生态文明建设上的理论创新和切实行动,中国在国际话语体系中赢得了日益重要的话语权。不仅如此,"一带一路"等重大战略的实施必将促进美丽区域的实现。"两山"重要思想突出生态的普适性、普惠性和不可分割性,最终要实现的是人类命运共同体的合作共赢和共享发展。因此，通过美丽中国这个现实纽带，"两山"重要思想与人类命运共同体紧密地联系到了一起，最终要实现的是"同一个世界，同一个家园，同一个梦想"。

# 安徽农村改革实践研究报告

"安徽省农村改革实践研究"课题组

中国改革始于农村，农村改革源于安徽。2016 年 4 月，习近平总书记在安徽视察时指出，安徽农村改革一直走在前列，始终引领全国。历史上安徽改革的"三个率先"（率先开展"大包干"、率先开展农村税费改革、率先启动农村综合改革），为全国农村改革提供了示范，极大解放和发展了农业生产力。近年来，特别是党的十八大以来，安徽持续探索农村改革实现路径，为新时期现代农业发展、农民增收和推进社会主义新农村建设探索了新路，提供了实践蓝本。

## 一、近年来安徽农村改革的重大实践

**1. 以土地制度改革为核心，创新农村集体产权制度，全面保障人民群众财产权益**。积极开展农村土地承包经营权确权登记颁证试点，是全国最早开展试点省份。2016 年，全省完成发放农村土地承包经营权证 1215 万本，占已测绘农户的 99.9%，完成建立农户确权档案 1213 万户，占已测绘农户的 99.7%。稳妥推进农村集体资产股份合作制改革试点。通过制度安排和机制创新，促进了"资源变资产、资金变股金、农民变股东"。2016 年 9 月，全省 71 个县（市、区）80 个试点村已全部启动，其中开展清产核资的有 73 个，占 91.25%；进入成员界定阶段的有 58 个，占 72.5%；进入折股量化阶段的有 31 个，占 38.75%。有序推进集体林权制度改革。建立了省市县三级林权交易平台，完成林权确权颁证工作，开展林权抵押贷款和森林保险试点工作，发放林权抵押贷款 75 亿元，2150 万亩森林参加保险。国有林场改革实施方案也获国家批复同意。稳步推进农村宅基地制度改革试点，探索建立了农村宅基地自愿有偿退出和进城购房奖励机制。扎实推进小型水利工程建管机制改革。探索了受益主体自主建设、部门加强监管的建设机制和"两证一书"制度，建立了科学的投入运管机制，基本实现"产权有归属、管理有载体、运行有机制、工程有效益"。探索建设农村产权流转交易市场。2015 年，全省已建成各级农村产权交易市场 217 个，其中市级 6 个，县级 28 个，乡镇级 183 个，农村产权交易额达 38.1 亿元。

**2. 以培育新型农业经营主体为突破，构建现代农业三大体系，加快推进农业现代化进程**。突出三产融合发展，构建现代农业产业体系。加快一产"接二连三""跨二进三"，促进产业内部、产业上下游、产业与产业之间融合集聚发展。创新农业新业态新模式，提高农业产加销网络化、智能化和精细化水平，促进乡村旅游、农村电子商务、设施农业和高效特色农业快速发展。突出稳定粮食生产能力，构建现代农业生产体系。实施粮食绿色增产模式攻关示范行动，大规模推进高标准农田建设，优化粮经饲作物种植结构，积极开展农产品质量安全追溯试点。粮食生产实现 13 连丰，其中 2015 年粮食产量首次突破 700 亿斤大关。突出新型农业经营主体培育，构建现代农业经营体系。发展多种形式的农业适度规模经营，大力培育各类新型农业经营主体，加快发展农业产业化联合体，促进产业联接、要素联接和利益联接。2016 年共有家庭农场

5.4 万个、农民合作社 7.7 万个，农业社会化服务组织 2.5 万个，规模以上农产品加工企业 6398 家，农业产业化联合体超千家。

**3. 以完善财政金融支持方式为引领，创新农业支持保护制度，为"三农"发展提供要素支撑**。推进农业补贴"三合一"改革。2015 年起，在宿州市埇桥区、怀远县等 6 个县开展改革试点，推进由补地向补粮转变。出资 10 亿元在全国率先成立省级农业信贷担保公司，出资 2.6 亿元用于发展专用品牌粮食，重点补助品种、肥料等方面。深化农村金融综合改革。推进农村金融组织机构、体制机制、产品形式和服务方式"四项创新"，开展了农村承包土地的经营权和农民住房财产权抵押贷款试点，推进 83 家农村合作金融机构改制为农村商业银行，组建 65 家村镇银行。完善政策性农业保险制度。组建了专门国元农业保险公司，并将政策性农业保险纳入民生工程范围进行提标扩面，基本覆盖各类粮油作物和重要家畜产品。2015 年，累计投入财政补贴资金 86.9 亿元，赔付 63 亿元，4733 万次农户受益。

**4. 以推进基本公共服务均等化为目标，健全城乡发展一体化体制机制，不断增强人民群众的获得感**。着力解决农村"看病难、看病贵"。加快基层医疗卫生体制综合改革，推进县级公立医院综合改革，组建省市县三级医联体，全面推行新型农村合作医疗。2015 年，全省参加新型农村合作医疗的农业人口 5190.8 万人，参合率为 100%。全面提升农村义务教育水平。城乡免费义务教育已全面实现，稳定增长和分项目、按比例分担的经费保障机制基本建立，九年义务教育全面普及，县域内义务教育均衡发展水平不断提高，义务教育事业持续健康发展。建立农村养老保障制度。2009 年，积极开展新农保试点，全面推进和不断完善覆盖全体城乡居民的基本养老保险制度。2015 年，城乡居民养老保险参保人数达到 3396.6 万人万，农民参保率稳定在 98% 以上。加快农村公共文化服务体系建设。在全国率先开展农村基层公共文化服务标准化均等化的探索和实践，试点推进综合文化服务中心建设，开展公共文化脱贫行动计划，实施文化惠民工程，形成了农村公共文化服务的"安徽模式"，相关经验在全国试点推广，被誉为"整合农村文化资源的创举"。创新农村扶贫开发体制机制。坚持把精准扶贫、精准脱贫作为基本方略，以脱贫攻坚十大工程为抓手，明确脱贫攻坚时间表、路线图，确保到2020年全面实现"人脱贫、村出列、县摘帽"。

**5. 以加强基层组织建设为根本，创新社会治理体系，建设繁荣和谐稳定的社会主义新农村**。着力夯实基层组织力量。自2001年起，连续15年选派优秀年轻党员干部到村担任党组织第一书记或书记，不断强化基层党组织的政治功能和服务功能。涌现出以沈浩为代表的一大批先进典型，成为全国在培养锻炼干部上的一张亮丽名片。不断提升乡村治理水平，健全以村务监督为重点的乡村治理机制，推进村务公开和民主管理。深入开展农村社区建设试点、完善农村社区治理结构，积极建设乡村综合管理服务平台和政务代办中心、便民服务中心，提高为民服务水平。大力培育文明乡风，深化文明村镇、集市、家庭和星级文明户创建，发挥家风家训、民俗民风的育人化人作用。完善乡规民约，大力弘扬乡贤文化，发挥"新乡贤"群体的示范引领作用，在村居普设"身边好人榜"，促进移风易俗。持续整治农村人居环境。全面提升美丽乡村建设水平，加强"三线三边"治理，推动环境治理工作由点及面、由线扩面，逐步向集镇所在地、中心村、自然村、城中村等延伸，全面改善农村环境面貌。

## 二、安徽农村改革的基本经验与启示

从农村改革重大实践看，安徽始终弘扬了敢为人先的精神，坚持锐意改革，大胆创新，在全国农村改革实践中担当了"探路人"和"领跑者"，为全国农村改革不断创造了可供借鉴的样本，积累了丰富的经验与启示。

一是坚持解放思想、尊重群众的首创精神，是农村改革顺利推进的不竭动力。思想解放的程度，决定了改革的深度、开放的力度、崛起的速度。只有尊重群众的首创精神，才能充分保护和激发广大农民投身现代农业和新农村建设的信心和热情，才能充分调动和发挥基层干部推动农村改革发展的积极性创造性。安徽的生动实践表明，我们党在农村改革上的每一次重大突破，都是坚持解放思想、尊重群众首创精神的结果。

二是坚持实事求是，把中央政策与本地实际紧密结合，是农村改革取得成功的重要前提。中央政策是宏观的，本地实际是具体的，只有找准两者的结合点，才能使改革红利得到最大限度的释放。也只有从当地实际出发，从人民群众的需求出发，中央的政策措施才能更好得到落实，才能真正得到农民群众的支持和拥护，农村改革才能取得成功。

三是坚持市场导向，不断完善社会主义市场经济体制，是农村改革深入推进的基本方向。只有充分发挥市场在配置农业资源的决定性作用，农业才能够走得更远，更具竞争力。从安徽的改革效果看，正是始终坚持市场导向，不断完善社会主义市场经济体制，农业农村市场化改革进程才明显加速，市场化体制机制不断完善，农村经济发展活力和竞争力显著增强。

四是坚持城乡统筹，加快全面建成小康社会，是农村改革深入推进的出发点和落脚点。城乡一体化发展，是国家现代化的重要标志。全面建成小康社会，最艰巨、最繁重的任务在农村。而我们进行农村改革，推进城乡统筹的根本目的，就是让广大农民平等参与改革发展进程、共享改革发展成果，这是我们工作的出发点和落脚点。

五是坚持党的领导，夯实执政基础，是农村改革顺利推进的政治和组织保障。全面深化农村改革必须加强和改善党的领导，只有充分发挥党总揽全局、协调各方的领导核心作用，提高党的领导水平和执政能力，农村改革才能取得成功。也正是坚持党的领导不动摇，加强各级党组织，敢于担当、勇于改革、敢于实践，安徽的农村改革才能始终走在全国前列。

## 三、以习近平总书记在安徽视察时讲话为指引，深入推进我国农村改革的对策建议

习近平总书记在安徽视察时指出："当前，安徽同全国一样，农业发展既站在了新的起点上，也遇到了新情况新问题。"唯有不断深化农村改革，才能从根本上解决前行中遇到的问题，加快发展农业现代，增加农民收入，建成繁荣和谐的社会主义新农村。

1. **大力推进农业供给侧结构性改革**。树立大农业、大食物观念，加快结构调整，推动粮经饲统筹、农林牧渔结合、种养加一体、一二三产业融合发展。加快转变农业生产方式，大力发展适度规模经营，推进精深加工，去库存、降成本、补短板。大力发展生态循环农业，探索生产生态相协调的路径和体制机制。加强土地、水、森林等资源的保护和合理利用。

2. **毫不动摇实施国家粮食安全战略**。落实国家藏粮于地、藏粮于技战略，继续加大对粮食主产区农业基础设施投入和科技投入，稳定农业生产综合能力，做到谷物基本自给、口粮绝对安全。加大对产粮大县转移支付力度，完善粮食主产区利益补偿机制。完善粮食等主要农产品等价格形成机制，建立农产品目标价格制度，稳定粮食预期收益，切实避免价格大起大落，保证种粮农民收益。

3. **深化农村集体产权制度改革**。健全农村集体产权保护制度。加大土地制度改革的力度，积极推进农村土地征收、集体经营性建设用地入市改革，研究解决二轮承包期结束后土地承包权期限问题。有效扩大宅基地改革试点范围，探索宅基地流转实现途径。加强土地、宅基地等确权成果的应用。着力推进农村集体经济组织发展。

4. **健全农业支持保护制度**。健全农业农村投入持续增长机制，优先保障财政对农业农村的投入。完善农业补贴制度，逐步调整农业补贴政策支持方向，多层级深入推进涉农资金整合统筹。加快构建适合农业农村特点的农村金融体系，大力发展普惠金融，降低融资成本，全面激活农村金融服务链条。完善农业保险制度，扩大政策性农业保险覆盖面，完善农业保险巨灾保险机制。

5. **推进社会主义新农村建设**。持续推进美丽乡村建设，着力提升规划和建设水平，优化乡村空间布局，统筹搭配生产生活生态功能，保护传承地域和文化特色。因地制宜发展特色小镇，深度挖掘和延伸文化功能、旅游功能和社区功能，着力打造历史现代未来同现、生产生态生活共融、宜居宜业宜游的新型空间、新型社区，实现差异化发展、特色化培育、市场化主导、项目化运作、产业化支撑、信息化融合和法治化保障。

6. **加快农村社会治理体系建设**。积极创新公共管理方式，加强乡镇服务型政府建设。健全村党组织领导的村民自治机制，探索村民自治的有效实现形式。深化农村社区建设试点工作，完善农村社区治理结构，打造农村社区服务中心和各种功能性平台。加强农村法律服务和法律援助。推进县乡村三级综治中心建设，完善农村治安防控体系。开展农村不良风气专项治理，依法打击各种犯罪活动。

# 探索绿色发展富国惠民之路

## ——福建省深入实施生态省战略加快生态文明先行示范区建设的实践与思考

"福建省深入实施生态省战略加快生态文明先行示范区建设研究"课题组

福建省作为全国首个生态文明先行示范区,牢记习近平同志关于"生态资源是福建最宝贵的资源,生态优势是福建最具竞争力的优势,生态文明建设应当是福建最花力气的建设"的嘱托,持之以恒推进生态文明建设,初步走出了一条体现福建特点的生产、生活、生态共赢的绿色发展路子,在保持经济增速高于全国平均水平的同时,成为水、空气、生态环境全优的省份。

## 一、新理念——以铁的意志和行动推动绿色发展

"生态兴则文明兴,生态衰则文明衰",习近平同志的这一重要论断深刻揭示了人类社会发展的客观规律,也阐明了新时期推进生态文明建设的重大意义。福建依山面海,地理位置和气候条件优越,自然资源特

色明显，森林资源优势突出，海洋资源得天独厚，生物物种丰富多样。但是，福建人多地少，部分资源供需矛盾突出，随着城镇化、工业化进程的推进，生态承载压力日益加大。

2000 年，习近平同志任福建省省长时，就前瞻性地提出了建设生态省的战略构想，强调"任何形式的开发利用都要在保护生态的前提下进行，使八闽大地更加山清水秀，使经济社会在资源的永续利用中良性发展"。福建成为全国首批生态省试点省份。2011 年 12 月和 2012 年 3 月，时任中共中央政治局常委、国家副主席习近平同志两次对福建长汀县水土流失治理作出重要批示，强调"进则全胜、不进则退"，福建要"一任接着一任，锲而不舍地抓下去，真正使八闽大地更加山清水秀，使经济社会在资源的永续利用中良性发展"。2014 年 3 月，《国务院关于支持福建省深入实施生态省战略加快生态文明先行示范区建设的若干意见》正式颁布，标志着福建生态省建设上升为国家战略。

实施生态省战略 10 多年来，在习近平同志的亲自关心和指导下，福建省委省政府持之以恒抓好生态建设，实现了经济社会发展和生态环境的协调共进。地区生产总值保持年均 12% 的增速，节能减排任务全面完成，森林覆盖率达 65.95%，稳居全国首位，"清新福建"成为金字招牌。

## 二、活机制——从关键点切入，先行先试，创新制度

建设生态文明，是一场涉及生产方式、生活方式、思维方式和价值观念的革命性变革。实现这样的变革，必须依靠制度和法治。

**1.围绕绿色生态抓改革强制度，实现"两个率先"。率先在全国开展集体林权制度改革**。1998 年被誉为全国林改第一村的永安市洪田村村民们自发尝试"均山、均林、均权"的集体林权改革。2001 年以来，

龙岩武平县在全国率先开展集体林权制度改革试点工作，提出"山要平均分，山要群众自己分"。2002年，时任省长习近平同志强调"集体林权制度改革要像家庭联产承包责任制那样从山下转向山上"，提出要脚踏实地地向前推进，让老百姓真正受益，开启了集体林权制度改革的先河。

率先开展生态补偿制度创新。2003年，福建省就在全国率先启动了九龙江流域上下游生态补偿试点。2015年又提出具体办法，加大对流域上游地区、欠发达地区的补偿力度。福建省还建立了森林生态效益补偿基金制度和矿山生态环境恢复治理补偿机制。

**2. 围绕绿色生产抓改革强制度，促进"三个健全"**。健全严格的源头管控机制。建立生态保护红线配套管控制度，对不同区域实施分区分类管控。实行国内最严格的项目准入机制，环保设施与建设项目的主体工程同时设计、同时施工、同时投产使用，不搞先建设后环保。

健全节能减排降碳的约束机制。落实节能减排降碳目标责任，实施差别电价和差别化排污费增收政策，推进行业转型升级。建立节能量交易平台，先行对水泥、火电行业开展节能量交易试点。"十二五"期间全省单位GDP能耗累计下降20.23%，超额完成国家下达的任务。

健全循环经济的促进机制。不断完善以财税为核心的激励机制，探索建立发展循环经济的政策法规体系、技术创新体系、评价指标体系和激励约束体系，大力推进农业生产的生态化、工业生产的清洁化、资源使用的减量化、废物处置的资源化。

**3. 围绕绿色生活抓改革强制度，做到"三个先行"。先行探索建立食品安全监管机制**。早在2000年，福建省就在全国率先治理餐桌污染，习近平同志亲自挂帅担任组长，建立了治理餐桌污染、放心食品工程的八大体系。

先行探索建立水生态保护监管机制。率先实施河岸生态蓝线、引用水源地蓝线、地下水管理蓝线等三条蓝线管理制度。

先行探索建立生活环境治理机制。率先实行以明确目标任务、落实责任考核机制、建立特许经营合同价格调整机制等为主要内容的无害化治理机制。同时，推进农村污水治理和环境连片整治。

**4. 围绕责任落实抓改革强制度，推动"五个创新"。** 创新领导组织机制。建立生态文明建设领导小组，由省委书记任组长，省长担任常务副组长，构建由党委政府齐抓共管、各职能部门分工明确、责任到位的"大生态"工作格局，为推进生态文明建设提供强有力的组织保障。

创新生态环境保护监管机制。对生态环境违法行为进行常态化、精准化的监管，将环保部门和司法部门（公检法）纳入区域生态环境监管主体，强化联动和协作。全面推行"河长制"。出台《福建省环境保护督察实施方案（试行）》，把督察结果作为党政领导干部任免的重要依据。

创新生态文明考核评价机制。2014年起，在全国率先取消对34个限制开发区域县（市）的地区生产总值考核，改为实行农业优先和生态保护优先的绩效考评方式，唯GDP的政绩考核办法在福建正式成为历史。

创新党政领导干部"一岗双责"和"党政同责"机制。由党政"一把手"共同签订环保目标责任书，共同立下环保"军令状"。

创新领导干部自然资源资产离任审计制度。2014年7月选择福州、宁德等市在全国率先开展试点，2015年全省普遍推开，在生态责任追究制度建设上再次走在了全国前列。

## 三、优产业——从根本处着力，创新驱动，绿色转型

许多环境问题究其原因主要是由发展方式粗放，产业结构不合理造

成的。从根本上解决环境问题，必须坚持绿色化，加快转方式、调结构，推动产业结构从中低端向中高端迈进。

**1. 坚持绿色导向，做优存量。福建传统产业基础好、比重大，是当前的基本盘，因此，必须着力改造提升传统产业。**福建省强化资源环境倒逼机制，对一些整治无望的企业和项目坚决予以关停并转，腾出环境容量空间。推进发展循环经济，节能减排降耗水平位居全国前列。

**2. 坚持绿色导向，做优增量。**将环境质量"只能更好、不能变坏"作为地方各级政府环保责任红线，科学布局一批优质的重大产业项目，发展壮大一批新兴产业集群，培育一批产业新增长点。加快第三产业发展，扎实推进大众创业、万众创新，大力发展中小型科技企业，使其成为引领产业转型升级的骨干。

**3. 坚持绿色导向，把生态优势转化为发展优势。**绿水青山就是金山银山，保护生态环境就是保护生产力。福建依托森林优势，大力发展生态林业、特色林业、设施林业、休闲观光农业和现代农业综合开发，带动农家乐、森林旅游和乡村民俗旅游发展。充分发挥海岸线位居全国第一的优势，以发展亲环境型现代渔业为目标，大力拓展远洋渔业，发展壮大休闲渔业，海洋经济成为福建发展的新引擎。

## 四、富百姓——从供给侧推动，聚焦民生，绿色惠民

山清水秀但贫穷落后，不是我们的追求；殷实小康但资源枯竭、环境污染，同样不是我们的目标。改善环境质量，增加生态型产品供给，既有利于解决供需错配的问题，也有利于为新常态下的经济发展注入新活力。

**1. 着力促进群众致富。**福建为更好实现全面建成小康社会的目标，

全省确定了 23 个重点扶持县作为精准扶贫的重点，大力推进山海协作，把"山"的资源、劳动力、生态等优势与"海"的资金、技术、人才等优势有机结合起来，在优势互补、互利共赢中实现共同发展。

**2. 着力打造优美的人居环境。** 坚持走以人为本、优化布局、生态文明、文化传承的新型城镇化道路。深入实施宜居环境行动计划和美丽乡村建设，大力推进人居环境的改善。目前福建省共有漳州、龙岩和厦门等 3 个城市被命名为国家森林城市，长泰等 17 个县获得国家生态县命名，519 个乡镇（街道）获得国家级生态乡镇（街道）命名。

**3. 着力为人民群众提供优质生态产品。** 良好生态环境是最公平的公共产品，是最普惠的民生福祉。福建率先出台了水污染防治行动计划、大气污染防治行动计划、土壤污染防治计划，持续强化城乡环境基础设施建设。全省 12 条流域水质资源全部是优质，一到三类水的占比达到了 94%，比全国平均水平高 29.9%。建设放心食品工程，推进农产品质量安全示范省创建。

# 五、美生态——从细微处抓实，共治共享，清新福建

青山就是美丽，蓝天也是幸福。生态文明建设是一项系统工程，需要多元参与、精准施策。

**1. 强化宣传引导，着力构建政府、市场和社会多元共治的良好格局。** 积极培育环境治理和生态保护市场主体，深入开展环境污染第三方治理，持续推进绿色信贷，探索在环境高风险领域建立环境保险制度，引导企业自觉履行环保责任和义务。重视发挥全媒体作用，积极培育和弘扬生态文化、生态道德，培养绿色消费和生活方式。

**2. 综合运用行政、法律、经济和科技等手段，合力推进生态修复和

**环境治理**。坚持保护优先、自然恢复为主，实施山水林田湖草生态保护和修复工程。加强生态修复和环境治理技术研发，建立可持续发展的技术模式。推进智慧环保，推进蓝色海湾整治，加大打击环境污染犯罪行为，全省建立了 67 个生态环境审判庭，生态环境审判机构数量、生态法官人数、办结生态环境资源案件数均居全国法院首位。

**3. 让人民群众在建设清新福建的过程中共享良好生态环境带来的美好生活**。坚持把生态环境改善作为惠民为民的重要内容和提高群众幸福指数的重要指标，提出个性化、差异化的目标，把整治大气、水、土壤污染作为环境整治的主攻方向。如厦门市开展"美丽厦门　共同缔造"，将绿色发展的理念贯穿于经济社会发展的始终，生态文明建设正在成为广大人民群众的行动自觉。

福建省坚持绿色发展理念，把"机制活、产业优、百姓富、生态美"作为生态省建设的战略导向，走出了一条建设生态文明的正确路子。福建的实践表明：第一，只有始终坚持绿色发展理念，坚持保护优先，才能走出一条经济社会发展和生态文明相辅相成、相得益彰的新发展道路，实现人与自然和谐共生。第二，只有把生态文明建设纳入法治化、制度化轨道，生态文明建设才能行稳致远。第三，只有坚持创新驱动，绿色转型，把生态优势转化为发展优势，才能实现可持续发展。第四，只有坚持以系统工程思路抓生态建设，实行山水林田湖草一体化保护，构建政府、市场、社会、群众多元共治共享格局，才能实现青山常在、清水长流、空气常新。第五，只有坚持以人民为中心的发展思想，像对待生命一样对待生态环境，推动形成绿色发展方式和生活方式，才能协同推进人民富裕、国家富强、中国美丽。

# 大力培养青年马克思主义者的生动实践

"江西省培养青年马克思主义者的重大创新实践研究"课题组

## 一、实施"青马工程"的背景和意义

高校是培育社会主义事业合格建设者和可靠接班人的重要场所。青年学生是未来社会的中坚力量，其思想政治素质的高低直接决定着未来中国特色社会主义事业的前途命运。当前，我国高校各种思想文化交流交融交锋，当代青年学生的世界观、人生观和价值观正呈现多元多样多变的态势。在新的历史条件下，如何加强高校意识形态阵地建设，培养造就一大批用马克思主义中国化最新成果武装的青年马克思主义者，坚定"四个自信"，是一项非常重要和紧迫的战略任务。

基于此，江西省于2014年启动实施"青年马克思主义者理论研究创新工程"（以下简称"青马工程"），采取对全省各高校哲学社会科学博士、硕士研究生学位论文选题进行评审立项的方式，通过资助课题研究、开展座谈讨论、结集出版研究成果等形式，引导青年学生运用马克思主义立场观点方法，将理论研究与人才培养相结合，将学术创新与实践创新相结合，将课题立项管理与优秀学位论文培育相结合，帮助青年学生扣好学术研究"第一粒纽扣"、登好学术高峰"第一级台阶"，努力培养造就一批坚定的青年马克思主义者，不断巩固马克思主义在高校的指导地位。

## 二、实施"青马工程"的做法和主要成效

问题是时代的声音。为什么要培养、怎么样培养、培养什么样的青年马克思主义者，这是实施"青马工程"必须回答好的首要问题。正是立足于这一重大问题，经过 3 年的大力实践，江西省实施的"青马工程"取得了初步成效。

1. **进一步坚定了青年学生的理想信念**。通过"青马工程"的实施，我省哲学社会科学博士、硕士研究生学习和运用马克思主义的自觉性和主动性明显增强，真学、真懂、真信、真用马克思主义，用马克思主义信仰占领青年学生的思想高地，大力提高了青年学生运用马克思主义立场观点方法分析和解决问题的能力，学"马列"、知"马列"、用"马列"的学术氛围日益浓厚。

2. **有力构建了科学的青年马克思主义者培养运行机制**。在江西省委宣传部、省委教育工委（省教育厅）和省社科联的统筹推进下，各高校高度重视"青马工程"的实施，把工程纳入党建工作整体规划中去，制定了切实可行的实施方案。南昌大学、江西师范大学、江西财经大学、赣南师范大学开展了校内"青马工程"的评审立项工作，从组织机构、宣传动员、管理机制和监督保障等方面进行部署和规范，并在各个实施环节制定具体制度、强化制度管理，确保"青马工程"顺利实施。

3. **努力打造了一批高水平的学科平台**。通过"青马工程"的实施，将马克思主义理论学科建设辐射到整个哲学社会科学各相关学科建设之中，形成以专业的马克思主义学科建设团队为引领，其他哲学社会科学

学科参与互动的大格局，一批受"青马工程"资助的学生导师获得国家社科基金项目和省社科规划项目，一批学术论文在国家级权威刊物发表。通过工程的实施，使青年马克思主义者培养在校园有氛围、有阵地、有市场。

## 三、实施"青马工程"的经验和实践特色

江西实施"青马工程"三年来，在创新培养模式、探索建立长效机制等特点的青年马克思主义者培养模式和发展机制的基础上，积累了一些相对成熟、具有特色的实践经验。

1. **实施主体层次化**。坚持主导与主体相结合，根据不同层次的学生实施"主体发展性培养模式"的探索研究，把专业教育与思想政治教育紧密结合起来，要求非马克思主义学院的其他学科的学生在学习研究中学习掌握马克思主义立场观点方法；对马克思主义学院而言，主要是以培养青年马克思主义学者作为根本出发点和落脚点；针对研究生以上的学生，主要是培养社会主义建设者和接班人。坚持灵活性和实效性相结合，对培养主体进行灵活性的培养，针对不同的培养对象，建立导师跟踪督导培养模式，努力做到"一把钥匙开一把锁"。坚持理论研究与实践调查相结合，把青年马克思主义者培养同新时期进一步加强和改进大学生思想政治教育结合起来，同推进马克思主义中国化、时代化、大众化的战略任务结合起来，结合自己的知识优势，就国家发展、社会民生等现实问题广泛开展课题研究，引导他们自觉走与实践结合、与人民群众结合的道路。

2. **主导内容特色化**。在培养的广度上，始终把培育理想信念作为整个"青马工程"的核心，把理想信念教育和社会主义核心价值观教育融

入工程实施的全过程，围绕"立德树人"这一根本任务来设计课程体系、培养方案等各环节。在培养的深度上，逐步提升授课的理论层次和深度，积极推进"井冈山精神""苏区精神"等红色基因进课堂，将马克思主义最新理论成果融入理想信念教育和红色文化教育之中。在培养的效度上，坚持问题意识与问题导向，要求学生用当代中国化马克思主义来研究问题，尽量避免从理论到理论的倾向，善于寻找经济社会发展中的实际案例作为理论研究的支撑。同时，围绕全省经济社会发展中的重大理论和现实问题，组织研究生深入农村、社区、企业等基层一线，开展社会调查、参观考察等活动，并撰写调研报告，引导青年用马克思主义的视角分析问题、解决问题，增加他们对国情和社会的了解，增进他们与人们群众的感情。

3. **学科覆盖全面化**。对马克思主义学院专业教师而言，必须具备较高的马克思主义理论素养，不断提升研究阐释当代中国马克思主义的水平；对学生而言，特别是对于一个立志成为青年马克思主义者的研究生来讲，要学会运用马克思主义立场观点方法观察和认识问题，紧密围绕马克思主义基本理论和习近平总书记系列重要讲话精神深入开展研究。对于非马克思主义学院的其他社会科学学生而言，"青马工程"的视角不是面向过去，而是针对现实。过去，江西省的思想政治理论课教育形式和教学方法单一，主要以课堂讲授为主，教育形式枯燥且不易为学生接受。实施"青马工程"的重点并不是要从研究生中培养马克思主义理论的研究者，而是旨在引导学生认识和了解马克思主义的基本立场观点方法，让他们通过学习培养起对历史、现实、未来的理性思考，引导青年学生认真学习和掌握马克思主义基本理论，推动青年学生用马克思主义精神研究当下社会普遍关切的问题。

4. **培养方式多元化**。坚持理论研究和人才培养相结合，主动与高校培养体系相结合，主要通过在全省评审立项 100 个哲学社会科学博士、硕士研究生学位论文选题，作为省级规划专项课题进行资助，为青年学生从事理论研究、学术交流、成果展示搭建良好平台。坚持人才培养与党的建设相结合，以"青马工程"为抓手，加强与各级党政部门合作，积极举荐优秀青年人才，推荐优秀青年学生骨干直接进入基层任职，使其实现自身的人生价值。坚持理论研究与服务经济社会发展相结合，定期组织博士、硕士研究生结合各自的学术研究方向，通过开展"理论政策宣讲"等各种灵活多样的活动，引导博士、硕士研究生走入社会、服务基层，培育知行合一的青年马克思主义者。坚持理论研究与"互联网＋理论"相结合，创建"青马工程"网站，各高校也建立了"青马工程"专题网页，建立微信公众号、微信群和 QQ 群，充分发挥校报、电台等传统媒介的作用，加强主流意识形态的传播，真正让当代马克思主义最新成果在青年学生中入心入脑。

## 四、进一步深入实施"青马工程"的几点思考

"青马工程"实施是一项长期、艰巨而复杂的任务，不能寄希望于毕其功于一役。为进一步推进该项工程的深入实施，特提出以下几点思考建议：

**1. 将青年马克思主义者骨干培养与整体推进相结合**。目前，"青马工程"培养主要采取择优立项、资助课题的方式进行，对象主要是博士、硕士研究生，从形式上来说还是一种骨干培养工程。在实施"青马工程"的过程中，今后要注重将骨干培养、重点突破与面上培养、整体推进相结合。一方面，要加强培养工作的力度和精度，培养和选树青年学生当中的优秀代表，造就一批在青年学生中具有示范引领作用的精英分子。

另一方面，要形成扎实、广泛的青年学生基础，进一步扩大选拔和培养的范围，扩大青年马克思主义者理论研究创新工程本身的影响力、凝聚力，最终达到培养一大批坚定的青年马克思主义者的目标。

2. **建立马克思主义学科与专业学科相结合的导师团队**。由于"青马工程"涉及哲学社会科学所有学科，除了马克思主义理论学科的导师外，其他哲学社会学科导师自身在掌握和运用马克思主义立场观点方法方面就在一定程度上存在欠缺。因此，在大力推动广大专业导师争做青年马克思主义者培养引路人的同时，要使他们切实提高自身的马克思主义理论水平。同时，要逐步建立起一支具有较强马克思主义理论素养、政治坚定、专兼结合、结构合理的高素质马克思主义理论辅导队伍，为受助青年学生专门配备马克思主义学科的导师，对青年学生进行专业知识的指导，把马克思主义理论教育融入研究生教学和科研各个环节之中。

3. **进一步引导青年学生阅读马克思主义经典著作**。阅读经典著作，是青年学生增长知识、开阔眼界、增加思想深度和训练思维方式的过程。但绝大部分青年学生对马克思主义理论的学习主要是通过阅读专家学者所编写的教材、参考书目等来实现的。从青年马克思主义者培养的角度来说，要提高青年学生学习马克思主义理论的标准和要求，要组织他们认真学习和研读马克思主义的经典著作，使他们追根溯源，抓住根本，切实提高自身的马克思主义理论修养，从而促进他们能更好地掌握和运用马克思主义立场观点方法分析问题和解决问题。

4. **加大对优秀青年马克思主义者的跟踪培养**。要注重对"青马工程"活动中受助博士、硕士研究生进行后期跟踪培养，建立重点培养对象信息库，待他们走上工作岗位后，多搭建平台、多创造机会使他们能承担重大课题、学习调研、宣传宣讲任务，参与国内外交流合作，出版研究成果等，并在职务晋升和职称评聘等方面予以优先考虑。要建立科学的绩效考核分析机制，对优秀培养对象进行跟踪查访，了解和掌握他们的毕业去向，特别是在入党、学习深造和进入公务员队伍等方面情况以及在实际工作中成长的情况。

# 全面建成小康社会重在补齐农村"短板"

## ——山东省实施乡村文明行动的启示

"山东省乡村文明行动理论与实践研究"课题组

全面建成小康社会,是"两个一百年"奋斗目标的第一个百年奋斗目标,在"四个全面"战略布局中居于引领地位。习近平总书记多次强调:"全面建成小康社会,最艰巨最繁重的任务在农村、特别是在贫困地区。""全面建成小康社会,不能丢了农村这一头。""小康不小康,关键看老乡。"这一系列重要论断,充分体现了以习近平同志为核心的党中央把13亿多人全部带入全面小康的坚定决心。山东作为经济大省、农业大省,要在全面建成小康社会进程中走在前列,必须准确把握习近平总书记系列重要讲话、视察山东重要讲话和重要批示精神,把解决农村农民问题放在突出位置,在补齐农村"短板"、推进城乡协调发展上下功夫。从2011年4月开始,山东省启动乡村文明行动,以美丽乡村建设为目标,以乡村文明行动为总抓手,以推进村容村貌、村风民俗、乡村道德、生活方式、平安村庄、文化惠民"六大建设"为主要内容,实施"村庄整治""四德工程""新农村新生活培训""文化惠民"四大工程,引领农民生活方式转变,培育新农民,营造新环境,倡导新风尚,发展新文化，实现新发展，为农村全面建成小康社会提供了借鉴。

## 一、全面建成小康社会，必须注重 "全面"、找准 "短板"

全面建成小康社会，重在 "全面"。习近平总书记指出，"小康" 讲的是发展水平，"全面" 讲的是发展的平衡性、协调性、可持续性。如果到 2020 年我们在总量和速度上完成了目标，但发展不平衡、不协调、不可持续问题更加严重，短板更加突出，就算不上真正实现了目标，即使最后宣布实现了，也无法得到人民群众和国际社会认可。所以，全面建成小康社会必须注重全面，首先必须找准和补齐短板。

山东地域辽阔，不仅存在区域发展不平衡问题，城乡发展不平衡问题也十分突出，在全国经济版图上具有典型性。特别是农业是 "四化同步" 的短腿，农村是全面建成小康社会的短板。正像习近平总书记指出的，全面建成小康社会，最艰巨、最繁重的任务在农村。山东也不例外。近年来，山东农村经济社会发展取得了巨大成就，农民生活水平有了很大提高，但农村经济和社会、物质文明和精神文明、经济建设和文化建设等发展仍不平衡，发展的整体效能没有充分发挥，"木桶" 效应愈加显现，距离美丽乡村目标还有较大距离，与全面小康要求还有较大差距，与农民日益增长的精神文化需求还不相适应。如，山东有 7 万多个行政村，相当一部分村庄发展无规划，一些村庄道路坑坑洼洼、电线乱扯乱挂、进出不便、排水不畅、烧饭烟熏火燎，一些村庄乱倒垃圾、乱堆乱放，一些村庄房前屋后、道路两侧垃圾遍地、杂草丛生，污水横流，晴天尘土飞扬，雨天泥泞遍地；受市场经济冲击，一些农村不良风气抬头，婆媳不和、邻里不睦、不孝敬老人等现象多有发生，一些地方文化阵地薄弱，黄赌毒沉渣泛起，封建迷信回潮，农民对此很不满意；山东的城镇化率已达到57%，随着城镇化速度加快，人的身体上了楼但是精神没上楼，人的城镇化问题亟待解决。随着经济社会发展，农村居民生活水平不断提高，农民对精神文化的需求日益多样，新型农民不满足农村脏乱差的环境，不满足封闭落后的传统农村生活方式，更不满足贫乏单调的精神生活，他们追求新生活、新风尚要求迫切，改变农村落后面貌、建设美丽富饶新农村愿望强烈。因此，农村精神文明建设就是一个突出的短板，这些问题不解决，就会直接影响到农民群众生产生活和建设社会主义新农村的进程，影响到全面建成小康社会目标的实现。

## 二、补齐全面建成小康社会"短板"，关键在精准，瞄准靶子，集中发力

山东要强，农业必须强；山东要美，农村必须美。山东突出问题导向，把解决乡村文明问题作为一项重点工作，作为建设农村全面小康的一个重要抓手，出台了《关于在全省农村实施"乡村文明行动"的意见》，明确了乡村文明行动的总体要求、工作目标、工作原则、主要任务和工作措施，确保全面提高农民文明素质和生活质量，使农村人居环境美起来、乡风民风美起来、文化生活美起来。

1. 以城乡环卫一体化为突破口，建设优美人居新环境。"文明不文明，首先看环境"。针对农村人口密度大、居住相对集中的实际，山东加强工作顶层设计，确定了"户集、村收、镇运、县处理"的城乡生活垃圾收运处理模式，组建了县、镇、村三级环卫管理网络，建成运行垃圾中转站2049座，配置垃圾桶205万个，购置垃圾清运车辆1.66万台，配备农村保洁员26.4万人，实现了全省农村保洁员拥有率98%，生活

垃圾收集容器拥有率99%，农村垃圾及时清运率96%，以城乡环卫一体化全覆盖带动"三清、四改、四通、五化"，实现村庄环境面貌的突破性改观。问卷调查显示，当前96.4%农村居民对当前环境整治工作非常满意或比较满意，95.3%的农村居民认为基础设施建设齐全。

**2. 以改变生活为重点，引领农村生活新方式。** 农民既是优美环境的享受者，更是优美环境的创造者、维护者。如果没有农民生活习惯、生活方式的根本改变，优美环境不可能长久保持。为此，山东在全省农村开展了自改革开放以来第二轮大规模的农民培训活动，把农村妇女作为重点对象，针对调研梳理出的五大类47个问题，组织编写"居室美化净化""家庭伦理道德""亲子教育""文化娱乐""身心保健"等5本通俗读物，建立起2245个"新农村新生活"培训讲师团。截至目前，全省累计举办培训班40861期，培训农村妇女477.4万人次，现代意识、科学精神、文明理念逐步渗入到群众头脑、转化为自觉行动，促进了乡村生活方式的深刻变革。

**3. 以孝德、诚德、爱德、仁德为重点，培育农村社会新风尚。** 提升农民文明素质，培育良好乡风始终是乡村文明行动的核心和灵魂。山东坚持大处着眼、细处入手、实处用力，突出抓好善行义举四德榜建设，已建善行义举四德榜9万多个，3000多万人上榜，在家门口为凡人善举立传，让群众评群众、群众选群众，推动形成影响广泛深远的好人文化。在山东，"中国好人榜"入选数量连续两年蝉联全国第一，涌现出朱彦夫、王乐义、王伯祥等一批全国重大典型和道德模范，形成明星闪耀、群星灿烂的典型引领效应，激发出群众内心深处见贤思齐、崇德向善的道德意愿，把每个人的"善小"汇聚起来，形成了德耀齐鲁、向上向善的文明社会风尚。同时，发挥红白理事会、村民议事会、道德评议会等群众组织自治作用，引导群众破除婚丧嫁娶活动中的封建迷信、低级粗俗、铺张浪费等陈规陋习，形成了婚事新办、丧事简办的新风尚。

4. 以"共享"为落脚点，提升乡村文化新品位。文化是农民过上美好幸福生活的重要内容，让农民群众共享文化发展成果是社会文明程度和群众生活水平提高的重要标志。山东大力推进广播电视村村通、乡镇综合文化站和农村文化大院、文化信息资源共享、农家书屋、文体小广场等建设，乡镇（街道）基层综合性文化服务中心覆盖率达到91%，农村文化大院覆盖率达到94.8%，农家书屋在全国率先实现全覆盖。坚持"送文化与种文化"相结合，发展20万人的群众文化辅导团队、5600家庄户剧团、30余万支业余文体队伍、45万名业余文体工作者，把文化的种子植入农民心田。

## 三、补齐全面建成小康社会"短板"，要诀在 遵循发展规律，促进协调发展

作为经济文化大省，山东在全国发展大局中具有重要地位，多项发展指标位居全国前列。多年来，习近平总书记对山东工作一直十分关心关怀，多次就山东改革发展作出指示，要求山东要在推动科学发展、全面建成小康社会历史进程中走到前列。实施乡村文明行动，是贯彻落实习近平总书记重要指示，实现"走在前列"目标的重要举措和有益探索。深入实施乡村文明行动，补齐农村发展短板，必须坚持正确的方法论，遵循农村发展规律，创造适合农村的机制和方法，促进城乡协调发展。

1. 以人民为中心，突出解决农民的实际问题。无论开展什么活动，都要从群众利益出发，顺应群众期待。山东乡村文明行动，把"为民惠民"放在首位，以"普惠共享"为原则，把农民满意作为检验工作成效的根本标准。他们重视农民诉求，抓住改善环境、提升生活品位、丰

富文化内容的迫切需求，急农民群众所急，想农民群众所想，让每个农民能看得见、摸得着、用得上，有获得感、成就感，使乡村文明行动成为民心工程和共享工程。

2. **以创新为动力，积极探索新体制新机制**。制度建设具有根本性，抓好乡村文明，关键是作出更有效的制度安排。山东重视机制创新，把抓"一把手"与突出群众满意度"末端显示"相结合。他们将全省 7 万多个行政村按照不同区位、不同类型进行规划，明确了"哪些村保留、哪些村整治、哪些村缩减、哪些村放大"，进一步明确工作重点和时序，一张蓝图绘到底；以典型为示范，先后公布了两批 66 个省级示范县和一批示范乡镇，每周推出一个先进典型、曝光一个反面典型，一根标杆树到底；以群众满意为目的，先后组织了 5 次城乡环卫一体化农村群众满意度电话调查，将乡村文明列入省委科学发展综合考核，确立鲜明的工作导向，一把尺子量到底；强化党委的核心领导作用，把 53 项具体工作分解落实到 41 个相关责任部门，"统起来抓、分开来做"，一套机制干到底。

3. **以协调为手段，提高综合发展水平**。协调既是发展手段又是发展目标，同时还是评价发展的标准和尺度。山东乡村文明行动适应新形势新变化，坚持城乡统筹协调，把公共资源和服务更多地向农村倾斜，实现以城带乡、以工补农、一体发展；坚持精神文明与社会治理相协调，引导农民积极参与到社会治理中，加强自我教育自我管理，构建共建共享的社会治理新格局；把握农村精神文明建设与农村现代化建设的内在一致性，硬件软件一起抓，改造农村环境与培育新农民、新风尚同步进行，从而取得标本兼治、务实促进的效果。

4. **以核心价值为引领，发挥文化优势**。山东作为孔孟之乡，传统文化资源深厚。在乡村文明行动中，山东开展"乡村儒学"活动，发掘传统文化资源，传播优秀文化；实施"乡村记忆工程"，建设"一村一品"特色文化，打造各具特色和意蕴的文明乡村；建设"四德"工程，村村设立善行义举四德榜，弘扬道德模范和社会新风。山东在开展乡村文明行动各项活动中，始终坚持价值引领，注重提升思想文化内涵，见物见人见思想，使社会主义核心价值观贯穿始终，确保正确的发展方向。

全面小康，一个都不能少。山东省实施乡村文明行动的实践证明，全面建成小康社会，核心在于把握"全面"，关键在于"补齐短板"。在全面建成小康社会的决胜阶段，只有坚持新发展理念，促进平衡协调可持续发展，让发展成果公平共享，全面小康才能凝心聚力；只有让全体人民幸福，我们才能在现代化道路上稳健前行。

# 山东与韩国经贸合作的实践经验研究

「山东与韩国经贸合作的实践经验研究」课题组

中韩建交之前的 20 世纪 80 年代末，山东就率先与韩国开展了经贸往来，是我国最早同韩国进行经贸合作的省份。中韩建交特别是中国加入 WTO 后，山东与韩国经贸往来日益密切。近年来，在中韩自贸协定的谈判和签署过程中，山东积极作为，与韩国开展了多领域多层次的经贸合作，取得显著成效。在长期的鲁韩经贸合作实践中，山东形成了明显的对韩经贸合作优势，并积累了不少经验。对山东与韩国经贸合作的实践探索进行梳理，总结形成切实有效、可复制可推广的经验，能够为山东未来与韩国开展更高层次、更广领域的经贸合作，以及我国其他省区更好地开展对韩经贸合作提供借鉴，对新时期深化中韩经贸关系具有积极意义。

## 一、山东与韩国经贸合作的实践与成效

山东与韩国在多领域开展了卓有成效的合作，合作关系不断紧密和深化。特别是党的十八届三中全会提出全面深化改革、构建开放型经济新体制等战略目标之后，山东与韩国经贸合作进入全新阶段。

· 114 ·

**1. 山东与韩国贸易合作的实践与成效。** 山东与韩国贸易合作一直在中韩贸易中占据重要地位，同时在山东的整个对外贸易中也举足轻重，这得益于山东在合作中进行的一系列创新性探索和实践。一是不断推进对韩贸易便利化。山东海关将对韩贸易的支持政策打包推广，其中涵盖了自贸试验区创新制度复制推广、中韩 AEO 互认等政策，以及通关一体化改革、无纸化通关、税收征管模式改革等举措。二是着力搭建多元贸易促进平台。山东通过建设韩国商品展销中心、举办韩国商品博览会等手段，为鲁韩贸易合作搭建平台，着力打造高水准、品牌化、专业化的韩国商品集散地。三是积极发展对韩跨境电子商务。威海、烟台、青岛等地利用对韩口岸优势，在全国率先开通中韩海运跨境电商业务。四是打造中韩贸易首选通道。2010 年中韩两国签署《中韩陆海联运汽车货物运输协定》，威海作为全国首个试点口岸，先后开通了威海—仁川、龙眼—平泽、石岛—群山的中韩陆海联运通道。2011 年山东青岛港、日照港、烟台港、威海港与韩国釜山港签署了《中韩"4+1"港口战略联盟运行章程》，进一步加强合作。

**2. 山东与韩国双向投资合作的实践与成效。** 山东曾一度占据韩国对华投资额的半壁江山，韩资在山东利用外资中也一直居于重要地位，近几年山东对韩投资又逐渐兴起。在这一进程中，山东实施了多项创新举措。一是推进投资管理体制改革，提高韩商投资便利化水平。山东参照上海等自贸试验区做法，加强对韩资引进政策和准入模式的整体规划设计，放宽投资准入限制，下放外商投资项目核准权限，积极探索实施外商投资准入前国民待遇加负面清单的管理模式。二是创新对韩招商引资机制，强化重点领域和产业链定向招商。山东依托全省重大招商平台和合作机制，积极搭建多元招商网络，不断提高对韩招商的针对性和实效性。三是加强吸引韩资的载体和平台建设，提升对韩资项目的承载和服务能力。包括设立中韩产业合作论坛、建立对韩交流合作机制、建设对韩国别产业园区等。

**3. 山东与韩国园区合作的实践与成效**。山东把园区作为对韩经贸合作的重要载体，积极与韩国开展形式多样的园区合作。一是打造各类中韩（国别）产业园区。确立了一批重点扶持的中韩产业园，并积极寻求与韩国城市、大企业、经济团体等合作规划建设，创新开发管理模式，共同组织开展境内外产业园招商推介活动。二是开展烟台—新万金中韩"两国双园"互动合作。中韩（烟台）产业园项目被写入中韩自贸协定谈判会议纪要，将打造中韩 FTA 时代两国经贸合作的示范性项目。三是建设威海—仁川中韩自贸区地方经济合作示范区。中韩自贸协定创新性地引入地方经济合作条款，山东专门出台了支持示范区建设的指导意见，并设立威海中韩自贸区地方经济合作示范区联席会议，与韩国产业通商资源部建立两国省部会商机制，共同探索示范区建设的新模式和新路径。

**4. 山东与韩国金融合作的实践与成效**。山东历来高度重视对韩金融合作，特别是近年来，山东积极探索与韩国在人民币业务、资本市场等领域的合作。一是大力引进韩资金融机构入驻。山东积极推动韩资金融机构来鲁设立独资银行或合资银行，发起设立金融租赁公司、航运保险公司等新型金融机构，鼓励韩国企业独资或控股设立小额贷款公司、融资性担保公司、民间资本管理公司等新型金融组织。二是积极探索对韩货币业务合作。包括开展对韩跨境人民币借款试点、启动互换项下韩元贷款业务、完善人民币兑韩元区域柜台报价机制、推动鲁韩双边本币结算等。三是推动鲁韩金融机构加强合作。青岛银行与釜山银行、中国进出口银行山东分行与新韩银行分别签订了《金融战略合作协议》，将在支付结算、贸易金融、金融市场等业务领域深化合作。

## 二、山东与韩国经贸合作的基本经验

通过与韩国的长期经贸合作，山东积累了宝贵的对韩合作经验，可以概括为"发挥优势、把握机遇、找准定位、完善政策、打造平台、创新机制"。

**1. 注重发挥自身对韩经贸合作优势**。山东与韩国经贸合作的良好成效正是得益于对自身优势和特点的有效发挥。一是借助对韩地理区位优势完善交通物流体系。山东与韩国隔海相望，在海运成本上具有突出优势，目前威海已开通至韩国的海上航线 5 条，每周有 30 班次船舶往返，成为中韩海上航线密度最大的城市。二是利用对韩文化相通优势促进经贸合作。山东与韩国往来历史悠久，又是儒家文化的发源地。山东省与韩国 7 个道、2 个市保持密切交往，有效促进了双方的经贸合作。

**2. 把握中韩自贸区等国家战略带来的重要机遇**。山东与韩国经贸合作的实践证明，要实现对韩合作乃至更广领域对外合作的高效发展，必须在发展定位上充分体现国家战略和本地区发展目标的有机结合。早在中韩建交之时，威海市就把握中韩合作起步的机遇，提出实施"借韩兴威"战略，取得显著成效。在山东半岛蓝色经济区等国家区域发展战略的制定和实施进程中，山东均将对韩合作作为重要内容。近年来，山东抓住国家推进实施自由贸易区战略的机遇，积极参与到中韩自贸协定的谈判和签署进程中，争取到中韩自贸区地方经济合作示范区、中韩（烟台）产业园等国家层面的对韩经贸合作平台。很好地把握和利用国家战略带来的重要机遇，让山东始终走在对韩经贸合作的前列。

**3. 根据形势变化及时调整对韩经贸合作策略**。经贸合作的内容和形式会随着时间推移不断发生变化，合作策略也应根据形势进行及时调整。

20世纪八九十年代，韩国国内劳动力不足、工资上涨，劳动密集型中小企业纷纷走向海外。山东抓住这一机遇，制定了土地、税收等一系列优惠政策，吸引了大批韩国中小企业来鲁投资。进入21世纪以后，韩国企业在华投资动机从"成本导向型"转向"产业链导向型"。山东依托优势产业，提升产业配套能力，吸引了韩国大宇、LG、现代等企业及相关配套企业来鲁投资。近年来，随着人口红利等传统优势逐步弱化，山东以打造国内领先的营商环境为抓手，加快建设面向韩国投资者的软硬件设施，不断重塑山东对韩投资合作的新优势。多年来根据形势变化不断调整吸引韩资策略，使山东一直保持着对韩资企业的吸引力。

**4. 构建和完善对韩经贸合作政策支持体系**。山东一直高度重视对韩合作，并制定了一系列配套的支持政策。1992年中韩建交之初，在全面了解韩国经济发展战略、产业结构、市场需求、资金流向、关税制度的基础上，山东专门制定了加快发展与韩国经贸合作的规划方案和支持政策，有效推动了鲁韩经贸合作的发展。近年来，山东根据对韩经贸合作面临的新形势，不断完善和扩大对韩经贸合作的政策支持体系。特别是中韩自贸协定签署以后，山东省随即将中韩地方合作示范区和中韩（烟台）产业园纳入各项重点规划，在政策设计、项目布局、资金安排和基金投放等方面给予重点支持。制定并不断完善对韩经贸合作的支持政策，有效提高了山东对韩经贸合作的整体质量和水平。

**5. 拓展和创新对韩经贸合作的沟通交流机制**。顺畅的沟通渠道和稳定的交流机制是深化经贸合作的基础，山东积极同韩国地方政府以及各类民间团体开展交流合作。一是通过签订合作议定书、备忘录、设立联席会议制度、定期互访制度等，建立起不同层次、架构齐全的对韩地方政府沟通交流机制。山东省政府与韩国产业通商资源部建立了两国省部会商机制；与韩国京畿道成立山东—京畿友城联合体。二是充分发挥贸促会、行业商协会、华人社团、齐鲁同乡会等鲁韩民间团体的推动作用。山东贸促会积极与韩国商学会、韩国投资促进会、韩国贸易与展览协会、韩国各地商工会议所等团体缔结友好合作关系，建立定期访问和经贸促进合作机制，为服务鲁韩企业交流合作打下了牢固基础。

**6. 以多领域人文交流促进对韩经贸合作。**良好的人文交流基础能够保障双方经贸合作顺畅、高效地开展，山东历来重视同韩国开展多领域的人文交流。文化方面，鲁韩经常相互组织到对方城市开展民俗及非遗展示、书画展览、文艺演出等，创新性地策划了中韩名人对话、中韩传统技艺体验营等文化活动和中韩书画联展、摄影展等艺术活动。科技方面，山东与韩国通过共同研究项目、互派科技考察团组、建立共同研究中心、开展青年科学家交流等形式积极合作。教育方面，鲁韩学校之间通过缔结友好校际关系、建立合作机制、互派留学生等方式开展交流合作。体育方面，重点将中韩友好国际铁人三项邀请赛、中韩黄海国际帆船赛打造成两国知名的品牌赛事；共同举办中韩国际友好马拉松、中韩职业高尔夫巡回赛等国际体育赛事。

中韩自贸协定的签署，为山东深化与韩国经贸合作带来前所未有的机遇。山东将牢牢抓住这一机遇，进一步发挥与韩国经贸合作的区位优势、交通优势、产业优势，着力推进中韩自贸区地方经济合作示范区、中韩（烟台）产业园两大国家级合作平台建设，探索与韩国地方经济合作的新模式；充分利用中韩自贸协定的投资贸易便利化机制，促进山东与韩国双向贸易、双向投资提质升级，打造中韩贸易投资合作高地；深化与韩国交通物流合作，打造我国"一带一路"建设倡议与韩国"欧亚倡议"对接的战略枢纽。同时，继续加强与韩国人文交流与合作，更好地发挥其对经贸合作的桥梁和纽带作用。

# 全面推进党的制度建设和
# 基层治理现代化的科学路径

## ——河南省建立"4+4+2"党建制度体系的理论与实践

"河南省建立'四项基础制度'创新社会管理实践研究"课题组

在开展群众路线教育实践活动的过程中，中共河南省委作出了建立"基层四项基础制度"、创新社会管理的决策部署，从根本上更加科学有效地推进实践活动成果的常态化、制度化。随着该制度探索的不断推进，先后又增加了"县级以上机关四项基础制度""各级党组织和国家机关两项机制"，形成了一个更加全面系统科学的"4+4+2"党建制度体系，走出了一条深入贯彻落实"四个全面"战略布局、全面推进党的制度建设和基层治理现代化的科学路径。

## 一、河南省建立"4+4+2"党建制度体系的重要意义

"4+4+2"党建制度体系，是基层四项基础制度、县级以上机关四项基础制度、各级党组织和国家机关两项机制的简称。其中，基层四项

基础制度（简称"4"），是指在基层建立健全"民主科学决策、矛盾调解化解、便民服务、党风政风监督检查"四项基础制度；县级以上机关四项基础制度（简称"4"），是指在县以上机关建立健全"民主集中制、严肃党内政治生活、干部选拔任用、反腐倡廉"四项基础制度；各级党组织和国家机关两项机制（简称"2"），是指权力规范运行机制建设和全面从严治党监督检查问责机制建设。自 2013 年 7 月至今，中共河南省委先后制定并下发了多项相关文件，从宏观上明确了"4+4+2"党建制度体系的基本内容和内在逻辑。中共河南省委之所以谋划和提出这一制度体系，不是偶然的一时之举，也决非权宜之计，而是有着深刻的理论意义和实践价值。

1. **为进一步加强基层基础建设、有效解决基层党建和社会治理实际问题探索现实路径**。习近平总书记指出，"构建社会主义和谐社会，重在基层，重在基础。基层历来是民主政治的发源地和实验田……只要切实加强引导，不断完善制度，就能依法行事，稳步推进……基层民主机制越健全，社会就越和谐稳定"。在河南兰考调研指导党的群众路线教育实践活动时，他进一步强调，"要通过群众路线教育实践活动，把广大基层党组织建设得更加坚强有力"。中共河南省委认真学习贯彻习近平总书记系列重要讲话精神，结合全省开展群众路线教育实践活动的实际情况，围绕很多基层党组织软弱涣散、政府权责不清晰、权力行使不规范、决策不民主不科学、干部不正之风严重、基层矛盾化解困难、便民服务制度缺失等当前全省党的建设和基层社会治理方面最亟待解决的突出问题，建立"4+4+2"党建制度体系，其目的正是为了探索进一步推动全面从严治党、推进基层党的制度建设和社会治理现代化的现实路径。

2. **为进一步规范运行公共权力、推进基层党的制度建设和社会治理现代化开辟实践空间**。从各部分功能来看，基层四项基础制度是"4+4+2"

党建制度体系的基础，其目标指向基层，重点是乡、村、社区等直接关系群众切身利益的区域，具有还群众民主、帮群众办事、助群众和谐、受群众监督的重要作用；县级以上机关四项基础制度是"4+4+2"党建制度体系的关键，其核心是规范权力运行，构建风清气正的政治生态，重点在于落实民主集中制、严肃党内生活制度、干部选拔任用制度和反腐倡廉制度；各级党组织和国家机关两项机制是"4+4+2"党建制度体系的保障，是对前两个"4"的系统总结和升华，处于指导性地位，其核心是强化制度的规范和约束，加快建立权力清单和责任清单制度，规范行政决策权行使，完善权力运行制约和监督制度，防止公权私用、滥用职权、为政不公。三个部分既相对独立，又内在贯通、相互促进，构建起纵向到底、横向到边的系统网络，成为规范运行公共权力的有力保障。

**3. 为进一步推动全面从严治党、充分发挥制度治党的根本性、基础性作用提供理论参考。**全面从严治党，是"四个全面"战略布局的关键环节和根本保证，而制度建设则是实现全面从严治党常态化的根本保障。习近平总书记指出，"贯彻党要管党、从严治党方针，必须坚持以实践基础上的理论创新推动制度创新……构建系统完备、科学规范、运行有效的制度体系"；"把权力关进制度的笼子里"。从内在逻辑看，"4+4+2"党建制度体系遵循马克思主义政党建设的基本规律，从建立和落实基层党建制度做起，将制度治党、特别是全面从严治党真正落到实处。如基层四项基础制度主要体现在农村、城市社区和乡镇（街道）深化"四议两公开"工作法，搭建矛盾调解化解工作平台，健全基层便民服务制度和党风政风监督检查制度等方面，从而充分发挥制度治党的根本性、基础性作用。

**4. 为进一步巩固党的群众路线教育实践活动成果、建构具有地方特**

**色的基层党建长效机制拓展思想视野**。从内容来看，"4+4+2"党建制度体系，将思想建党和制度治党紧密结合、权力的科学制约和监督、加强执政能力建设等中国特色的党建理论贯穿其中，形成了一个具有河南地方特色的基层党建长效机制，既是对全省党的群众路线教育实践活动中出台的规章制度的系统集成，又将新中国成立以来、特别是党的十八大以来河南省在探索健全民主集中制、选人任用制度、作风建设常态化制度等党建制度的成功做法经验化、零星探索系统化、分散制度集成化，更是马克思主义历史观、人民观、权力观等在河南省党的制度建设中的具体运用。

## 二、河南省建立"4+4+2"党建制度体系的主要做法

**1. 以建立"4+4+2"党建制度体系为载体，促进从严治党常态化。**重点通过建立和实施基层四项基础制度、县级以上机关四项基础制度、各级党组织和国家机关两项机制，紧密编织权力"笼子"，坚持一切让制度说了算，使各级党组织、国家权力机关和党员干部开展工作、行使权力，有章可循、有规可依。特别是在落实党风政风监督检查制度上，以促进党员干部勤政廉政为重点，以深入开展"太平官、老爷官、懒散官"及为官不为等作风问题专项治理为抓手，加大对群众身边不正之风和腐败问题的查处力度，确保党员干部违法违纪问题和侵害群众利益的行为有人制止、有人纠正、有人追究，各项制度不被当作"稻草人"。

**2. 以抓好基础制度建设为依托，助推基层社会治理法治化。**重点完善落实以邓州市"四议两公开"工作法为代表的基层民主决策制度、矛盾调解化解制度、便民服务制度和基层党风政风监督检查制度，建立县（市、区）、乡镇（街道）党员群众综合服务中心和村（社区）党员群众

综合服务站、村民组（小区）便民服务平台，以此推动基层服务型党组织和基层群众性自治组织建设，真正解决好群众民主权利保障、社会公平正义、服务群众"最后一公里"等现实问题，有效制止和减少基层党员干部违纪违法现象，维护群众合法权益。

**3. 以人本、实干、高效为标准，推进为民便民服务制度化**。重点强化便民服务事项准入制度、服务承诺制度、服务经费保障制度、服务效果群众评价制度，完善首问负责制、限时办结制、服务承诺制、责任追究制，建立了以乡村干部为主，大学生村干部、在职党员、无职党员和社会志愿者为辅的便民服务队伍，完善党员干部值班、在职党员到社区报到、社会志愿服务等制度，推行电话办、集中办、现场办、代理办、协助办、介绍办等服务方式，逐步实现哪里有群众呼声、哪里就有党组织回声，哪里有群众需求、哪里就有党组织服务。

**4. 以规范权力运行、科学民主决策为重点，强化制度设计和运行科学化**。重点要科学设置各级政府和有关部门在社会管理中的职责，限制与规范政府的权力和地位，清晰界定政府、市场和社会的职责，促进其从全能政府向有限政府转变；同时遵循公开公正公平原则，坚持以公众参与、多方协商和透明化运行的方式制定和实施社会政策，真正实现决策前广泛征求群众意见、决策中让群众充分参与、决策效果由群众检验，有效减少决策的随意性、盲目性和单向化。

**5. 以深化改革创新为动力，推动地方治理体系和治理能力现代化**。从最初提出建立四项基础制度，到最后逐步升华发展为"4+4+2"党建制度体系，本身就是中共河南省委持续深化改革创新的结果。尤其互联网时代，群众工作有了更多新要求，社会发展也有很多新问题，因而在具体制度、技术手段、服务载体、方式方法等方面不断创新，通过建立基层网格化管理机制，完善网络服务平台，探索运用网站、QQ群、手机短信、微信、微博等信息化手段为群众提供网上服务等途径，推动地方治理体系和治理能力现代化。如信阳市创建的"互联网民声手机短信平台"，被群众形象地称之为"信阳民声110"；长葛市实施的"三民工程""点亮微心愿·传递正能量"党员志愿服务、"村企共建、互惠双赢"三大党建项目颇受群众好评，实现了便民服务无缝隙、零距离。

## 三、河南省建立"4+4+2"党建制度体系的基本经验

三年多来的实践证明，一条以"四个全面"战略布局为总引领、全面推进党的制度建设和基层治理现代化的探寻之路正越走越宽阔，越走越坚实，因而受到了习近平总书记的充分肯定，得到省内外干部群众的高度评价，人民日报、中央电视台、新华网等主流媒体都分别进行了大量的深入报道。河南在构建实施"4+4+2"党建制度体系方面积累了以下几点经验：

其一，始终坚持以"四个全面"战略布局为总引领，以建立"4+4+2"党建制度体系为载体，大力推进全面从严治党，着力强化基层基础建设，为河南全面建成小康社会、全面深化改革、全面依法治省提供根本保障。

其二，始终坚持改革方向和问题导向，着力解决影响基层基础建设、影响党的集中统一、影响干部队伍建设、影响党的执政能力的突出问题，特别是围绕化解当前制约全面从严治党的瓶颈因素和群众反映强烈的突出问题，完善党建制度体系、注重党建制度的系统性、可操作性，使之立得住、行得通、用得上。

其三，始终坚持紧密联系群众、依靠群众、服务群众，扎实推进"十项重点民生工程"，让群众得到看得见、摸得着的实惠，把体现群众利益、反映群众愿望、维护群众权益、增进群众福祉落实到党的制度建设和社

会治理创新全过程。

其四，始终坚持以宣传教育为抓手，奠定制度执行的坚实基础；以强化监督为保障，增添制度执行的驱动力；以过硬问责为手段，保持制度执行的强劲势头，真正解决制度执行不力怎么办这个根本性问题。

其五，始终坚持以"双基双治双安"为目标，以实现源头治理、系统治理、综合治理、依法治理为路径，以满足人民群众对人身安全、财产安全、食品药品安全、生产安全、环境安全等多层次安全需求为保障，不断提高城镇居民人均可支配收入，切实增强人民群众的安全感、获得感、幸福感，实现基层社会的全面有效治理。

# 坚定不移走中国特色创新驱动发展道路

## ——武汉东湖国家自主创新示范区实施创新驱动战略的业绩、经验与展望

"武汉东湖国家自主创新示范区实施创新驱动战略实践研究"课题组

武汉东湖国家自主创新示范区勇担体制改革"排头兵"、政策先行先试"试验田"和创新发展"先行者",走出了一条具有中国特色的创新驱动发展之路。2013年7月,习近平总书记视察湖北时,称赞东湖示范区"与大学结合紧密,有自主创新成果,科技成果转化较好,大学产业化做得不错,光电子产业特色鲜明"。

## 一、东湖示范区通过改革开放、锐意进取,已成为我国推进创新驱动发展的重要示范

东湖示范区坚持改革创新、先行先试,不断集聚创新资源,不断提升自主创新能力,加快培育战略新兴产业,在创新驱动战略实施中取得可喜成绩。

1. **构建起以企业为主体的技术创新体系，成为我国重要的技术创新中心**。东湖示范区已构建起由国家实验室、国家重点实验室、国家企业重点实验室、国家工程研究中心，以及省市工程研究中心组成的多层次、融入全球技术创新链的创新网络。

东湖示范区组建了产学研紧密结合的新型创新组织。这些新型技术创新组织，按照"市场主导、股东投入、政府支持"的方式，围绕区域产业发展的需求开展科技攻关，有力推动了科技成果转化和产业化。

东湖示范区实施了企业培育计划，探索形成了"源于创新、始于创业、显于瞪羚、成于领军"的科技型企业培育成长模式，培育出烽火科技、人福医药等一批在世界上具有影响力的高科技企业。

2. **涌现了一大批重大自主创新成果，成为我国在高新技术相关领域抢占世界制高点的前沿阵地**。东湖示范区主导制定了全球首个互联网业务感知和内容识别国际标准，在光通信超大规模、超长距离、超高速率光传输领域处于世界领先水平。

东湖示范区在生物技术领域具有国际先进水平。研发出国际领先的植物提取人血清白蛋白技术，全球首例水稻表达人血白蛋白产业化，全球首次商用可控制可定位胶囊内镜机器人系统、全球首台数字正电子发射断层成像仪。

东湖示范区在高端装备制造业领域占据重要位置。国产数控系统应用到卫星零件批量加工等航天领域，超大超重型数控机床推动我国极限装备制造水平进入国际领先行列。

3. **营造创新创业生态，成为我国重要的创新创业基地**。东湖示范区聚集了大量海内外高端人才。东湖示范区聚集了国家"千人计划"专家200多名，海内外人才团队3000多个、4万多名高层次人才中外籍人才占1/4，70%有海外留学背景。

东湖示范区具有浓郁的创业氛围。自2013年启动实施"青桐计划"以来,"天天有咖啡、周周有路演、月月青桐汇"。"光谷青桐汇"与华科启明学院、光谷咖啡、光谷创业街区一起成为全国创投界、创业界的知名品牌。

**4. 充分激发市场活力,成为创新驱动经济发展的排头兵**。在东湖示范区,高新技术产业蓬勃发展。光电子信息产业成为中国品牌的代表形成了包括激光器、激光系统、激光应用服务在内的完整产业链。

在东湖示范区,创业黑马竞相涌现。盛天网络成为湖北互联网的第一家上市公司;斗鱼TV市值超过100亿元,成为行业独角兽;虹识科技开发的虹膜识别技术可唯一识别个人身份,2013年首次在美国实现大规模应用。

## 二、东湖示范区在探索中国特色自主创新道路中积累了宝贵经验

东湖示范区通过顶层规划、加强统筹协调,促进协同创新,优化创新环境,形成推进创新的强大合力。同时,不断推进改革,不断发挥市场的作用,并最终形成市场在资源配置中的决定性作用。

**1. 坚持党的领导是示范区创新发展的根本前提**。习近平总书记等中央领导十分关心东湖示范区发展,多次到示范区视察调研、指导工作。中央加强创新驱动顶层设计,先后出台中长期科技发展规划、新兴产业规划,实施一批重大科技专项,立法促进科技进步和创新驱动战略实施,为示范区发展提供了战略引领。

湖北省委省政府始终保持战略定力,坚持创新发展这一基本路径不动摇,出台一系列利好政策,为东湖示范区创新发展"助跑";同时在

财政支持、发展空间、权限下放等方面给予大力支持，特别是在管理权限下放方面，全面赋予示范区市级行政管理权限，支持示范区按照精简、高效原则自主设立、调整工作机构，管理体制"松绑"释放了发展活力。

**2. 体制机制突破是示范区创新发展的核心要义。**东湖示范区积极打造行政服务特区，加快政府职能转变。以法律形式出台《东湖国家自主创新示范区条例》，"明确简政、彻底放权""倾其所有、一步到位"，为示范区改革创新提供有力法律支撑。

东湖示范区积极打造创新创业特区，加快科技与经济社会深度融合。先后出台"黄金十条""光谷创业十条""互联网＋十条"、支持众创空间建设等系列引领性创新创业政策。

东湖示范区积极打造科技金融特区，推动科技与金融深度发展。围绕创新部署资本链，打造了科技支行、天使投资、创业投资、金融租赁等在内的全方位金融机构体系。

**3. 坚持特色高新技术产业导向是示范区创新发展的成功战略。**东湖示范区坚持差异化发展特色产业，促进高端产业集群发展。重点发展光电子信息产业，建设"武汉·中国光谷"，打造世界光电子产业基地，"光谷创造""光谷制造"成为光电子领域参与国际竞争的知名品牌。

东湖示范区积极把握规律科学引导，助力企业内生发展。通过建设一批大学生创业特区，持续举办"光谷青桐汇"、创业大赛等，为创新发展选才育才蓄才；通过"领军企业推进计划"，为企业发展"量身定制"服务项目，推动了高新企业突破性发展。

东湖示范区积极对接国家战略，加快新兴产业布局。通过组建集成电路产业发展基金，推动国家存储器基地项目落地；抢抓显示面板产业发展机遇，引进了第6代低温多晶硅显示面板生产线等重要项目。

东湖示范区积极提升辐射带动能力，助推区域合作发展。通过共建科技园、产业协作、品牌共享、技术输出、管理模式输出等，加强对长江沿线城市和周边区域的引领、辐射带动，与成都、长沙、合肥等开展频繁的互动交流合作，形成了互补共赢发展态势。

4. **实施开放战略是示范区创新发展的重要途径**。东湖示范区着眼全球吸纳集聚高端创新要素。积极推动"中国光谷—美国硅谷"双谷合作，在硅谷建设离岸创新中心，举办"楚才回家"系列活动，推进人才、创业投资、前沿技术等高端创新要素在示范区集聚。吸引国际知名科技型企业和研发中心入驻。

东湖示范区借力"一带一路"深化创新合作。与"一带一路"沿线国家合作建立境外产业园，深化与当地产业链合作，长飞光纤、光谷北斗、烽火科技、阳光凯迪、人福医药等一大批企业成功进军海外市场。

东湖示范区积极推动企业参与国际产业分工。鼓励园区内有实力的高新技术企业、社会机构通过在国外投资、设立研发中心等形式参与国际竞争。

东湖示范区着力打造开放型国际化营商环境。以构建开放型经济发展新体系为核心，以拓展综保区功能、贸易便利化、服务业开放为重点，出台一系列举措，改善和优化开放环境，探索建立投资管理新规则，推进投资自由化。

5. **涵育创新文化是示范区创新发展活的灵魂**。东湖示范区积极融合荆楚文化、校园文化、院所文化、企业文化和外来文化，形成了"敢于冒险、鼓励创新、崇尚成功、宽容失败"的光谷创新文化。

在东湖示范区，创业正成为一种生活方式，创新成为一种人生追求；敢于创新的人受到尊重、善于创新的人得到实惠、创新失败的人得到宽容。在东湖示范区，基本打破了单位界限、身份界限束缚，促进创新创业交流合作；促进各种人才、资源流动融合；促进多元文化包容发展、融合发展。在东湖示范区，强调担当，主动作为，"先行先试""容忍犯错"；树立"产业第一、企业家老大"实干理念，打造了亲商、利商、留商、暖商、敬商、懂商、悦商的投资服务环境。

## 三、东湖示范区实施创新驱动发展战略展望

东湖示范区将责无旁贷要继续高举创新旗帜，坚持不懈实施创新驱动战略，以引领式创新、开放协同创新、发展共享经济等践行新发展理念，率先在科技创新、制度创新、新兴产业发展等各方面的创新中取得突破，为全国提供示范和借鉴。

1. **做好顶层设计，树立更高发展目标，明确更高发展定位。** 在科技创新方面，要建成国际化创新创业要素集聚地，国内外高端创新资源、要素在东湖示范区聚集、整合。在产业发展方面，建成世界性新兴产业策源地，不断涌现国际领先的新技术、新产业、新业态、新模式。在文化培育方面，建成引领创新文化新高地，创造全球一流服务氛围、一流创新创业文化。

2. **持续深化改革，加强制度与政策创新，为我国创新驱动发展提供示范。** 通过开展系统性、整体性、协同性改革，推动以科技创新为核心的全面创新。持续推进科技体制改革，进一步促进科技成果转化，深度释放高校院所创新优势，推动科技和经济深度融合。实施"光谷合伙人"战略，破除阻碍人才跨国界、跨区域、跨体制流动的制度性约束。

3. **做强优势特色产业，大力培育新兴业态，打造原创型新兴产业生成中心。** 东湖示范区将继续聚焦光电子信息产业，布局若干国家级重大科研设施，建设一批具有世界先进水平的前沿科技研究试验基地，真正打造成为享誉世界的"光谷"，代表国家参与全球竞争。同时，要把握

新一轮科技革命与产业变革的重大机遇，在信息技术、生命健康、智能制造等领域超前规划布局，从跟随创新向原始创新转变。

**4. 用好"两只手"，打造充满活力的创新创业生态，营造有利于自主创新的服务环境**。东湖示范区将充分利用市场热情，通过市场配置创新资源，既要打造创业场地、公共技术平台等方面的"硬实力"，也要着力增强组织、协调、服务等方面的"软实力"，营造主体多元、服务专业、开放高效、富有活力的创新创业生态圈，为创新创业者提供全流程全方位、低成本高质量的服务。

**5. 加快推进国际合作，对接国际高端创新资源，构建开放型经济新格局**。把握"一带一路"、自贸区战略等战略机遇，以东湖综合保税区为核心，加快推进湖北内陆自由贸易区创建，优化开放环境。进一步加强与硅谷、以色列等全球创新尖峰地区的合作，深化科技创新国际合作交流。大力支持企业走出去，鼓励本土企业投资并购境外研发机构和中小型科技企业、设立海外研发中心和生产基地等。

# 谱写建设美丽中国湖南新篇章

## ——党中央治国理政生态文明建设 新思想的湖南答卷

"湖南省争当全国两型社会建设的排头兵"课题组

建设生态文明是关系人民福祉、关乎民族未来的大计，是党中央治国理政的重要内容。近年来特别是党的十八大以来，习近平总书记围绕"为什么要坚持绿色发展，什么是绿色发展，怎样实现绿色发展"等重大理论和实践问题，提出了一系列新理念新观点新论断，进一步丰富和发展了党的生态文明建设思想，为全国各地加强生态文明建设提供了基本遵循。2007年12月，长株潭城市群获批全国资源节约型、环境友好型社会建设综合配套改革试验区。对湖南而言，建设两型社会是一个重大而全新的"命题作文"。面对这次"大考"，湖南以"赶考"之精神，自觉承担起在全国率先探索建设两型社会、推进绿色发展的时代重任。事实表明，近10年来特别是党的十八大以来，两型社会建设在湖南的全面广泛深入推进，是美丽中国建设的生动写照，是党中央治国理政生态文明建设新思想的成功实践。

# 一、一张来之不易的成绩单

**1. 最宝贵的成效，是在长株潭试验区的带动下实现了经济社会发展新跨越**。从发展状态看，从 2008 年起，湖南省经济总量连续 9 年进入全国十强。从产业业态看，全省三次产业结构比由 2007 年的 17.6：42.7：39.7 调整为 2016 年的 11.5：42.2：46.3；从经济质态看，高耗能行业增加值占规模工业的比重近年逐年下降，高新技术产业和战略性新兴产业比重持续上升。从环境生态看，全省森林覆盖率提高到 59.7%，比全国平均水平高出 30 个百分点；长株潭三市及全省空气质量良好以上天数比例大幅提升，近两年全省无严重污染天气；长株潭水环境功能区水质达标 100%，全省 98 个主要江河Ⅲ类以上水质断面达到 96.9%。湖南由强酸雨区转变为弱酸雨区。

**2. 最显著的标志，是在长株潭实验区的带动下走出了两型社会建设新路子**。9 年多来，湘江流域综合治理机制改革、全省农村环境综合整治、株洲市公共自行车服务标准化等一批两型社会建设项目进入全国试点，餐厨垃圾处理的"长沙模式"、绿色出行的"株洲模式"、城乡环境同治的"攸县模式"等一批两型社会建设新模式在全国推广，长株潭国家自主创新示范区、湘江新区相继获批，两型社会建设的"长株潭模式"、自主创新的"长株潭现象"和区域经济自主一体化的"长株潭样本"形成齐头并进、相得益彰之势。2011 年 3 月，习近平总书记考察湖南，认为长株潭两型社会建设"抓得早，抓得及时，抓出了效果，走出了一条自己的路子"，希望"继续探索，为全国提供借鉴和经验"。

**3. 最可喜的变化，是在长株潭试验区的带动下形成了生态环境保护新风气**。9 年多来，在三湘大地，"既要金山银山，也要绿水青山""绿水青山就是金山银山""若毁绿水青山，宁弃金山银山""保护生态环境就是保护生产力，改善生态环境就是发展生产力""像保护眼睛一样保护生态环境，像对待生命一样对待生态环境""企业不消灭污染，污染就消灭企业""绿色是湖南最有特色的标志、最有影响力的品牌、最有竞争力的资源"的发展共识和紧迫感日益深入人心，湖南全省干部群众共建共享生态文明的思想自觉和行动自觉已经形成。

## 二、一套攻坚克难的解题法

1. **坚持顶层设计，谋划绿色发展"路线图"**。推进绿色发展这个全新事业，必须要"对路"。在实践中，湖南实施了"三步走"：第一步，着眼试验示范，科学编制长株潭试验区改革建设规划，并颁布实施《长株潭城市群区域规划条例》《长株潭生态绿心地区保护条例》等20多部法规规章保障规划实施。第二步，着眼全域推进，颁布实施《绿色湖南建设纲要》，在全省大力推进"四化两型"新战略，推动两型社会建设由点向面拓展、由"盆景"向"花园"转变。第三步，着眼建设富饶美丽幸福新湖南，出台全国首个省级生态文明体制改革实施方案，在"十三五"规划中将"绿色化"纳入"五化同步"发展新路径，明确要求"到2020年，两型社会建设和生态文明建设走在全国前列"。

2. **坚持先行先试，下好绿色改革"先手棋"**。改革是推进绿色发展的必由之路。在实践中，湖南抓住绿色改革这一"牛鼻子"，围绕"三个更"的具体目标推进了八大类、106项原创性改革：通过推进资源性产品价格改革、拓展排污权交易、强化环境友好的激励约束机制、激活资源环境市场等举措，创新了市场化环境保护与治理机制，使生态价值"更高"。通过制定并严格执行产业项目用地、节能、环保、安全等准入标准和退出机制,创新了产业进退与土地管理机制,使资源环境"更优"。通过建立绿色GDP考核评价体系、进行绿色GDP指数测算、加大"两型"指标在政绩考核中的分量,创新了政绩考评与责任追究机制,使环保责任"更重"。

3.**坚持两型惠民,展开绿色治理"攻坚战"**。实现绿色发展既是民意,也是民生。在实践中,湖南通过大力实施一系列"环保工程",着力打赢"三个攻坚战":围绕水更清,大力实施湘江保护与治理省政府"一号重点工程",推行湘江治理市县政府一把手负责的"河长制",打了一场水污染治理攻坚战。围绕天更蓝,深入推进重点行业企业脱硫脱硝和机动车排气污染防治,搭建全国首个节能减排监管平台,实施PM2.5实时监测全省覆盖,持续不断加强全省林业建设,设立长株潭绿心地区,打了一场大气污染防治攻坚战。围绕地更净,出台耕地重金属污染调查与综合防治总体方案,推进重金属污染耕地治理和种植结构调整试点,打了一场土壤污染整治攻坚战。

4.**坚持科技支撑,开创绿色转型"新格局"**。绿色发展问题本质上是基于创新驱动的发展方式转变问题。在实践中,湖南围绕三大类技术加强科技创新、提升发展的绿色化水平:开发推广两型产业技术,自觉加强产业科技创新和成果推广应用,让产业绿起来。开发推广资源回收利用技术,积极推进垃圾"资源化",推进再制造技术产业化,让资源利用效率高起来。开发推广综合治污技术,针对影响人居环境的大气、水、土壤污染等问题大力推广大气污染治理、畜禽养殖污染治理以及重金属和土壤污染治理等技术,加快生态修复和污染治理进程,让城乡环境美起来。

5.**坚持示范普及,形成绿色共建"大合唱"**。两型社会建设涉及各行各业、关联千家万户。在实践中,湖南动员全社会各方力量共建共享两型社会，围绕"三个抓"大力营造"两型为人人，人人可两型"的良好社会风气：抓标准制定，相继出台 16 个两型标准、23 个节能减排标准、43 项两型地方标准，使两型创建行有所依。抓典型示范，在全省广泛开展示范创建活动，先后培育 9 个综合示范片区、若干示范基地、近 1000 个两型示范创建单位和项目，使两型创建学有榜样。抓宣传普及，在全国率先编制实施《中小学两型教育指导纲要》和《小学生两型知识系列读本》，探索形成了"教育一个孩子、带动一个家庭、影响一片社区"的有益经验，使两型创建遍及城乡。

## 三、一场大考后的启示录

湖南推进两型社会建设的实践启示我们：谱写建设美丽中国湖南新篇章，必须深入践行党中央治国理政生态文明建设新思想，着力推动绿色发展理念深耕湖南、绿化湖南，让"绿水青山就是金山银山"成为富饶美丽幸福新湖南建设的主题词。

1. **必须自觉摒弃速度情结，不简单以国民生产总值增长论英雄**。发展要有一定速度，但不能唯速度而速度，更不能以牺牲绿水青山来换取一时的 GDP 增速。推动绿色发展理念深耕湖南，就要围绕一张美丽蓝图一任接着一任干、一茬接着一茬抓，让黑色 GDP 越来越少，让绿色 GDP 越来越多，绝不能让一代人的"政绩"成为后几代人的包袱，切实走出一条总量、质量、均量同步提升的发展路子，为子孙后代留下可持续发展的"绿色银行"。

2. **必须注重实效，让生态环境成为人民生活质量的重要增长点**。民之所需，政之所为。良好生态是最公平的公共产品，是最普惠的民生福祉。推动绿色发展理念深耕湖南，就要始终把能否为人民群众创造良好生态环境作为检验两型社会建设成败得失的关键标尺，把解决群众最关心的环境污染治理问题作为重中之重，对重大环境惠民工程一件一件抓紧抓实抓出实效，让天更蓝、水更清、地更净，让群众在共享发展红利的同时更充分享受绿色福利。

3. **必须抓关键环节，形成制度创新和技术创新双轮驱动新格局**。推动绿色发展是一场涉及生产方式、生活方式、思维方式和价值观念的革命性变革。实现这样的变革，必须抓住关键实现重点突破。推动绿色发展理念深耕湖南，就要充分发挥市场在资源配置中的决定性作用和更好发挥政府作用，着力创新体制机制、建立制度体系，切实加大生态环境领域供给侧结构性改革力度，着力加强生态环境领域自主创新和技术攻关，让更多引领型发展在生态环境领域集聚。

4. **必须积极动员全民参与，营造爱护生态环境的良好社会风气**。美丽中国建设涉及各行各业、关联千家万户，需要动员全社会各方力量广泛参与、共建共享。推动绿色发展理念深耕湖南，必须坚持把两型社会建设作为美丽湖南的亮丽名片来打造，把两型文化建设摆上精神文明建设重要位置，大力推进两型理念进机关、进学校、进企业、进园区、进城镇、进村组、进社区、进家庭，使绿色生产方式和消费模式成为人们的自觉行动，在全社会奏响两型社会建设"大合唱"。

# "以立促破"：在稳中求进总基调下协调推进供给侧结构性改革和创新驱动发展

"广东省实施创新驱动发展战略的探索与实践"课题组

党的十八大以来，以习近平同志为核心的党中央作出了经济发展进入新常态的重大判断，初步确立了适应经济发展新常态的经济政策框架，提出了稳中求进的工作总基调。贯彻落实稳中求进工作总基调，需要把握好破与立的辩证关系，协调推进供给侧结构性改革和创新驱动发展，实现"稳增长、调结构、转方式"的有机统一。

## 一、平衡稳增长和调结构的关系是当前经济工作的关键任务

习近平总书记多次强调指出，当前经济工作的关键是要把握好保持稳增长和调结构之间的平衡点。刚刚召开的中央经济工作会议提出，稳中求进工作总基调是治国理政的重要原则，也是做好经济工作的方法论。

供给侧结构性改革的实质，是减少无效、低端供给，扩大有效、中

高端供给，促进要素流动和优化再配置，实现更高效率、更高水平的供需平衡。创新驱动发展的本质则是实现对生产要素更高利用效率的"新组合"，是不断将生产要素从旧的低收益组合向新的高收益组合的再配置过程。因此，供给侧结构性改革和创新驱动发展均存在一个要素组合的打破与重构过程，是一个破旧与立新的动态转换过程。打破旧的要素组合不可避免涉及对过剩产能和低效率企业关停并转，会在短期内对经济增长形成一定冲击。如果新的要素组合短期内不能重构起来，就会出现新旧动能断档，诱发经济增长失速和系统性风险，并危及长期增长。因此，调结构必须以稳增长为前提、为大局，尤其是在当前国际环境存在诸多不确定性的形势下，必须树立稳是主基调、稳是大局的意识，在稳的前提下推进改革和发展，做好经济工作。当然，稳中求进，不是无所作为，不是不敢作为，而是要在把握好度的前提下奋发有为。既要避免调结构对增长的过大冲击，防止经济剧烈下行；也不能简单为了稳增长就放松调结构，使中国经济重回依靠高投入拉动、粗放式增长的老路。

## 二、平衡稳增长和调结构需要处理好破与立的关系

导致稳增长和调结构目标冲突的主要原因是调结构过程中新旧动能转化不畅。调结构有狭义和广义之分，狭义的调结构是生产要素在新旧生产部门之间的再配置，广义的调结构还包括了城乡结构、收入结构等一系列重大经济社会结构调整。无论广义还是狭义的调结构都存在一个破旧立新的过程，从产业的角度来看，破旧是将生产要素从那些已明显不适应市场需求的低效率生产部门中释放出去；立新是发展出符合市场需求的新生产部门，吸纳生产要素，形成新的有效供给。

要确保调结构中的新旧动能转化顺畅，关键在于把握好立新与破旧的主从顺序。世界各国的发展经验表明，破旧是相对容易的，立新则要困难许多。大量赶超经济体发展到一定阶段后往往落入中等收入陷阱，重要原因是当其劳动密集型产业和资源密集型产业丧失成本优势后，无法迅速建立起有新竞争优势的产业。如果调结构还涉及经济体制层面的重大变革，立新的工作就变得更为复杂艰巨。苏联经济转型在新的经济体制尚未建立、新的生产部门尚待时日培育的情况下，过早过急打破原有的经济运行体制，导致了灾难性的经济崩溃和社会动荡，这种教训值得我们时刻警惕。

要避免调结构对经济运行造成过大震荡，恰当的变革路径应该是"以立促破"，欲谋破旧必须先谋立新，通过培育效率更高的新型生产部门，引导生产要素从旧部门向新部门自然流动，实现一个以立新促破旧的自发调整，而这恰恰是协调推进实现供给侧结构性改革和创新驱动发展的要义。中国的改革开放历程就是一个"以立促破"的过程。在过去近40年，中国经济和社会结构发生了翻天覆地的变化，中间出现的各种问题和矛盾不谓不小，但是我们始终坚持通过做大增量来调存量，用发展本身化解发展中的新问题和新矛盾，证明了这条道路是稳妥可行的。当前新一轮改革面临的局面错综复杂，中央明确提出要平衡稳增长和调结构的要求，就必须积极探索新时期下经济工作稳中求进的工作方法，将深化体制改革、加快技术进步、发展新兴产业放在优先位置，依靠新型生产部门不断壮大自然替代过时低效的旧生产部门，做到用调结构来稳增长，在稳增长中实现调结构。

# 三、在稳中求进总基调下协调推进供给侧
# 结构性改革和创新驱动发展

在短期内，我们确实面临化解过剩产能、降低实体经济成本、化解房地产库存和防范化解金融风险的紧迫任务，但是如果我们将供给侧结构性改革仅仅理解为解决若干短期目标，而忽视了经济增长动力机制再造的立新工作，供给侧结构性改革的意义就大打折扣。供需结构错配是诸多宏观经济问题的根源，在内需不振的大背景下，我们仅 2014 年的海外消费就超过 1 万亿人民币，说明大量生产要素被错配到了无效需求领域。推进供给侧结构性改革，不仅仅是要释放这些被错配的生产要素，更重要是通过深化改革和科技进步，引导生产要素重新配置到具有更高生产率和增长潜力的生产部门。要实现这一点，仍然必须从供给侧发力，将文章做在供给侧的"立新"上，尤其是那些紧随新一轮工业革命的新技术、新产业领域，要尽快做大做强。这方面，有许多国际经验可资借鉴。许多学者认为，从根本上解决 20 世纪七八十年代美国经济滞涨问题靠的并不是简单依靠供给学派药方，而是来自美国在数字技术和计算机产业上取得的创新突破。美国依靠在这些新兴产业领域的"立新"推动了美国产业结构的快速调整，在美日产业竞争中重新赢得了竞争优势，开创了 20 世纪 90 年代以来美国经济持续繁荣的局面。

实践"以立促破"的关键在于贯彻创新发展的理念，加快发展方式从要素和投资驱动向创新驱动转变。在经济发展不同阶段，立新的难度和路径是不一样的。改革开放早期，中国经济发展主要依靠要素和投资驱动，立新的源头主要来自对外技术引进和承接国际产业转移。这种做法的好处是周期短、风险低，见效快。但随着中国逐步逼近国际技术前

沿，可供我们简单借鉴和直接拿来的东西越来越少，接下来的发展应该选择哪条技术路径、发展什么新产业，更多要靠企业在市场实践中摸索。这个阶段，"立新"的源头就从引进变成了创新。与之相适应的是我们的体制机制和工作部署都要作出相应的变革，建立一套鼓励企业创新和充分动员全社会资源参与创新的体制机制，从体制机制上实现稳增长和调结构的内在统一。

最后值得强调的是，立新与破旧不是简单地用新部门取代旧部门，更多体现在用新技术、新的商业模式改造旧的生产部门，在旧部门的基础上成长出新部门。因此，创新驱动下的结构调整往往并不是一蹴而就的，需要一个新产业新模式的培育成长周期。越是逼近国际技术前沿，立新所需要的前期技术积累就越多。这要求我们在推动结构调整中要注重产业发展的连续性，对旧部门不能采用简单淘汰的一刀切思维，而是要积极谋划思考如何充分发挥旧部门的人才、技术、供应链积累，使之成为新生产部门成长发育的基石。这也是以立促破的重要内涵。

## 四、稳增长调结构的广东启示

广东改革开放的历程就是一个产业结构不断立新破旧的过程。广东之所以能长期维持全国经济领先水平，最大的特点是在新产业的"立"上下足了功夫，做足了文章。在 20 世纪 80 年代，广东通过发展外向型经济和轻工业部门实现了经济领跑全国。到 90 年代，广东意识到全国产业结构出现了重型化倾向，对钢铁石化等原材料和以汽车为代表的耐用消费品需求大增，集中发展了一批石化汽车项目，不仅卓有成效改变了广东经济过度偏轻的产业结构，而且迅速成为广东经济增长的支柱性行业。2008 年全球金融危机为广东经济提供了第三次结构调整契机。

当时广东进出口总量占全国 1/3，外贸依存度高达 160%，属于受冲击最严重的地区。但是广东及时发挥了其在新产业培育上的潜力和优势，加快发展以新一代电子信息技术、高端装备制造、"互联网＋"为核心的新一代产业部门，在很短时间内就改变了经济下滑局面，经济恢复速度超过全国平均水平。现在，以深圳为龙头的珠三角经济创新活力十足，诞生了包括华为、中兴、大疆、华大、腾讯等一批国际知名高科技企业，珠三角两岸智能制造和装备制造业发展如火如荼。如果没有坚持以立促破的发展思维，广东经济不可能迎来如今的喜人局面。

目前，广东已经从之前依靠对外技术引进和产业转移发展到依靠自主创新驱动的新阶段。自 2008 年以来，广东新一轮高新技术产业大大缩小了与国际先进水平的差距，在部分领域已处于国际先进水平。这一轮高新技术产业的立，主要靠的是本地良好的市场环境和产业基础，集聚全国乃至全球优秀科技人才，以科技成果产业化的方式实现的。这显示出只有通过以立促破，才能在稳中求进工作总基调下推进供给侧结构性改革和创新驱动发展取得根本性胜利。

# 强化"求知求乐求技"供给 打造可持续公共文化服务体系

## ——广西来宾市公共文化服务体系建设 实践经验研究报告

"广西壮族自治区来宾市公共文化服务体系建设经验研究"课题组

来宾市位于广西中部,素有"桂中"之称,是 2002 年 12 月 28 日成立的地级市。总面积 1.34 万平方公里,辖兴宾区、象州县、武宣县、忻城县、金秀瑶族自治县、合山市 4 县 1 市 1 区,其中有 3 个国家级贫困县、1 个自治区级贫困县,共 70 个乡镇(街道),771 个行政村(含 47 个社区)。来宾市连续 8 年开展城乡公共文化服务体系建设,围绕"求知、求乐、求技",进行"菜单式"服务,不断加强文化服务供给,促进公共文化服务的均等化,打造了"建、用、管"一体化、可持续的文化服务体系,极大丰富了城乡基层群众文化生活,进一步提升了民智、匡正了民风,密切了干群关系,维护了社会稳定和谐,促进了经济社会发展,取得了良好的成效。

# 一、做法：探索创新，打造"建得起""用得上""管得好"的公共文化服务体系建设"来宾模式"

**1. 政策引导、社会统筹、群众参与，解决公共文化服务体系"建得起"的问题。**

一是党政主导，强力推进。实施"一把手"工程。来宾市专门成立领导小组，明确由市委书记、市长任组长，强力推动。2008 年 11 月，来宾市启动了"求知、求乐、求技"的"三求"文化惠农工程；2009 年又提出"用 5 年时间，举全市之力，推进农村公共文化服务体系建设"的决定，要求在全市每个行政村实施"五个一"文体工程建设（即一栋文化综合楼、一个文艺舞台、一个篮球场、一支文艺队、一支篮球队）。党的十八大对公共文化服务体系提出新要求后，来宾市及时提出"反弹琵琶"，用两年时间争创全国公共文化服务体系示范区。来宾历届党委、政府坚持"功成不必在我"的理念，将农村公共文化服务体系建设作为中心工作来推动，为推进农村公共文化服务体系建设提供了坚实的组织领导保障。

建立"五纳入"机制推动。2008 年起，来宾市将农村公共文化服务体系建设纳入各级党委政府重要议事日程；纳入经济社会发展总体规划；纳入各级政府考核评价体系；纳入各级财政预算；纳入全市城乡建设整体规划；出台了《来宾市"求知、求乐、求技"惠农工程规划建设指导手册》《来宾市创建国家公共文化服务体系示范区规划》等 50 多个规范性指导文件；建立了各级各部门的公共文化服务体系建设任务台账，全力加快推进全市公共文化服务体系建设。

实施区、市共建,"两城"同创。2010年,广西区党委、政府将其列入自治区层面重大工作来推进,以"来宾模式"在全区开展村级公共文化服务中心建设,连续3年写入《政府工作报告》,列入绩效考评和财政预算范畴。2011年,来宾市同时获得首批"国家公共文化服务体系示范区"和"全国全民健身示范城市"的创建资格,来宾市果断决策,对两大创建工作实行统筹规划、统筹建设、统一督查、统一考评,形成了独具来宾特色的"农村文体一体化建设"新模式。

二是因地制宜,突出特色。因地制宜。来宾市鼓励各县(市、区)结合实际,在总体建设标准和规范要求上,进一步制定建筑面积、投入指标等细化、具体化的地方标准,因地制宜推进文化设施建设。

突出特色。在文化基础设施上注意建设规划和地方特色结合,按照"突出地方特色、彰显民族风格、投资省质量好"的原则,根据汉、壮、瑶三个主体民族的不同风格,考虑各村经济状况、土地资源、农民积极性等综合因素,设计了3种不同民族风格、3个不同层次共9套设计方案。

三是科学规划,创新推进。科学规划。把公共文化服务基础设施规划和新农村建设规划相衔接,对各村文化综合楼、文艺舞台、篮球场等公共文化设施进行统一规划,列出每个村公共文化设施建设面积、数量、建设地点、责任主体等任务清单,科学规划安排部门建设内容,整体推进,突出了各部门工程建设的整体统筹效能。

创新推进。来宾市以机制创新,建设了"农村倒逼城市"建成公共文化服务体系。创新推行建设村级公共文化服务中心"五个一"标准,为每个村实施"五个一"文体工程建设;创新建设"乡村少年宫",依托现有场地,为每个少年宫配备约10万元的设施,邀请教师、社会"五老"人员、志愿者等担任义务指导员,每天开展1小时的手工劳动、文体活动、心理辅导等内容培训活动;创新建设基层小广播,通过整合

"村村通无线广播""计生小喇叭"等资源,建成724个行政村"基层小广播",全部配备影碟机、功放机、收音机、话筒等设备;四是创新建设"百里村级公共文化服务示范带",选择在全市条件好的100公里公路沿线的乡镇,严格按照"五个一"标准,打造了40个"公共文化、文明宣传、民族名村"示范点。

四是社会统筹,群众参与。社会统筹。为解决农资金难题,采取了争取上级支持一点、财政解决一点、对口帮扶部门资助一点、动员社会捐助一点、干部群众自筹一点"五个一点"的办法。至2015年,累计筹措资金近30亿元,其中争取上级补助资金2.8亿元;市政府投入资金约13.5亿元;各县(市、区)投入约10亿元;市、县部门帮扶约1.26亿元;此外,全市企业、社会力量捐款捐资累计达1.51亿元。

群众参与。始终注重发挥群众在公共文化服务体系建设中的主体作用,通过开展强有力的思想工作,把被动性的"要群众建"变成了主动性的"群众要建",群众参与建设的热情空前高涨。村民们纷纷解囊捐资支持,无偿出让土地,自愿投工投劳,极大地加快了农村公共文化设施的建设步伐。在来宾,不乏农民群众通过腾挪搬迁社坛、土地庙、旧宅基地等设施解决村级公共文化服务中心建设用地的例子。

**2.活动支撑、服务保障,解决公共文化服务设施"用得上"的问题。**

一是以丰富多彩的群众性文化活动使公共文化设施"动"起来。一是通过开展好阵地服务、流动服务、数字文化服务、少年宫服务、"三下乡"服务等,提高了各级文化阵地的使用率和文化队伍的服务效能。据统计,每年仅市、县、乡级图书馆、群众艺术馆、博物馆、文化站共接待群众16万人次以上,开展相关培训7000多次,送戏下村3000场次,送图书下基层800多次;开展"三唱一送　四讲五演"活动、社会主义核心价值观系列活动、乡风文明建设系列文化活动等,仅2015年,开展"农

村广场　放歌价值观""舞动美丽"等活动 8000 多场次；举办"道德讲堂"系列文化专题活动 100 多场次；开展"三月三"民俗文化专题活动 1000 多场；实施"十百千"文化人才培育工程、文艺创作专题培训工程、文化部门专业队伍培养工程等，开展农技扫盲、法律、卫生等各类培训，每年开展各类培训达 310 多万人次。通过形式多样、丰富多彩的文化活动，让各种公共文化设施处于激活状态，形成"天天演、周周训、月月比、季季赛、年年奖"常态化格局。

二是以合理便民的设施布局使公共文化设施"忙"起来。合乎需求才会受欢迎，方便群众利用率才会高。为了使公共文化设施建成一个发挥用场一个，来宾市在建设公共文化服务设施时，把方便群众摆在第一位，选址布局尽量选择在居住集中、人口密集、群众行动方便的地方，充分体现了"三边"要求〔群众身边的场馆所（中心）、设施、场地、环境；群众身边的活动；群众身边的文化、服务、辅导等〕，形成了城市、县城区域"十五分钟"文化服务圈，乡村"十分钟"文化服务圈，以合理便民的设施布局使公共文化设施尽可能充分利用起来。

三是以持续有效的文化产品供给使公共文化设施"活"起来。来宾市除了组织丰富多彩的群众性文体活动使文化设施发挥其应有的功用外，还根据不同群体的不同文化需求，为其设计、提供各种特殊的文化产品和服务，使文化设施发挥多种功能。全市整合村级公共服务资源，打造农技培训、农村医疗服务、计生服务、科技服务、文化服务等一站式的公共服务平台，针对不同的受众群体，在乡村举办展览、知识讲座，开设文化讲堂、道德讲堂、文化艺术兴趣培训班等；此外，通过组织协会、培训协会、支持协会，让协会在公共文化服务体系中担当了"网底角色"，组织开展文艺赛、体育赛、创作赛等比赛活动，使各类公共文化服务阵地"活"起来。据统计，全市共建 23 类 250 个协会，会员达 1.4 万人，每年组织各类演出赛事达 860 多场，体育赛事达 3700 多场，打造了"永不散场的文体比赛"，百姓乐在其中。如金秀县桐木镇仅春节期间举办文体赛事就达 20 多场，还吸引 NBA 队员及国外团队参赛。

**3.强化管理、完善制度、保障经费、培养人才，解决公共文化服务设施"管得好"的问题。**

一是创新管理模式，突出"终端"管理。来宾市构建了市、县、乡、村四级公共文化服务体系建设领导小组，形成自上而下体系式管理架构。建立"五个纳入"机制。即把公共文化服务体系建设纳入各级党委政府重要议事日程；纳入经济社会发展总体规划；纳入各级政府考核评价体系；纳入各级财政预算；纳入全市城乡建设整体规划；纳入实施试点改革项目。实施自治区公共文化服务标准化建设试点工作、自治区公共文化机构法人治理结构试点工作、国家基层综合性文化服务中心建设试点工作，使设施在建设、使用、管理上规范、标准化；改革村级管理模式，突出"终端"管理。明确村级公共文化服务设施产权归村委所有，村委会是第一责任人，负责管理维护；为每个村配备 1 名财政补助的文化协管员。市财政每年投入 100 万元，采购 100 场文艺演出送戏下乡。

二是完善系列管用制度，明确管理主体职责。来宾市注重建立健全各级公共文化服务各项管理制度，形成长效服务机制。近年来先后制定出台了《公共文化服务机构免费开放管理办法》《来宾市行政村（社区）文化体育管理员工作细则》《村级文化活动中心管理制度》《村级文体管理员工作职责》等 50 多项规章制度。多维度的管理机制，既保证了各文化阵地的常态化运转和服务功能的有效发挥，又保证了以服务农村、服务基层为重点的公共文化服务体系的持续运转。

三是除村级公共文化服务设施建设经费纳入各级财政预算以外，来宾市不断加大公共文化服务资金投入，并统筹利用上级补助资金，切实落实文化服务设施维护和文体活动开展经费保障。每年给每个行政村补助1万元以上文化活动经费，投入100万采购100场文艺演出"送戏进村"；并采取"以奖代补"的形式给予一定资金奖励。此外还制定完善了《来宾市推进公共图书馆和文化馆（站）免费开放工作的实施意见》等一系列配套文件，加强公共文化基础设施场所的免费开放工作及经费的管理使用，及时协调划拨中央、自治区补助资金，足额配套地方补助资金。

四是加强文化服务人才培养，形成公共文化自我管理的内生动力。在全市所有乡镇文化站全部按标准配备了3名宣传文化管理员，每个行政村配备了1名有文化、有文艺特长、会组织活动、会做群众工作的村级文体活动管理员，由财政给予一定经济补助。此外，还有计划、大规模地培训农村文艺活动骨干，培养其自身"造血功能"。实施"十百千"文化人才培养工程，每年在全市培养10名文化领军人物、100名县乡基层文化骨干、1000名农村文艺骨干，由这些文艺骨干带领群众自发成立的山歌队达600多支，广场舞文艺队更是超过6000个。

## 二、成效：持续发力推进，公共文化社会效能充分显现

由于经济欠发达，来宾市城乡基层特别是农村的文化、教育、信息传播等方面还处于相当落后的状态，农民群众文体活动匮乏，思想落后，酗酒、赌博、偷抢、打架斗殴等不良现象和违法行为时有发生。通过公共文化服务供给持续推进，如今，村村建有文化综合楼、灯光球场、文艺舞台等文化设施，村村组建了文艺队和篮球队，文艺表演天天有、篮球比赛周周打、图书室里身影多，日有欢笑、夜有欢歌，公共文化社会效能日益显现。

**1. 公共文化服务体系日趋完善，公共文化自身发展能力明显提升。** 经过近 8 年的建设，具有来宾特色的农村公共文化服务体系基本建成，实现了"五化五率先"目标。"五化"即：一是实现四级公共文化设施网络化。市级"三馆一院"建成并免费开放。各县（市、区）文图博三馆，乡镇（街道）综合文化站，行政村（社区）公共文化服务中心、少年宫、小广播建设全覆盖。农村广播电视村村通、户户通工程 100% 覆盖。二是实现公共文化服务供给常态化。开展免费大开放、文艺大展演、图书大阅读、文化大培训等活动。党的十八大以来，全市开展各类文艺演出、山歌会 3 万多场，电影下乡 5.2 万多场，各类培训 10 万多次。三是实现公共文化服务人才队伍规模化。截至目前，全市有在职在编的文化服务人员 480 名，配有财政补贴的村级文体管理员 771 名。组建了 1132 支农民文艺队、1297 支农民篮球队。招募文化志愿者 7260 人，成立文化协会 250 个。四是实现公共文化服务数字化。建设了各级电子阅览室和网上文图两馆。市、县、乡、村分别建成文化信息资源共享工程分中心、支中心和服务点，建成 1023 个农村远程教育终端。五是实现公共文化服务制度化。在组织领导、经费人员保障、宣传发动、公共文化评估等方面出台了 50 多个文件。"五率先"即率先实现村级公共文化服务"十个一"建设全覆盖；率先实现乡村少年宫建设全覆盖；率先实现基层小广播建设全覆盖；率先落实每村 1 名财政补贴文体协管员；率先建成国家公共文化服务体系示范区。

**2. 社会治安形势不断好转，文明程度明显提升。** "看戏打球真热闹，闲来图书室里泡；不去赌博不去偷，乡村和谐换新貌。"正如当地群众自编山歌所唱，近年来宾沉寂的乡村沸腾了，农民更幸福了。通过开展文化惠民活动，广大农民群众找到了精神家园，农村的赌博、偷盗、打架闹事等现象明显减少，文明程度明显提升。象州县妙皇乡古卜村过去是有名的"麻将村",村民踊跃加入文艺队后,嘈杂的麻将声变成了动听的歌声;忻城县和马山县交界的5个村屯通过"篮球外交",解决了持续多年的林地纠纷。同时,社会治安也明显好转,农村"三大"纠纷、治安案件数以及非法上访人次均呈逐年下降的趋势,2015年与2011年同比分别下降15%、8.7%、25%,一些治安混乱村变成了"文明示范村""治安先进村"。截至目前,乡镇级"十星级文明户"约4000多户,县级"十星级文明户"700多户,市级"十星级文明户"300多户。2011年来宾市成为首批"国家公共文化服务体系示范区"创建城市,并于2013年通过验收获得授牌,2014年又成为"国家基层综合性文化服务中心建设试点"城市。

　　3. **党群干群关系空前密切,基层干部服务理念明显提升**。"三求"文化惠农等工程的推进对广大农村基层干部来说,是一次全新的挑战,如果简单的采用过去那种布置任务、下通知、搞检查的模式显然无法完成任务。所以,许多乡镇和村屯实行了民主管理、民主探讨、民主决议的工作方法,通过民主讨论共同探索和解决困难问题。所有乡镇干部都要下到村头第一线掌握情况,积极参加组织和服务工作。这些都使得基层民主得到空前发展,干群关系进一步加强。同时,通过组织开展"万名干部入村住户,万名农民进城住家"活动,组织广大党员干部深入农村,实施"结一联十"工程,送文艺、图书等进村,全市780支工作队结对慰问2万户农户,走访联系20万农户,帮助群众解决困难问题1.14万件,从而进一步拉近了党委、政府与群众的距离,干群关系更加融洽,促进了城乡社会和谐发展。

　　4. **农民素质大幅提高,经济发展能力明显提升**。文化素质低、信息缺乏是农民群众致富路上的"绊脚石",农村公共文化服务体系成为扳倒这一"绊脚石"的有力撬棍。2011年以来,来宾市依托村级公共服务中心平台，组织开展了各类技术培训 2 万多期，培训农民 200 多万人次，培养农村种养大户 1 万多户，创建文化产业、农业科技示范基地（村、屯）850 多个。广大农民群众素质提高了，技能增强了，致富本领提升了，有效促进了农民增收和农村经济发展。2015 年，全市农村居民人均纯收入 8379 元，同比增长 8.1%。在实现了经济后发展亦可文化先繁荣的奇迹同时，文化对经济的促进作用也开始凸显：依托民族特色文化的旅游业飞速发展，全市旅游收入增长了一倍多，旅游收入实现"井喷"，同比增长 60.23%。基层广大群众既富了"脑袋"又富了"口袋"，人民群众幸福感明显提升。

## 三、经验与启示：公共文化服务体系建设的"来宾模式"具有重要的参考价值

来宾市在财政十分落后的状况和农村强烈的文化需求的状况下，通过在"建得起、用得上、管得好"几个环节上的积极探索，走出了自己公共文化建设的独特模式。从"来宾探索"中形成的"来宾模式"内涵生动、特点鲜明，经验鲜活，对于全国各地尤其是后发展欠发达地区创建公共文化服务体系具有重要的启示和参考价值。

### 1."来宾模式"的主要经验。

一是解放思想、敢于担当，高层强力推进是前提。来宾市创建公共文化服务体系的过程并非一帆风顺，当初阻力很大。2008 年年初，当市委主要负责同志提出要在全市创建公共文化服务体系时，很多同志都认为不切实际。因为来宾市是新建市、农业市、贫困市，经济不发达，财政困难，有比文化服务更为重要和迫切的事情要做，创建全覆盖的城乡公共文化服务体系难度太大、风险也太大。后来经过反复调查研究、

反复学习讨论，最终市四家班子才统一思想，认识到发展城乡公共文化服务体系不仅十分重要、十分必要，而且有一定的现实条件，是来宾市经济社会发展的最深层动力源泉。于是市委、市政府下决心走"文化兴市"路子，并强力推进。实践证明，这一步不仅走对了，而且走出了特色、走出了成效。所以，总结来宾经验，千条万条，解放思想、敢于担当是第一条。

二是政府主导，形成公共文化服务建设"大合唱"是关键。公共文化服务体系是以保障民众基本文化权益为目的，以政府为主导，以公共财政为支撑，向城市、农村提供公共文化设施、产品、服务以及制度的体系。毫无疑问，建设公共文化服务体系必须充分发挥政府的主导作用。从来宾的实践探索看，从战略和全局的高度，把公共文化服务体系建设作为贯彻落实科学发展观、推进文化强市建设、全面建设小康社会的重要任务，放在全局工作的突出位置，摆上重要议事日程，切实加强组织领导，建立健全政府统一领导机制，完善部门分工负责、企事业和社会各界积极参与的工作机制，形成推动公共文化服务体系建设的合力。

三是强化制度建设，完善管理体制和运行机制是根本。公共文化服务管理难、管理不规范、服务效能低等问题是制约公共文化服务建设的难题。来宾市在公共文化服务体系构建过程中，通过强化管理、完善制度、保障经费、培养人才，建立了由政府统一领导，文化、发改、财政、国土、住建、体育、科技等部门按照各自职能整合资源分工负责、社会团体和群众积极参与的管理体制和工作机制，建立了工作考核和绩效评估指标体系，建立了较为完善的人才、资金和技术保障体系，建立了比较完善的公共文化产品服务供给体系，有效地解决了公共文化服务管理难的问题。

四是便民利民、重心下移是方向。公共文化服务体系建设的重点与难点在基层，尤其是农村基层。"十五"以来，中央开始强调农村文化建设的重要性。来宾市富有前瞻性地于 2008 年开始就以重大惠民工程项目为依托，以村级文化服务中心建设为公共文化服务建设的突破口，坚持资源下移、服务下移、重心下移。从 2008 年前后实施的"三求"文化惠民工程，先是回应了老百姓对文化的诉求，以实物供给为主；随着工作的不断深入发展，由原来的"五个一"建设发展到"八个一"直至"十个一"，实物供给转向为功能供给为主，再经过 2010 年到 2013 年的公共文化示范区建设，2013 年以来的村级服务中心标准化建设示范，来宾市基层文化设施不断完善，文化惠民形式日益多样，服务水平逐步提高，公共文化服务体系建设呈现出重点突破、整体推进、蓬勃发展的良好态势。

五是加强文化队伍建设，培养"乡土文化人才"是保证。加强公共文化人才队伍建设是保证公共文化服务体系建立、发展和运营的关键。来宾市在公共文化服务体系建设中，通过实施"十百千"文化人才培养工程，每年在全市培养 10 名文化领军人物、100 名县乡基层文化骨干、1000 名农村文艺骨干，通过对全市各级文化行政管理部门干部职工、公共文化单位工作人员、基层文化管理人员等工作人员进行文化大培训，进一步增强文化队伍的责任意识，提高文化队伍的公共文化服务技能、管理能力和服务水平。同时，积极引导、鼓励文化人才到农村、到社区开展文化活动，做到村委、社区有文化活动骨干，自然屯、居民聚集点有文化活动组织者。

六是创新突破、"反弹琵琶"是手段。为了解决因财政困难制约公共文化投入不足的问题，来宾市大胆创新思路和方法，采取"反弹琵琶"的办法，一是"以小见大"，以小政府、小财政、小资源、小机制来办"大文化"，发挥"四两拨千斤"的作用；二是从农村基层公共文化服务建设入手，先在村屯一级抓起，在完成农村公共文化体系建设后，再"倒逼"城镇、市区全面建设公共文化服务设施。这种从下而上的建设思路，使来宾市公共文化服务体系建设基础扎实、根基牢固，并形成"倒逼机制"，为实现覆盖全市的公共文化服务体系建设提供了压力和动力。

### 2."来宾模式"的启示。

一是公共文化服务必须坚持文化民生优先发展。来宾市实施"三求"等一系列文化惠民工程，无不体现了民生优先的理念。这项工程之所以能得到群众的真心拥护，就是因为每一个戏台、每一个球场、每一个综合室都是城乡基层群众切切实实的需求。来宾公共文化服务建设政策的制定和实施就是以关注民生为先导，在开展文娱活动的基础上，再针对广大群众尤其是农民"盼致富、无思路，想致富、无技术，求致富、无门路"的困难，开展各种实用技术培训，把各种新知识、新技术推广和传授给农民群众，提高农村经济发展水平，从而把精准扶贫落到实处。来宾发展实践证明，欠发达后发展地区要加快公共文化建设，就必须牢固树立民生优先发展的理念，这样才能找准公共文化建设的着力点和结合点。

二是公共文化服务建设必须要有政策、制度保驾护航。欠发达后发展地区推进公共文化服务体系建设，必须制定相应的政策和制度，充分发挥政策强有力的引领保障作用。2008年起，来宾市将农村公共文化服务体系工程建设任务列入全市经济社会发展目标管理考核内容；陆续出台了《来宾市"求知、求乐、求技"惠农工程规划建设指导手册》《来宾市创建国家公共文化服务体系示范区规划》等50多个规范性指导文件；建立了各级各部门的公共文化服务体系建设任务台账。为什么来宾市能在经济落后、财政困难、资源匮乏、基础脆弱的情况下建成比较完善的公共文化服务体系，实践证明，非常关键的一条是政策导向和机制问题，只有建立健全公共文化服务政策与制度体系，才能从根本上解决公共文化服务建设的"人、才、物"等重大问题，才能形成集约高效的运行管理工作机制，才能为丰富服务供给、提升服务能力和水平提供政策保障，从而推动公共文化服务规范持续发展。

三是公共文化服务体系建设必须发挥市民主体作用。来宾市公共文化服务体系建设，无论是城乡文艺、体育骨干的培训和引导，还是组织策划农村文体活动，都坚持发动市民、依靠市民，集中市民群众的智慧和力量来办好事情。象州县一个只有5000人的中平社区就有五支文艺队，他们自筹资金，自购服装，自编自导，自发成立。正是真正依靠市民，培育大量的乡土文艺人才和体育健将，来宾市才打造出农村"永不散场的体育盛会、永不落幕的文艺舞台，永远跟党走的宣传文化阵地"。特别是在农村，加快农村公共文化建设，只有把农民的力量和热情凝聚起来，让农民朋友通过"求知、求乐、求技"来冲破传统观念的束缚，让竞争意识、合作意识、市场意识、法制理念深深植入农民的头脑深处，农民才能真正成长为"有文化、懂技术、会经营"的现代农民。

四是公共文化服务体系建设必须坚持传统文化＋乡土文化＋现代文化有机结合。来宾市有着丰富的民族文化积累，其民俗文化非常适合农民的审美习惯和接受方式，它们来源民众，和广大民众有着天然的亲切感。实施"三求"等一系列文化惠农工程以来，来宾市充分发掘独特的历史文化遗产和民俗文化资源，使其融合现代文明的理念，又再回到民众中去。如充分利用山歌在民间广泛流传的特点，在原有的山歌基础上予以整理，融合党的路线方针政策，再让山歌能手传唱，群众喜闻乐见。党的十八大召开以来，来宾市广泛开展了理论政策"山歌传唱进千村"活动，并在报刊、电台上多次开辟专栏刊发、播放。想方设法让现代文化和传统文化、乡土文化融合，让文化的种子落地生根发芽，最终用文化激励人、凝聚人、发展人，农村文化得以繁荣，实现党的政策与农民需求"无缝对接"，这是经济欠发达地区公共文化发展的有效路径。

五是公共文化服务建设必须找准经济、文化与社会三者的平衡点。文化的发展和经济水平及社会和谐度息息相关。脱离经济水平来对文化单兵推进，不能持久。来宾市从自身经济社会发展实际出发，以丰富农村文化为切入点，完善了农村公共服务设施，带动农民科技素养的提高，最终带动了农村经济的繁荣，有效实现经济文化社会三者协调发展。这说明，在社会主义新农村建设中，来宾市坚持把文化建设与文明和谐村镇建设密切结合；把文化建设与农民群众的生产生活需求密切结合；把文化建设与转变农民生活方式、生产方式、经营方式密切结合，在三者的有机结合中发挥先进文化的引领作用，这也是非常有效的一招。

## 四、思考与建议：补短板，破解共性发展瓶颈

来宾市虽然在开展公共文化服务体系建设上取得了很大的成绩，但从发展的广度和深度来看，依然存在一些短板：基层文化建设人才缺乏、阵地后续维护基金不足等问题还比较普遍，这也是制约欠发达地区公共文化发展的共性瓶颈，亟须加以解决。

1. **实施重大文化惠民项目工程，破解公共文化服务升级发展瓶颈。**从来宾市开展公共文化服务体系建设所反映出来的资金紧缺等普遍性问题来看，贫困地区的公共文化服务品质和水平还处在低层次，公共文化服务的升级发展还任重道远。

建议以国家层面设立和推进重大文化惠民项目。一是实施公共文化基础设施建设工程。加大对贫困地区市、县、乡、村、屯五级公共文化基础设施建设的支持力度，特别是对村（社区）公共文化服务中心的建

设,安排建设补助资金;二是实施基层数字文化建设工程。统筹实施"广播电视户户通""文化共享工程""基层数字图书馆推广工程"等数字文化工程,形成覆盖城乡的数字文化服务体系;三是实施基层公共文化队伍培养工程。通过深化人事制度、收入分配制度等改革,实施各类基层公共文化队伍的培养工程。

2.**整合资源,破解公共文化产品自主供给单一瓶颈**。来宾市公共文化产品供给主要来源于政府购买和本乡本土自编、自导、自演文化活动,供给渠道不仅单一,且难以上升到较高的思想与价值层面,辐射力和影响力有限。

建议从整合资源入手,破解公共文化产品自主供给单一瓶颈。一是加强内涵创新,超越娱乐性,探求思想性,提升文化的深度与厚度,努力实现公共文化建设从重基础普及到重品质提升的转变;二是建设特色文化资源库,挖掘、整理与开发本土本民族的传统文化资源,形成文化发展的重要储备;三是树立文化品牌,挖掘和凝练特色,形成各村的标识文化,扩大影响力;四是加强引导文化服务购买行为,制定优秀文化产品的清单,有效利用优质公共文化产品和服务,让群众享受先进文化的思想和艺术魅力。

3.**建立投资的多元路径,破解公共文化服务发展资金不足瓶颈**。来宾市以"小财政办大文化"创建公共文化服务,但公共文化设施和活动的总体运行资金不足。国家已落实四级公共文化服务免费开放,经费难以支撑持续发展的公共文化活动。

建议建立投资的多元路径,克服后续公共文化服务资金不足的瓶颈。一是建议国家制定相关的制度文件,明确公共文化建设经费的投入增长机制。增加国家支持和保障公共服务到基层的经费力度。改革目前国有博物馆开放补助政策,现行政策规定凡2011年后立项建设的国有博物馆国家不予安排开放补助经费，这对于经济落后地区的博物馆建设极为不利，建议取消这一规定，统一给予补助。目前，急需提高乡镇 5 万元的免费开放标准，落实村级活动 2 万元左右的经费标准；二是将重要的公共文化建设项目列入国家或省级项目库，将项目建设纳入经济社会发展规划，投入随着经济发展而浮动；三是建立社会力量参与公共文化投资的多元路径。建立公共文化发展基金，鼓励和引导民间资本创办公益性文化场馆、赞助公益性文化活动和文化项目等。

**4. 培养专职人才，破解公共文化建设人才匮乏瓶颈**。从来宾市来看，一些地方"三馆"免费开放工作由于人力不足，工作人员素质不够高，工作效果不佳；有些优秀的民族传统文化活动项目，由于艺人日渐减少，难以普及甚至传承困难。

建议大力培养专职人才，克服人才缺乏的瓶颈。一是按编职数配齐配强乡镇文化体育管理站人员，明确村文化体育活动室兼职人员，并支付适当工作劳酬；二是在村级班子成员中明确一名分管宣传思想文化工作的全额财政补贴的村干部，保障市、县、乡、村四级领导责任落实到人；三是加强业务培训，提高基层公共文化建设管理人员的专业水平和综合素质，提高履职能力；四是开展文化活动和文化管理的志愿服务活动，培养和使用公共文化建设的志愿者，推进基层公共文化的发展；五是加强文艺骨干的培养，解决基层文艺人才断层问题。

**5. 加强法律、制度建设，破解公共文化建设可持续发展瓶颈**。来宾市在组织领导、经费人员保障、宣传发动、公共文化评估等方面出台了 50 多个文件，做到了制度保障。但有些文件是暂时性的决策文件，制度保障的功能延续性有待进一步解决。

建议加大法规、制度建设力度，克服临时性决策文件带来的可持续发展瓶颈。一是要在已出台实施的各项制度基础上，深入总结经验，进一步提升认识，将相关内容进一步法规化，加快推进公共文化服务建设的相关法律法规的完善；二是通过立法，及时解决经费不能按时足额到位和被挪用、人员编制不足、待遇低以及运行机制不畅等相关问题，从根本上加强公共文化服务保障的力度。

# 助推农村全面小康的创新范例

## ——海南省农信社小额贷款案例研究

"海南省农信社创新金融模式服务'三农'实践研究"课题组

2020 年是我国全面建成小康社会的历史节点。全面建成小康社会的难点和重点在农村。"小康不小康，关键看老乡"。实现农业增效、农民增收、农村繁荣，需要创新农村金融产品、金融服务、金融业务、金融体制、金融管理。习近平总书记指出，"要做好金融扶贫这篇文章，加快农村金融改革创新步伐"。

如何做好"金融扶贫"这篇大文章？海南省农村信用合作联社（以下简称省农信社）8 年来紧紧扣住"三农"发展中"融资难、融资贵"的突出问题，改革创新小额贷款体制机制，深耕农村，闯出一条以小额贷款助推农村全面小康的新路子。①

## 一、小额贷款创新的实践探索

**1. 顶层设计明确普惠支农导向**。2007 年，省农信社作为全国最后

---

① 本报告所指的小额贷款，指 50 万元以下农户及农村专业合作社贷款。

一家改革重组的省级农信社挂牌成立。时任省长罗保铭提出明确的改革要求，"一定要把农信社办好，为农民增收多做实事；我不在乎农信社赚了多少钱，我只在乎你们为促进农民增收做了多少实事"。

省农信社按照省委省政府主要领导的要求，把小额信贷创新作为撬动农村金融改革发展的突破口，在学习、借鉴、创新格莱珉等成功经验的基础上，探索形成具有海南特色的"一小通"小额信贷模式。2008年4月起探索，到2014年10月形成制度化的小额信贷模式。

**2. 探索小额贷款的"九专五交"机制。** "九专"机制。一是成立专设机构。二是组建专业队伍。省农信社招聘以农学专业为主的应届大学毕业生，建立一支扎根农村、为农放贷的小额信贷技术员队伍（被农民昵称为"小鹅"）。三是创立专门文化。四是制定专项流程。五是开发专列产品。六是实行专项贴息。七是开发专门系统。八是聘请专家团队。九是设立专项基金。

"五交"机制。一是把贷款"审批权"交给农民。农民首次贷款，只要符合"四有四无"①条件、组成3—5户联保、经过5天培训，小额信贷技术员就必须为其发放额度适宜的小额贷款。二是把贷款利率"定价权"交给农民，小额贷款实际利率取决于农民还款行为。三是把工资"发放权"交给信贷员。省农信社构建了"存贷分离、大小分开、收入清晰、责任明确"的机制，重点考核小额信贷技术员发放小额贷款的户数、金额、不良率等指标。四是把贷款风险"防控权"交给信贷员。省农信社创立了一整套风险防范机制，核心是小额信贷技术员"鱼咬尾"监督体系。五是把贷款"管理权"交给电脑。在全国较早构建信息化管理系统，既降低人工管理成本，又提高贷款风险的防控能力。

---

① "四有"指有固定住所、有明确用途、有还款意愿、有还款能力；"四无"指无不良信用记录、无吸毒、无赌博、无违法犯罪。

**3. 闯出一条小额贷款既"普"且"惠"的新路子。** 小额贷款覆盖面持续扩大,"普"字不断深化。截至 2015 年 6 月,省农信社小额贷款余额为 71.2 亿元,年均增长 13.22%,占全省小额贷款总量 83.8%。省农信社小额贷款惠及 22.8 万农户,占全省小额贷款农户的 89.9%;小额贷款户均 2.48 万元,2 万元以下的小额贷款农户占比为 82.3%。

小额贷款利率不断下降,"惠"字不断落实。海南全省小额贷款平均利率从 2010 年的 10.02% 下降到 2015 年上半年的 9.10%,下降了 0.92 个百分点。其中,省农信社小额贷款利率降幅最大,从 10.22% 下降到 8.68%,降幅达到 1.54 个百分点,高出全省平均降幅 0.62 个百分点。

小额贷款不良率逐步下降,可持续性不断增强。截止到 2015 年 9 月末,省农信社改革后新发放小额贷款不良余额为 3064.6 万元,不良率为 1.72%,小额贷款业务基本实现收支平衡。

## 二、小额贷款创新助推农村全面小康成效显著

**1. 农村精准脱贫的加速器。** 通过对 1.1 万户省农信社小额贷款户入户调查表明:2014 年,省农信社小额贷款带动贷款农户实现人均纯收入 15436 元,比 2007 年翻了两番;2008—2014 年,省农信社小额贷款带动农户人均纯收入年均增长 22.2%(未扣除价格因素),高出同期全省农民人均纯收入增速 7.5 个百分点。

**2. 特色农业发展的催化剂。** 例如,早在 2003 年陵水光坡镇武山村就有农户小规模种植圣女果。2008 年省农信社推广小额贷款后,武山村绝大多数农户利用小额贷款种植圣女果,种植面积显著扩大,成为当地的特色支柱产业;在文昌,小额贷款助推重兴镇青皮冬瓜产业发展,农民每年纯利超过 6000 元;在澄迈,小额贷款为农户种植地瓜提供帮助,

使桥头地瓜成为当地特色品牌。

3. **农民走向合作的新引擎**。省农信社推出了针对农民合作组织的专项"惠农贷"。不到一年，省农信社就累计向全省农民专业合作社法人发放贷款287笔，共1.31亿元；累计向合作社社员发放小额贷款5599笔，共4.46亿元，有力地促进了农民合作组织发展。

4. **农村和谐稳定的助推器**。依托联保机制，小额贷款促进邻里关系不断改善，农村社会风气不断优化，呈现出"五多五少"的新趋势、新气象：一是相互学习的多了，打牌赌博的少了；二是合作交流的多了，家长里短的少了；三是追求发展的多了，无事闲聊的少了；四是家庭和睦的多了，邻里纠纷的少了；五是回乡创业就业的多了，留守妇女儿童少了。

5. **农村基层治理的新基石**。截至2015年6月，省农信社小额信贷技术员有55人次挂职副乡镇长；310人次挂职村"两委"副职。他们充分发挥专业优势，弥补基层干部经济金融知识欠缺的"短板"，不仅带动了挂职镇村的发展，而且提升了基层组织的治理能力，改善了党的基层治理。

## 三、小额贷款创新拓展农村普惠金融的新路子

1. **海南省农信社小额贷款的四大创新**。在赢得民心中收获农民信任。省农信社小额信贷技术员把为农民服务作为自己的本职。"小鹅"在进村入户时，遇到农活会主动搭把手，遇到下雨会帮忙收衣服、收稻谷。他们把农民的事当成自己事，真正赢得了民心。

打造一支扎根农村的信贷队伍。与传统"金融白领"不同，小额信贷技术员办公室就是"田间地头"。无论雨晴，他们都统一着装、佩戴

工牌、带着水壶和资料，骑着自行车在田间地头穿梭。自然村越偏远越贫困，越是他们工作的重点。

有效发挥政府作用。一是以财政贴息减轻农民负担。2014年，全省小额贷款农户享受到9032.52万元财政贴息，贷款负担明显减轻；二是海南省对涉农金融机构发放农民小额贷款，提供财政奖励和风险补贴，额度分别为小额贷款规模的0.5%和1.5%。

普惠金融监管模式的突破与小额信贷模式的规范。省农信社小额贷款创新，得到监管部门的有力支持；同时，省农信社也根据监管部门的提示，不断完善风险管理机制，使小额信贷制度"一年比一年规范"。

**2.海南省农信社小额贷款创新的主要经验**。以解决问题为基本导向。针对原有信贷队伍的惧贷心理，省农信社探索"存量不动，增量改革"的方式，重新组建以大学生为主体的小额信贷技术员队伍，设计"存贷分开、大小分开"的体制，让这支队伍专心、专职、专业为农放贷。

坚持制度化和法治化的基本方向。8年来，省农信社先后制定和完善200多项规章制度，使所有业务有章可循，激励有效，约束有力，管理有序，经营业绩不断改善，发案率大大降低。

高度注重领导班子建设。在省农信社改革发展进程中，高度重视领导班子建设。这个班子老中青结合、多专业结合，党性强，支农方向坚定，有魄力、有思路、有改革创新勇气，能够"跳出金融看金融"，在普惠金融改革创新上敢于担当。

## 四、复制、推广海南省农信社小额贷款创新经验的建议

**1.推动金融资源进一步下沉，闯出合作金融新路子**。普惠金融在全

球普遍面临着信息不对称的挑战，管理成本高，风险大，可持续问题长期难以破题。省农信社探索的"九专五交"体制机制创新，把农村非正式信用资源正式化、贷款流程标准化、风险控制前置化、风险管理内部化、信贷资源下沉化，形成了一整套可推广、可复制的小额贷款管理技术和管理体制。推广、复制省农信社创新经验，具体做法未必完全照搬，关键是把握创新的基本导向，即推进"金融资源下沉"，探索符合当地实际情况的自治性、合作性的农村微型金融体系。

2. **优化农村普惠金融发展环境**。整合各类支农支小资金，提高金融扶贫资金效率。将所有支农支小的资源整合到一个统一平台，打通"最后一公里"，关键在于支农平台有没有"进村入户"的能力，能不能把资源精准地送到有需求的农民手中。

加快农村征信体系建设。充分发挥农村基层工作系统作用，把农信社系统作为农户信息采集主体，整合农业部门、监管部门、金融机构、征信机构等信用信息资源，尽快建立并完善共享性的农村信用信息数据库。

完善农村普惠金融发展的基础制度。加快农村产权流转平台建设，赋予农民完整财产权。通过盘活农民财产权，积极稳妥发展抵押贷款，为农村普惠金融发展安上"新引擎"。

3. **加快监管变革，推动小额贷款创新与监管有机统一**。构建适应小额贷款特点的监管制度。可以考虑对普惠金融与商业金融采取分类监管模式。对系统重要性银行及商业金融业务，由中央层面实施综合型监管，防范系统性区域性金融风险；对于农村普惠金融，包括商业银行的小额贷款业务等，由地方层面实施专项监管。

适应利率市场化趋势，把利率定价权交给农民，推进诚信奖励金制度合法化。省农信社探索的诚信奖励金制度实质上是浮动利率制，能有效地激励农民讲诚信。随着我国利率市场化改革基本完成，应尽快把"诚信奖励金"合法化。

**4. 继续鼓励支持海南省农信社创新农村普惠金融。** 支持在"小鹅"基础上发展合作金融。依托"小鹅"队伍，专营 50 万以下的小额贷款；不涉足商业贷款和存款业务，促进金融资源下沉农村。

赋予海南省农信社农业保险的经营资质。省农信社探索伤残互助金制度是信贷人寿保险。几年来的探索表明，省农信社可以有效开展普惠可持续的农业保险等相关业务并防范好业务风险。建议在海南试点，赋予其保险经营资质，开展农业保险业务试点。

支持海南省农信社发展农村消费金融公司及农村金融租赁公司。依托小额贷款业务平台及其海量数据，海南省农信社有条件发展农村金融消费业务。建议支持海南省农信社发展农村消费金融公司及农村金融租赁公司，打造多层次农村金融市场。

# 开放是国家繁荣发展的必由之路

## ——重庆市推进内陆开放高地建设的启示

"重庆市推进内陆开放高地建设实践研究"课题组

中国 30 多年的高速发展，得力于坚持对外开放的基本国策不动摇，不封闭、不僵化，打开大门搞建设、办事业。党的十八大提出，要创新开放模式，促进沿海内陆沿边开放优势互补，培育带动区域发展的开放高地。习近平总书记强调，"坚持开放发展，必须顺应我国经济深度融入世界经济的趋势，奉行互利共赢的开放战略，发展更高层次的开放型经济，积极参与全球经济治理和公共产品供给，提高我国在全球经济治理中的制度性话语权，构建广泛的利益共同体"。

开放是国家繁荣发展的必由之路。内陆开放既是中国发展更高层次的开放型经济的难点，也是发展更高层次的开放型经济的重点，如何充分发挥自身优势，创新内陆开放体制机制，既是发展更高层次开放型经济的重要环节，也是内陆地区与沿海地区共享开放资源、实现互动发展的重要路径。大力发展内陆开放型经济，是新时期党中央、国务院积极应对国际政治经济格局深刻变化作出的重大战略部署，是实施全方位对外开放的重大战略举措。2016 年伊始，习近平总书记到重庆调研，对重庆近年来经济社会发展取得的成绩和各项工作给予肯定，要求重庆完善各个开放平台，建设内陆国际物流枢纽和口岸高地，建设内陆开放高地。党的十八大以来，重庆市按照中央的总体部署和习近平总书记重要讲话的要求，积极推动内陆开放高地建设，开放型经济发展水平得到显著提升。从无到有构建了全方位的对外开放平台，打造陆海内外联动、东西双向开放大通道，开通渝新欧国际铁路大通道，形成大通关格局，创造了"多头在内、一头在外"的内陆加工贸易新模式，多项开放指标位列中西部前列，内陆开放高地日渐成型，经济社会发展取得多方面的显著成绩，积极探索一条内陆地区通过扩大开放促进经济社会繁荣发展的道路。

## 一、主动顺应经济全球化潮流，坚持对外开放，<br>是新常态下经济转型发展的必然选择

当今时代，世界多极化、经济全球化深入发展，文化多样化、社会信息化持续推进。20世纪90年代以来，以信息技术革命为中心的高新技术迅猛发展，不仅冲破了国界，而且缩小了各国和各地的距离，生产国际化、资本全球化、科技全球化、信息全球化，使世界经济越来越融为整体，世界各国经济体制随之不断变革。习近平总书记指出："经济全球化和区域经济一体化乃大势所趋，中国顺应了这样一个时代潮流，坚定不移对外开放为中国经济发展提供了重要的推动力。"中国改革开放以来经过30多年的高速发展，已经成为世界第二大经济体、第一大出口国、第二大进口国、第一大引进外资国、第三大对外投资国，在许多领域已经具备了参与国际分工与竞争和在全球经济治理中的制度性话语权的能力。对外开放是一项长期的、艰巨的、繁重的事业，对外开放

只有进行时，没有完成时。习近平总书记指出，"实践告诉我们，要发展壮大，必须主动顺应经济全球化潮流，坚持对外开放，充分运用人类社会创造的先进科学技术成果和有益管理经验。要不断探索实践，提高把握国内国际两个大局的自觉性和能力，提高对外开放质量和水平"。中国过去三十多年的对外开放梯度重点是沿海开放、向东开放、向发达国家开放，内陆地区对外开放水平低、向西开放少、与发展中国家的互动开放不足。提高开放水平的着力点就是要统筹双边、多边、区域、次区域开放合作，把对外开放提升到更高层次。

"十三五"时期，我国经济发展的显著特征就是进入新常态，这是我国经济向形态更高级、分工更优化、结构更合理的阶段演进的必经过程。认识新常态、适应新常态、引领新常态，是当前和今后一个时期我国经济发展的大逻辑。新常态对对外开放提出新的、更高的要求，必须按照习近平总书记四个"坚定不移"的要求，以扩大开放促进深化改革，以深化改革促进扩大开放，为经济发展注入新动力、增添新活力、拓展新空间。内陆地区只有牢牢抓住国家打造陆海内外联动、东西双向开放的全面开放新格局的新机遇，抓住并用好全球产业重新布局的机遇，推动内陆贸易、投资、技术创新协调发展，通过扩大开放，统筹利用国内国外"两个市场、两种资源"，才能摆脱国内市场狭小的限制，获得更大的规模经济效应，带动投资与消费的可持续增长，推动产业结构的转型升级，实现发展动力的平稳转换。

## 二、结合发展实际，找准发展更高层次开放型经济的突破口

习近平总书记指出，要坚持从我国实际出发，坚定不移走自己的路，

同时要树立世界眼光，更好把国内发展与对外开放统一起来，把中国发展与世界发展联系起来。要利用好比较优势，找准深化同周边国家互利合作的战略契合点，积极参与区域经济合作。长期以来，中西部地区受周边环境闭塞、基础设施水平低下等因素的制约，经济发展缺乏外向驱动力，对外开放的水平远远赶不上东部沿海地区。随着网络信息技术和交通运输技术的进步，内陆的区位条件已经与传统概念截然不同。在我国着力打造陆海内外联动、东西双向开放的全面开放新格局背景下，内陆地区在丝绸之路经济带、海上丝绸之路和长江经济带战略中具有重要战略地位，在国家区域经济发展和对外开放中的作用和功能将会不断提升。从世界范围看，欧洲、北美的内陆也很开放，发展水平一点儿也不比沿海差。国家全方位开放战略的实施，为西部地区面向亚欧大陆的开放提供了相对优势。

2016年1月习近平总书记视察重庆时指出，重庆区位优势突出，战略地位重要，是西部大开发的重要战略支点，处在"一带一路"和长江经济带的连接点上，在国家区域发展和对外开放格局中具有独特而重要的作用。重庆基于自身的区位条件和资源禀赋，坚持请进来与走出去相结合，以构建大通道、大通关、大平台开放体系为突破口，引导外资广泛布局研发、设计、生产、销售、结算等价值链全流程业务，探索建立了多元化的开放经济发展新方式。实践证明，内陆地区发展更高层次开放型经济必须按照中央的统一部署，结合自身优势找准突破口，不断整合各自独立的开放要素，逐步形成全方位开放新格局。在实践中坚持对外开放与对内开放并重，坚持经济开放与文化开放并重，坚持投资开放与贸易开放并重，坚持进口与出口并重，坚持资本引进与海外投资并重，坚持产品开放与服务开放并重，坚持人流、物流、资金流、信息流等多种经济要素的全方位开放，在国际舞台上塑造了良好的开放形象；

结合实际创新多元化服务贸易模式，把扩大服务贸易作为内陆开放高地建设新的着力点和突破口，积极探索保税贸易、保税商品展示交易、跨境电子商务、大数据云计算、跨境结算等新型服务贸易方式，抓住生产企业大规模"走出去"对服务需求增加的机遇，推进完善机制，带动服务业加速"走出去"；坚持"引进来"与"走出去"紧密结合，推动内陆地区加速融入全球化，形成"全方位、多渠道、宽领域"利用外资格局。

## 三、突破固有发展思维，创新发展更高层次的开放型经济

习近平总书记指出："创新是中华民族最鲜明的民族禀赋，要将创新放在国家发展全局的核心位置。"制度环境影响着开放的程度和进度，如何发挥自身优势，关键是主动与国际规则接轨，畅通制度，创新体制。内陆地区思想相对保守，对外开放体制机制比较僵化。从另一个维度看，内陆地区对外开放体制机制创新的空间和潜力也十分巨大。只要把对外开放体制机制搞活，完善与国际互联互通的各种基础设施，内陆地区完全可以实现与沿海同等水平开放。重庆在内陆开放高地建设中，创新开放发展实践，敢于突破固有发展思维，敢于"走前人没有走过的路"，开放型经济从无到有，从小到大，从弱到强，从强到新。正是这种"苟日新，日日新，又日新"的精神为内陆开放高地建设注入了强大的创新动力。

1.破除思想藩篱，树立内陆开放高地建设的新思维。习近平总书记指出："实践发展永无止境，解放思想永无止境，改革开放也永无止境，停顿和倒退没有出路。"建设更高层次开放型经济必须打破内陆地区固有的思维，树立全新的思想念。一是树立从"学习借鉴"到"创新创造"

的新思维。内陆地区的开放，晚于沿海地区。内陆地区一方面要积极学习沿海地区的开放经验，"借鉴"沿海地区的开放平台，同时更要根据内陆地区的特点，创新适合内陆地区开放经济发展的新方式。二是树立从"求市场"到"求共赢"的新思维。十八届五中全会指出，在开放发展中，必须顺应我国经济深度融入世界经济的趋势，奉行互利共赢的开放战略，发展更高层次的开放型经济。内陆开放高地建设需要从"求市场"为目的转入"求共赢"的新阶段，积极推进与主要贸易伙伴建立利益共同体和命运共同体。三是树立从"政策支持"到"政府引导、市场主导"的新思维。内陆开放高地建设要坚持市场在资源配置中起决定性作用、更好发挥政府作用的理念，走出了一条政府引导、市场主导的开放发展之路，不断打造优良的投资环境，推进对外开放软硬环境建设。

**2. 根据发展特点，创新内陆开放发展的产业新模式**。内陆地区与沿海地区的发展阶段和发展条件存在显著差异，发展外向型经济的路径必然不同。打造内陆开放高地，不能简单复制沿海地区的开放模式，必须要创新适合内陆地区特点的新方式。通过比较研究认为，对于大宗商品而言，内陆地区依然存在运输成本高的劣势，而方便、快捷的陆路通道对于强调时间成本、具有较高附加值的产品有更强的吸引力。习近平总书记指出，"一个地方的发展，关键在于找准路子、突出特色"。重庆找准适合自己发展阶段的主导产业，以全价值链"垂直整合"的方式形成适合内陆发展的加工贸易体系。实践证明，内陆地区发展更高层次开放型经济不能简单模仿沿海地区，必须顺应全球产业和科技革命的历史潮流，深度参与国际大分工，大力引进和培育战略性新兴产业；必须创新发展产业新模式，加快产业优化升级和经济结构战略性调整，重点解决内陆地区处于全球产业链低端的问题，使产业"微笑曲线"高中低端一体化，走一条符合内陆地区特点的开放型产业发展之路。

**3.攻克顽瘴痼疾，创新内陆开放发展的体制机制。**合理的制度安排是经济有效运行的重要保障。内陆开放经济是一种新的经济形态，只有建立适应开放型经济发展的体制机制，才能进一步优化投资环境，畅通要素流动渠道，激发民间资本和外资的活力。习近平总书记指出，在激烈的国际竞争中，唯创新者进，唯创新者强，唯创新者胜，我们必须把创新作为引领发展的第一动力。创新内陆开放体制机制必须遵循开放型经济发展规律，把握好重点与全面、破与立的关系，注重统筹兼顾、有序衔接。一是创新内陆开放的"平台、通关、通道、产业、环境"体系建设，构建大通道立体交通体系和便捷高效一体化大通关体系。二是深化行政管理体制改革，大力推进简政放权，逐步形成信息共享、协同监管、社会公众参与监督的外商投资全程监管体系。三是创新口岸平台、物流通道、交通枢纽及开放园区无缝对接和有机联系的行政管理体制机制，促进一体化联动发展。四是深化外资投资体制改革，完善境外投资管理，健全对外投资促进政策和服务体系，全面实施"准入前国民待遇加负面清单"的外资准入管理制度。五是创新贸易监管制度，建立内外贸一体化监管模式。只有坚持体制机制创新，才能驱动内陆地区经济形态不断走向高端。

## 四、积极融入国家"一带一路"战略和长江经济带重大部署，以国家战略引领内陆开放型经济发展

习近平总书记指出："我们要加快推进'一带一路'建设，为国内各地区拓展对外合作搭建平台。"合作互利共赢仍是当前世界经济发展主流，区域经济合作、贸易投资自由化以及国际贸易投资新规则将促进

国家（区域）之间的产业分工和经济融合，世界总体形势有利于进一步扩大开放。以互联网经济为代表的产业革命蓬勃发展，全球经济地理格局将进一步调整，新技术、新产品、新业态、新商业模式孕育发展新机会，新一轮技术革命正推动世界经济格局调整，有利于内陆地区加入全球新一轮产业技术革命的主战场。我国加快构建开放型经济新体制、形成面向全球的高标准自由贸易区网络，有利于内陆地区推进同有关国家和地区多领域互利共赢的务实合作，构建起内陆对外开放的新平台、区域经贸合作的新引擎。

建设中心枢纽，发挥在"一带一路"和长江经济带战略中的支点作用。习近平总书记在重庆视察时指出，"一带一路"建设为重庆提供了"走出去"的更大平台，推动长江经济带发展为重庆提供了更好融入中部和东部的重要载体。重庆市把国家战略作为推动地区发展的重大机遇，积极融入国家"一带一路"和长江经济带等对外开放和区域发展重大战略，用国家战略指导内陆开放高地建设，基于自身独特的区位优势，积极推进综合枢纽建设，加快建设西部多式联运物流枢纽，大力推动西部客货综合航空枢纽建设，不断推进国家中心城市西部公路物流枢纽建设。重庆的实践证明，内陆开放型经济建设，必须主动融入国家战略，主动为国家战略服务，在国家战略中寻找清晰定位，在国家战略中抓住发展机遇。

基于区域发展实际，充分挖掘"一带一路"国家投资与贸易发展空间。习近平总书记指出，"一带一路"建设是一项长期工程，要做好统筹协调工作，正确处理政府和市场的关系，发挥市场机制作用，鼓励国有企业、民营企业等各类企业参与。在"渝新欧"国际铁路联运大通道和长江黄金水道推动下，重庆与"一带一路"沿线64个国家的外贸交易日趋频繁。通过创新金融服务手段，大力推动重庆企业"走出去"；通过参股、收购国外产业链上下游企业等方式，积极投资人力成本低的东南亚国家，积极参与城市化刚刚起步的东非国家的基础配套设施建设，大力加强与中亚、西亚等国家的投资项目合作，逐步形成内外联动、互利共赢、安全高效的开放型经济体系。重庆的实践证明，"一带一路"战略不但顺应了中国与其他国家经济合作的需要，为沿线国家搭上了中国经济发展的"快车"，而且顺应了我国对外开放区域结构转型的需要，使内陆地区与沿海地区站在对外开放的同一起跑线上，是内陆地区进一步扩大开放、发展更高层次开放型经济最大的战略红利。

开放是国家繁荣发展的必由之路。推进发展更高层次的开放型经济是一项系统工程，必须尊重世界经济的变动规律，因势利导，将内陆地区变为开放前沿，实现全方位开放；必须尊重全球产业发展的规律，实现从产业承接到产业升级的发展路径，实现从引进、消化吸收再创新到集成创新，最终实现原始创新。必须尊重合作共赢发展规律，坚持互利共赢的开放战略，不断提高开放型经济水平，扩大同各国各地区利益汇合点，让发展成果惠及各方。只要坚持习近平总书记倡导的"开放的发展、合作的发展、共赢的发展"，不断提高我国综合国力，中国开放型经济的道路一定会走得更加宽广。

# 四川省阿坝州文化生态旅游业与民族地区经济社会发展实践研究

*"四川省阿坝州文化生态旅游业与民族地区经济社会发展实践研究"课题组*

　　党和国家历来高度重视民族地区的建设发展。习近平总书记强调，"做好民族工作要坚定不移走中国特色解决民族问题的正确道路"。党的十八大以来，党中央、国务院制定了一系列推进民族地区加快发展的政策措施，要求民族地区大力发展特色优势产业，增强自我发展能力，重点抓好生态环境保护，逐步推动旅游业成为民族地区的支柱产业。四川省阿坝藏族羌族自治州（以下简称阿坝州）通过发展文化生态旅游业[①]，有力推进了经济发展，有效改善了群众生活，有序促进了社会和谐。阿坝实践，是四川省委、省政府在党中央的领导下，以中国特色社会主义民族理论与政策为指导，充分尊重发展规律，紧密结合地方实际，始终以人民为中心，通过"生态优先"变革发展理念，通过"文化共生"丰富发展内涵，通过"旅游引领"转变发展路径，形成以文化生态旅游业

---

　　① 目前，"文化生态旅游业"尚无明确界定。广义而言，"文化生态旅游业"就是指以人类文化和自然生态为旅游资源发展起来的旅游产业，其内涵注重文化旅游的文化体验特质，强调生态旅游的社区参与、生态保护与可持续发展等要素，而非简单利用文化和自然生态旅游资源的粗放式旅游发展方式。本文采用此定义。

· 180 ·

为核心的区域绿色发展模式，实现阿坝州和谐稳定与可持续发展的探索过程，是马克思主义国家观、民族观、历史观、文化观、发展观在民族地区的深度实践和鲜活体现。

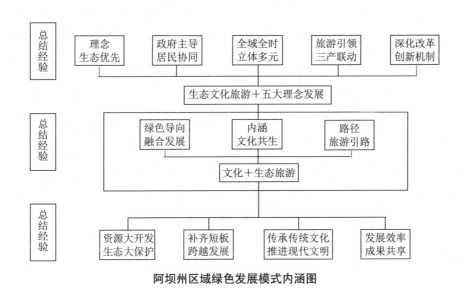

阿坝州区域绿色发展模式内涵图

# 一、文化生态旅游业促进民族地区经济社会全面发展的阿坝实践

阿坝州通过发展文化生态旅游业促进了各发展要素的统筹协调和有序激活，谱写了阿坝州各族群众从"输血扶贫"到"造血脱贫"、从"资源消耗"到"绿色发展"、从"文化碰撞"到"文明共生"的增能、富民、团结、共建、共享的跨越篇章，实现了中国特色社会主义事业"五位一体"建设在阿坝州相融相生、相辅相成的"发展效率帕累托最优"。

1. **注重整体推进，实现地方经济"协调"发展**。整体性是现代发展与传统发展的显著差异，是走向科学发展的切入点和分界线。阿坝州注重整体推动文化建设和生态文明建设，围绕特色优势资源，从申报九寨沟、黄龙国家级风景名胜区、世界自然遗产，扩展到阿坝全域的自然保护区、风景名胜区、历史文化名城名镇及传统村落的保护，文化生态旅游业得到了蔓延式、全方位发展。实践证明，这一举措兼具内生性与整合性，显著促进了区域宏观[①]和微观[②]经济协调发展，地方发展根基坚实稳固。

**2.注重民生改善，实现社会系统"均衡"发展。** 政治，改善民生状况是最大的政绩。党中央国务院明确提出，民族地区要以提高基本公共服务水平、改善民生为首要任务。阿坝州通过发展文化生态旅游业，整体规划布局公共服务设施建设，实现满足旅游和群众生活需求的双重功能[③]，鼓励和引导居民投入旅游服务行业，促进群众脱

---

[①] 宏观层面，文化生态旅游业对地区生产总值贡献显著。1990—2014年，阿坝州GDP由11.26亿元增加到247.76亿元，增长21.0倍；文化生态旅游业总收入由0.48亿元增加到242.74亿元，增长504.7倍；游客数由15.0万人次增加到2876.2万人次，增长190.7倍。文化生态旅游业总收入与GDP之间的线性回归模型显示调整拟合度高达98.2%，充分证明文化生态旅游业对阿坝州经济"超稳定"的显著贡献。

[②] 微观层面，文化生态旅游业与群众增收密切关联。1990—2014年，文化生态旅游业同农村居民纯收入和城镇居民人均可支配收入的增长之间具有极强的相关度（皮尔逊相关系数均超过0.99）。截至2014年年底，阿坝州建成1处省级历史文化名城（松潘），9个国家级传统村落、17个省级传统村落、102个精品旅游村寨，3276个农家乐（其中星级农家乐、乡村酒店190家），文化生态旅游业带动农牧民从业群众人均纯收入增加8579万元。以九寨沟景区为例，2005年后景区居民直接共享景区收入的生活保障费由之前的人均8000元增至1.4万元，2013年后增至2.9万元。

[③] 文化生态旅游业在基础设施建设中彰显带头作用。为发展文化生态旅游业，阿坝州高规格夯实州内基础设施，建成九环线、九黄机场、红原机场等一批串联景区景点的节点工程，形成了立体交通网络。大力实施的"牧民定居""帐篷新生活""新农村建设""幸福美丽新村"等一批改善农牧民生活条件基础民生项目，不仅完整地保存了古村镇的历史风貌，更系统地传承了文化基因和历史文脉，成为重要的观光景点和旅游接待地。

贫致富 ①。实践证明,发展文化生态旅游业在有效改善民生、完善基本公共服务供给、促进城镇化内生发展方面成效显著,是民族地区凝聚人心、防范与化解社会稳定风险、促进社会系统"均衡"发展的核心手段。

**3. 注重和谐稳定,实现兄弟民族"一体"发展。**只有保持社会和谐稳定,才能保障经济发展和民生改善。习近平总书记指出,要让各民族在中华民族大家庭中手足相亲、守望相助。阿坝州通过发展文化生态旅游业,大力建设全域景区,使不同地区、不同民族、不同文化背景、不同宗教信仰、不同生活方式的游客在这里汇聚,大家不断增进理解、加深交流。实践证明,文化生态旅游业的发展,增强了各族群众交往、交流和交融的意愿,促进了各族同胞的"四个认同"②,形成了各族群众民族团结的意识自觉与行动自觉,打破了"社会流动必带来不稳定"的"魔咒"③。

---

① 文化生态旅游业在脱贫攻坚中凸显"精准效率"。在阿坝州,低学历者和农牧民,尤其是他们中的少数民族同胞就业能力差、外出受限多、脱贫难度大,是扶贫攻坚的重点人群。截至 2014 年年底,阿坝州文化生态旅游业已创造直接、间接就业岗位近 18 万个。抽样调查显示,97% 的被调查者从事文化生态旅游业后,收入水平有提高。在从事文化生态旅游业群体中,初中以下学历者比未从事者高 21.4 个百分点,农牧民比未从事者高 17.7 个百分点。从事文化生态旅游业的农牧民人均月收入低于 1000 元的比例为 9.6%,未从事者比例为 34.5%。事实证明,低学历者和农牧民成为收入增长最为显著的受益群体。阿坝州文化生态旅游业形成了农村地区以农牧民为主力,更多惠及贫困人口的从业者"良性运行"结构。

② 文化生态旅游业极大促进了阿坝州各族群众的"四个认同"。抽样调查显示,阿坝州文化生态旅游业从业群体中,高达 77.2% "非常认同"政府工作,高出未从事者 18.2 个百分点。从事文化生态旅游业的农牧民中,党员占 17.3%,在该行业的引领作用显著,有助于夯实党的基层民心。文化生态旅游业开阔了群众眼界,助推各族群众融入现代社会、共享改革成果。事实证明,文化生态旅游业越发达的地区,群众反分裂的主观意识越强烈,民族越团结和睦,社会越和谐稳定。

③ 文化生态旅游业促进了阿坝州群众形成包容接纳的意识与行为。抽样调查显示,社会距离量表测评结果中,分别有 76.9%、71.1%、68.8% 的文化生态旅游业从业群众愿意同本民族外来游客、非本民族外来游客、本地非本民族居民成为"亲密的朋友",均显著地高于未从事群体。有 74.9% 的从业群众,不同意"近 5 年来本地各民族间的关系变得更加紧张"的说法,这一比例在未从事群体中为 64.8%。文化生态旅游业促进了阿坝州民族间交往交流更加频繁,本地从业者对非本民族的群众更为接纳和认同,社会距离更近,族群之间更加融合共生。

**4.注重制度保障，实现生态建设"有序"发展。**制度建设具有根本性和长远性。保护生态环境必须从制度抓起。环境就是生产力，良好的生态环境就是GDP。生态资源是民族地区的珍贵宝藏，必须坚持"共抓大保护，不搞大开发"，"在开发中保护，在保护中开发"。阿坝州高度重视生态文明建设，全面贯彻落实国家天保工程、退耕还林（草、湿）等重大工程，确立了"生态立州"的总体要求，制定了一系列相关政策措施。① 实践证明，健全生态保护制度，能有效强化人民群众的生态意识，推进生态保护行动，实现协调可持续发展。

**5.注重传承创新，实现多元文化"共生"发展。**文化发展，基础在传承，关键在创新。只有传承创新同步走，才能真正提升思想境界，弘扬文化精神，加深民族情感，赢得文化认同，增强文化自信。阿坝州是多民族聚集区，历史文化、民族文化、宗教文化、红色文化与生态文化异彩纷呈。阿坝州在发展文化生态旅游业的过程中，深入挖掘本地文化资源，注重文化遗产的抢救保护和合理利用，准确把握自身文化优势，推动多元文化创造性融合、创新性发展。② 实践证明，文化生态旅游业通过传承创新，将传统文化资源转化为现代文化旅游产品，引导各种文化与当代文

---

① 截至2015年，全州湿地恢复12.235万亩，治理沙化面积28.98万亩。截至2015年，阿坝州共建成森林和野生动物、湿地类型自然保护区25个，其中国家级4个，省级12个。建成3处世界自然遗产，3处国家级风景名胜区，6处省级风景名胜区。实现天保工程森林管护5481万亩、完成营造林1247.2万亩，实施退耕还林69.3万亩。阿坝州被确定为国家级"生态保护与建设示范区"，被四川省委纳入"四川省川西北生态经济区"。抽样调查显示，82.4%的被调查者认为文化生态旅游业的发展提升了自身的环保意识。90.2%的被调查者认同"相对于其他地区，'绿水青山就是金山银山'在阿坝州更能得到体现"。

② 文化生态旅游业极大增强了各族群众的文化自信和对现代文明的认同。抽样调查显示，有81.6%被调查者认为"发展旅游让阿坝州和州内居民对外形象越来越好"，88.8%的被调查者选择"我十分欢迎全国甚至世界各地的游客来阿坝旅游"。在民族传统文化与现代文明激烈碰撞的时代背景下，阿坝州各族群众在从事文化生态旅游业的过程中，逐渐以开放包容的文化心态应对现代文明，展现出开放、进取、合作、共赢的精神状态。

化相适应,与现代社会相协调,与时代精神相融合,实现多元文化"共生"发展。

## 二、阿坝州发展文化生态旅游业的经验与启示

"阿坝实践"成功的关键是在坚持生态大保护的基础上适度开发,通过发挥文化生态旅游业的核心引领作用,推动全州经济社会协调发展。"阿坝实践"的成功经验可总结为:在理念上坚持绿色导向、融合发展,在主体上坚持政府主导、居民协同,在客体上坚持全域全时、立体多元,在路径上坚持旅游引领、三产联动,在保障上坚持深化改革、创新机制。

1.**绿色导向、融合发展**。理念是理论的"纲",决定理论的观念体系和结构框架。改革开放 30 多年来,阿坝州的发展历程就是发展理念逐步转变和不断明确的历程。[①] 特别是党的十八大后,州委、州政府通过对中央民族政策和省委、省政府的政策方针的再领会、再认识,对自身比较优势资源的再梳理、再盘点,注重对优势资源的有效利用,对坚持"共抓大保护,不搞大开发"形成共识。作为国家重点生态功能区,阿坝州生态环境保护任务重大,必须坚持绿色导向;作为生态农牧、水电和文化旅游资源富集区,阿坝州具有三产融合发展的优越条件。最终,阿坝州确定了在生态环境大保护基础上适度开发的"绿色导向、融合发展"理念,明确提出建设"川西北生态经济示范区"的目标,把文化生态旅游业确定为践行绿色理念与融合发展的核心产业,探索形成"绿三

---

① 20 世纪 90 年代中期以前,阿坝州处于传统的粗放发展阶段。1994 年,阿坝州摒弃了"木头经济"的发展思路,开启以水电为龙头带动工业发展、以旅游业为龙头带动服务业发展的新思路。21 世纪以来,州委、州政府根据中央和省委、省政府提出的新要求对发展思路逐步变革,逐步形成了"生态立州"发展思路和"生态阿坝"发展目标。

角发展"模式。①

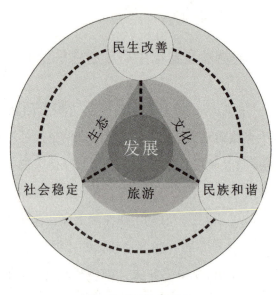

**"绿三角发展"模型图**

　　2. **政府主导、居民协同**。旅游业在发展初期，常面临地区基础设施建设滞后、市场发育不全等问题。旅游项目投资强度大、涉及领域多，唯有政府主导才能取得突破。政府在战略导向、开拓市场、资源配置、完善体制、政策保障等方面发挥着至关重要的作用。阿坝州在文化生态

---

　　① "绿三角发展"模式可以比较直观的诠释阿坝州的发展理念，即以发展为中心，以文化、生态、旅游为依托，盘活现有特色资源，通过融合互补叠加，促进增长做大增量，实现"1+1+1>3"的放大效应。整合文化、生态、旅游三角关系，大力推进文化生态旅游融合发展，形成民族地区支柱产业，外溢促进民生改善、社会稳定、民族和谐，形成良性循环。"绿三角发展"模式，激发了阿坝州优势资源活力的充分释放，最终实现了生态、经济、民生、社会和谐稳定的全面协调发展。

旅游业发展初期,确定了"政府主导<sup>①</sup>、居民协同<sup>②</sup>"的主体分工合作模式。

3.**全域全时、立体多元**。当前,旅游业各领域向多元化方式转变。随着九寨沟、黄龙等少数景点的快速发展,阿坝州旅游逐渐出现发展不平衡问题。州委州政府及时调整思路,确立了"全域全时<sup>③</sup>、立体多元<sup>④</sup>"的客体升级战略。

4.**旅游引领、三产联动**。旅游业以其"产业跨度大、联动效应强"的特点,正在成为区域经济发展的整合单元和发展引擎。阿坝州探索确

---

① "政府主导",是指政府要在文化生态旅游业发展前期担当主导责任,协调调动各方资源,有效克服自身劣势,破除发展瓶颈,走出超常规的跨越式发展道路。"政府主导"主要体现在四个方面:一是牵头制定高水平文化生态旅游业发展规划,并作为上位规划监督实施;二是牵头完善区域内基础设施建设;三是统筹各种资源保障重大项目建设;四是主动培育市场主体和市场环境,引导当地群众树立从事文化生态旅游业的理念。阿坝州通过政府主导,有效避免了景点景区的低水平重复建设,形成了以九黄、红原机场等为支撑的"陆空一体"立体交通网络和较为完善的公共服务设施,建设了九寨沟、黄龙、四姑娘山、达古冰山等项目并发挥了极大的带动作用,组建了大九旅集团等龙头骨干企业,展开了农牧民技能全方位培训,夯实了发展基础,保证了文化生态旅游业有序超前发展。

② "居民协同",是指当地群众在创业理念转变和就业技能提升的基础上,大量参与到文化生态旅游业发展中并发挥积极作用。"居民协同"主要体现在两个方面:一是注重发挥居民在景区建设中的主体作用,尊重群众的首创精神,鼓励他们以多种形式参与景区的保护、管理与经营;二是居民自发形成的以"村寨集群""联户经营"和"立体发展"为主要载体的联动互助模式。"居民协同"成功理顺了保景与富民的关系,有效消除了乡村空心化背景下发展文化生态旅游业的障碍,最大限度发挥当地居民的积极性,充分挖掘优势资源潜力,实现了设施共建、景区共管、利益共享,形成了政府和居民分工合作、良性互动的大好局面。

③ "全域全时",是指把整个阿坝州当成一个大景区,推动旅游产业全景化、全覆盖、全参与,打破季节限制,实现四季可游。截至2015年,阿坝州建成世界自然遗产3个,国家、省级风景名胜区9个,5A级景区3个,4A级景区11个及一大批文化生态旅游的精品景区景点,建成九环线、环红线、南环线等多条精品旅游线路,形成大熊猫、大九寨、大草原、大冰川等旅游品牌,彻底改变了过去一段时期过分依靠少数景点的状况。

④ "立体多元",是指深入挖掘和开发旅游产品和新兴业态,让游客从深度和广度上充分享受旅游乐趣。旅游产品从单一的观光游,拓展到红色文化、民俗风情、民族历史、康养休闲、户外探险、禅修养心、信仰朝圣;旅游业态从单纯的门票经济,拓展到观光农业、产业庄园、乡村酒店、民族村寨、演艺娱乐、旅游地产等。

立了"旅游引领、三产联动"的发展路径[①]，以旅游为引领，融合文化生态，带动三产联动，把旅游业要素渗入其他相关领域，打穿产业壁垒，打破行业界限，打通融合渠道，使传统业态发生嬗变和升华，实现产业转型升级，促进区域产业结构的优化，形成更加符合现代经济社会发展理念的新型发展模式，带动区域经济、社会、文化、生态、环境等共同发展。[②]

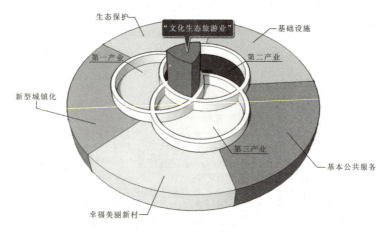

**文化生态旅游业核心模式路径图**

**5. 深化改革、创新机制**。由于地理上相对封闭等客观条件，阿坝州思想上相对保守、体制上相对僵化，外界对阿坝州的了解相对有限，甚至对其发展环境有所误解。文化生态旅游业是一个开放产业，在信息化、

---

① "旅游引领、三产联动"，是指将旅游业放在优先发展的战略地位，基础设施、公共服务、新型城镇化、幸福美丽新村等建设均围绕文化生态旅游业的规划和需要，工业、农业、服务业均按照旅游标准调整和发展，形成联动系统效应。

② 围绕服务文化生态旅游业发展，阿坝州逐步建成基础设施全面覆盖、现代服务功能先进、自然景观优美、生态环境优良的现代化新城镇和新农村。通过建立有机农业示范区、生态果园和观光庄园，推动传统农业向观光、休闲和体验农业转变，传统林业向恢复和保护森林、构筑森林景观转变；通过对民族民间手工技艺的生产性保护，推动工业向民族特色产品设计转变；通过特色旅游村镇和乡村旅游示范村建设，推动服务业向乡村民宿、文化演艺等业态延伸。三产联动使阿坝州基本形成产业链条完整、功能多样、业态丰富、利益联结紧密、产城融合更加协调的经济发展新格局，旅游业的引擎效应、品牌效应、环境效应凸显。

个性化、合作化时代，需要随时适应市场变化和外界对其发展环境高度认可。面对先天不足，阿坝州积极深化改革、创新机制，<sup>①</sup>确保政策的稳固性和连续性，解决了发展活力问题，构建了和谐稳定的社会环境，夯实了绿水青山的生态本底，优化了投融资环境，坚定了发展信心，为文化生态旅游业发展提供了坚实保障。

6. 重要启示：践行"五大发展理念"的有效载体。"阿坝实践"对同类资源禀赋和发展条件的其他民族地区具有重要借鉴意义，其启示在于：民族地区要与全国同步全面建成小康社会，任务艰巨繁重。文化生态旅游业可以作为民族地区深入贯彻"五大发展理念"的重要载体，促进民族地区经济社会实现跨越发展。

——"创新发展"的载体。实现社会管理模式创新，在旅游产业带动地区脱贫致富中实现发展方式创新，在文化、生态、旅游融合中实现产品与业态创新，转变传统保守的生产生活方式，变革传统社会结构。

——"协调发展"的载体。实现硬件建设和软件建设的"双轮驱动"，推动民族文化与生态旅游协调发展，有效化解区域、城乡、民族之间的差距，深刻改观民族地区的经济生活形态。

——"绿色发展"的载体。在民族地区形成绿色价值取向，推动用"保护性开发"的方式破解保护与开发的难题，让旅游这种"美丽产业"为地区发展创造更好的生态条件和社会环境。

---

① 阿坝州的"深化改革、创新机制"主要体现在理念、体制和政策等方面的探索。在理念方面，坚持法治理念，率先落实"依法治州"战略方针；坚持生态大保护理念，作为全国首批试点、示范地区，率先启动退耕还林还草还湿工程，完善生态源头保护制度、创新自然资源管理体制和建立生态红线保护制度；坚持多规合一、旅游规划上位的思想；坚持智慧旅游，实施"互联网+"工程，包括大九寨环线智慧旅游区试点工程等。在体制方面，将州旅游局升格为州旅游发展委员会，提升其统筹和协调的权限；构建了合作共享机制，跳出行政区域视野和国门视野，主动与兄弟省市和国外重点入境旅游客源地旅行商合作，联手打造旅游线路，签署战略合作协议。在政策方面，严格贯彻落实中央和省委省政府的相关政策；坚持探索经营权与所有权分离、财政和融资政策创新、运营机制和管理机制创新等。

——"开放发展"的载体。以旅游为窗口，用"走出去、引进来"的方式加深各民族间的理解和团结，推动民族地区经济从"输血型"向"造血型"的发展方式转变，促进民族地区的思想解放与社会融合，转变民族地区的固有思想观念。

——"共享发展"的载体。有效实现精准扶贫，带动群众就业创业，用旅游引领的方式推进新型城镇化进程，帮助民族地区补齐短板释放社会活力，实现发展成果与社会共享，改变民族地区的旧有社会面貌。

## 三、民族地区发展文化生态旅游业的思路与建议

我国民族地区大多属于资源富集区、生态脆弱区、文化保护区、深度贫困区、小康难点区、返贫多发区、社会稳定敏感区，发展与制约要素高度叠加。由于历史与自然等原因，民族地区的经济社会发展水平与发达地区相比，依然整体相对滞后。在协调推进"四个全面"战略布局的伟大实践中，在经济发展进入新常态的大背景和全面建成小康社会的大目标下，民族地区面临诸多问题，发展方式亟须转型、经济结构亟待优化、社会事业亟待进步、文化建设亟待加强，必须高度重视和深入研究。

为破解当前民族地区面临的共同难题，发挥好民族地区文化生态旅游的独特优势，促进经济发展与社会和谐，在借鉴"阿坝实践"经验的基础上，提出如下建议：

1. 树立大保护与适度开发相结合的发展理念。建议对民族地区的环保和林业部门在组织建设、技术支持和经费保障等方面加大力度，把更多的民族地区县市纳入国家退耕还林（草）试点示范工程。必须坚持"共抓大保护，不搞大开发"的思想，但不搞大开发不等于不开发，为了民族地区的跨越发展，应该坚持绿色为基调，在大保护基础上进行适度开

发。构建科学的生态空间规划体系、完善的自然生态建设体系、发达的绿色产业富民体系、繁荣的生态文化引领体系和有效的政策制度保障体系，形成节约能源资源和保护生态环境的产业结构、增长方式和消费模式。

2.**发挥政府在旅游业发展前期阶段中的主导作用**。建议尽快落实"逐步把旅游业做成民族地区的支柱产业，在土地使用、金融服务、资本市场建设等方面给予差别化支持"，设立旅游产业发展基金和宣传推广基金，基金数额根据财政收入增长情况和旅游发展需要逐年增加。坚持"科学规划、统一管理、严格保护、永续利用"的原则，实现生态文化旅游业的可持续健康发展。探索以整合涉旅产业专项资金和生态保护资金的综合利用方式，实现财政资金的放大效应。把旅游发展与新农村建设、天然林保护、农业综合开发、水电移民、文化产业发展等工程有机结合，实现政府投入的整体效益。建立贫困地区和贫困人口参与旅游业做大做强的体制，形成"集团＋合作社＋贫困人口"的开发机制，统筹发展旅游业和精准扶贫工作方面的内容，增强旅游对贫困人口的辐射力。

3.**发挥优秀民族文化在践行社会主义核心价值观中的特殊作用**。建议充分发挥各民族的优秀传统文化所具有的了解历史、教育后人、凝聚国民、鼓舞人心、陶冶情操、净化灵魂等的功能，促进社会主义核心价值观的内化和生根。我国少数民族文化在道德生活的价值追求和道德行为的具体规范等方面，与社会主义核心价值观有着高度契合性和一致性。对少数民族文化进行合理的可持续的开发利用，积极发掘和利用民族文化中与社会主义核心价值观相一致、相符合的文化要素，融入民族地区社会主义核心价值观培育过程，让和谐文明、公平正义、诚实守信、互助友爱等成为民族文化的基本精神和重要内容。

4.**建立民族地区资源开发利益共享机制和补偿机制**。建议尽快改善民族地区资源开发和收益不对等现状，研究利益共享机制，实施生态补偿机制。针对民族地区资源开发活动的负面影响而引致的利益冲突进行分析，从中央和地方、政府和企业、企业和当地居民三对利益主体出发，从产权制度、补偿费制度、收益分配制度等多角度，构建各利益主体间利益和谐共享的有效机制。研究制定长江水源涵养地湿地生态补偿、横向生态补偿转移支付制度、生态补偿基金及下游地区反哺上游地区的水权交易机制，碳汇交易和排污交易制度，启动实施干旱河谷地区和半干旱地区生态修复工程等内容。

5. **建立民族地区跨区域文化生态旅游合作发展机制**。建议国家打破行政区划，建立若干位置相邻、资源相配的跨区域文化生态旅游精品示范区，如"川甘青文化生态旅游精品示范区""川滇藏大香格里拉文化生态旅游精品示范区"等。将示范区建设提升到国家战略层面，并探索在更大区域，构建民族地区区域文化生态旅游合作机制，实现民族地区文化生态旅游发展整体提升。相关省份、市（州）要尽快建立旅游发展区域协调机构，统筹协调区域内文化生态旅游资源的开发与建设，提高资源综合利用效率效益，实现互补联动。重点建立跨域利益分享机制，突破景点景区属地利益归属原则，根据整体旅游格局，统筹规划基础设施、公共服务等文化生态旅游配套建设，根据各自贡献大小参与分配利益。

6. **打造民族地区外宣精品名片开拓国际旅游市场**。建议国家以阿坝州为试点，打造展示民族地区文明形象、区域发展、生态优美的对外窗口和名片，体现中国特色社会主义制度优越性和民族理论正确性，提升民族地区的影响力和美誉度，增强民族地区的向心力、凝聚力和创造力。通过外宣精品名片的打造，切实加强民族地区国际交流合作，整体推进民族地区入境旅游市场拓展工作。

# 贵州省牢牢守住发展和生态
# 两条底线实践研究

"贵州省牢牢守住发展和生态两条底线实践研究"课题组

党的十八大以来，习近平总书记多次作出重要指示，明确要求贵州要守住发展和生态两条底线，协调推进"四个全面"战略布局，积极适应经济发展新常态，培植后发优势，奋力实现后发赶超，走出一条有别于东部、不同于西部其他省份的发展新路。按照总书记的指示要求，贵州以生态文明理念为引领，立足实际大胆创新，遵循规律巧妙破题，较好地解决了加快发展与保护生态的矛盾，较好地破解了贫穷落后与生态脆弱叠加交织的困局，走上了一条经济快速发展、生态持续改善的新路。

## 一、重大意义

贵州牢牢守住发展和生态两条底线，对于推进区域协调发展，确保贵州与全国同步全面建成小康社会；对于筑牢长江、珠江上游重要生态安全屏障，提升可持续发展能力；对于加快转变发展方式，为西部欠发达地区破解发展和生态两难困局提供可借鉴复制的模式和经验，都具有重要意义。

**1. 国家赋予贵州的战略使命。** 作为贫困问题最突出的欠发达省份，贵州是我国区域发展战略格局中的短板，必须牢牢守住发展的底线，奋力加速前行，在同步全面建成小康社会的征程中不掉队、不拖全国的后腿。同时，贵州在国家生态安全格局中具有重要的战略地位。作为"两江"上游重要生态安全屏障，贵州必须牢牢守住生态的底线，着力构建以重点生态功能区为支撑的"两江"上游生态安全战略格局。

**2. 实现后发赶超的必由之路。** 在传统的赶超之路上，贵州曾经筚路蓝缕，历尽艰辛，却难看到希望，必须尽快走出一条合乎自身实际和时代要求的后发赶超之路。其核心要义是：立足省情，转变发展方式，不走先污染后治理、边破坏边治理的老路，不走以牺牲环境为代价换取GDP一时增长的邪路，也不走捧着绿水青山金饭碗过苦日子的穷路；处理好经济发展与环境保护的关系，走生态优先、绿色发展，百姓富、生态美的新路。

**3. 破解西部欠发达地区发展和生态两难困局的有益探索。** 经济落后但发展潜力巨大，生态脆弱但生态地位重要，这是西部欠发达地区的一个共同特征。要发展还是要生态，不少地方迫切希望通过新的发展理念指导下的实践，寻找到有效破解这一难题的科学方法。贵州的率先实践，有利于发挥示范作用，深化对发展与生态两者之间辩证关系的科学认识，为西部欠发达地区实现发展和生态"两条底线一起守、两个成果一起收"探索可借鉴复制的有效模式和经验。

## 二、生动实践与宝贵经验

习近平总书记向贵州提出守底线的要求后，贵州以踏石留印、抓铁有痕的作风，将"守底线、走新路、奔小康"作为工作总纲，大力实践，取得了明显成效。贵州的探索实践表明，要实现后发赶超，大步迈向生态文明新时代，必须牢牢守住发展和生态两条底线，坚持一张好的蓝图干到底，坚持以良好的政治生态持续优化发展环境，坚持辩证处理好发展和生态的关系，坚持强化生态文明体制建设，坚持以人民为中心的价值取向。

1. **坚持一张好的蓝图干到底**。坚持一张好的蓝图干到底，就是切实遵从发展规律，避免思路混乱和目标摇摆，保持发展决心的坚定性，保证发展方式的科学性，保障发展思路的连续性，强化发展政策措施的稳定性。贵州立足省情，细化量化底线指标，从速度、收入、脱贫和安全等四个方面守住发展底线，从山青、天蓝、水清、地洁等四个方面守住生态底线。省委一以贯之以生态文明统领经济社会发展，持续发力，坚定不移实施加速发展、加快转型、推动新跨越的主基调和工业强省、城镇化带动主战略，突出抓好大扶贫、大数据、大生态之大战略，坚持"赶"与"转"并举，强化增比进位机制和比学赶帮氛围，在全力赶超中加快转型、在转型升级中跨越发展，持续保持明显高于全国的发展速度，确保在不断缩小差距中与全国同步全面建成小康社会。

2. **坚持以良好政治生态持续优化发展环境**。良好的政治生态，可以内聚人心、外树形象，可以建强班子、带好队伍，形成合力，保障经济社会发展良好势头，营造良好发展环境。贵州紧抓营造良好政治生态的"关键少数"，坚守正道、弘扬正气，胸襟坦白、光明磊落，敢于担当、积极作为。积极发挥党员的先锋模范作用，在思想上、作风上、精神上进一步强起来。民心是最大的政治，贵州把加强民族团结作为战略性、基础性、长远性工作来做，夯实各族群众共谋发展的思想感情基础。通过高举"发展、团结、奋斗"的旗帜，深入推进解放思想"十破十立"，大力整治"庸、懒、慢、浮、贪",点燃了广大干部敢想会干的创业激情,增强了"守底线""走新路""奔小康"的底气和信心,催生了弯道取直、后发赶超的强大精神动力。通过大力弘扬"天人合一、知行合一"的贵州人文精神,努力构筑精神高地,营造各民族共同团结奋斗、共同繁荣发展的文化环境,促进了文化认同,增强了文化自觉和自信。形成了自然生态、政治生态这两个"山清水秀"交相辉映的良好局面。

**3. 坚持辩证处理好发展和生态的关系**。保护生态环境就是保护生产力、改善生态环境就是发展生产力。经济发展与生态环境保护如鸟之双翼、车之两轮,经济发展有赖于生态环境的改善,生态环境建设又有赖于经济发展方式的转变。贵州坚持创新驱动,深化改革开放,激发守住两条底线的动力活力;坚持集中力量突破交通水利等发展瓶颈,筑牢两条底线的硬件支撑;坚持走新型工业化道路,构建守住两条底线的产业体系;坚持推进新型城镇化,优化守住两条底线的城乡布局。通过牢固树立保护生态环境就是保护生产力、改善生态环境就是发展生产力的理念,贵州启动改革任务291项,一批"微改革""微创新"在全国产生了较大影响;创建内陆开放型经济试验区,下大力气打造贵安新区、贵阳综合保税区等"1+8"重点开放平台;优先突破交通瓶颈制约,成为西部第一个、全国第9个县县通高速公路的省份;大力发展大数据、大旅游、大健康、现代山地特色高效农业等新兴产业,形成了关联度强、具有核心竞争力的生态型现代产业体系;大力推进山地特色新型城镇化,初步构建了山水城市、绿色小镇、美丽乡村的新型城镇体系。

**4. 坚持强化生态文明体制建设**。建设生态文明是一场涉及生产方式、生活方式、思维方式和价值观念的革命性变革,必须建立系统完整的制度体系。贵州坚持生态优先和绿色发展方向,将大生态确定为经济社会发展三大战略行动,着力构建绿色发展指标体系,健全自然资源资产产权制度、国土空间开发保护制度、资源总量管理和全面节约制度、资源有偿使用和生态补偿制度等。坚持健全生态文明地方性法规、规章体系，制定实施了《贵州省生态文明建设促进条例》等在全国具有示范性的生态文明建设地方性法规，数量居全国之首。建立了权威统一的环境行政执法体制，完善了环保行政执法与刑事司法衔接联动机制。建立了环保法庭，实行环境公益诉讼、环境污染第三方治理、流域生态保护红线制度，编制自然资源资产负债表、对领导干部实行自然资源资产责任审计，为牢牢守住两条底线，建设好国家生态文明试验区提供了有力保障。

5. **坚持以人民为中心的价值取向**。从根本上讲，守住两条底线，是同时牢筑发展层面的民生基础和生态层面的民生基础。发展是第一要务，是解决所有问题的关键；良好的生态环境是最公平的公共产品，是最普惠的民生福祉。群众既有物质生活的需求，也有生态环境的需求，守住两条底线使满足群众这两种需求实现了有机统一。贵州以大扶贫、大健康、大教育、大安全为主攻方向，以实现全面小康为目标，大力改善民生，持续改善生态环境，积极回应人民群众的关切，初步交出了人民满意的答卷。狠抓脱贫攻坚"第一民生工程"，创造了扶贫攻坚的"贵州样板"；大力增加教育投入，走出了一条穷省办大教育的图强之路；大力推进"健康贵州"建设，以全民健康助推全面小康；深入推进"平安贵州"建设，持续提升人民群众安全感。

# 三、深刻启示

"牢牢守住两条底线"的贵州实践，是一次从行动自觉到理论自觉、再从理论自觉到行动自觉的生动实践，是习近平总书记新理念新思想新战略在贵州的落地生根、开花结果，总结贵州的实践，可以得出以下启示：

**1. 习近平治国理政新理念新思想新战略是守住两条底线的强大思想武器。**贵州始终以习近平治国理政新理念新思想新战略为遵循，切实解决影响"守底线、走新路、奔小康"征程中的突出矛盾和现实问题，取得的成效前所未有。作为中国特色社会主义理论体系的创新发展，习近平治国理政新理念新思想新战略是牢牢守住两条底线、有效破解发展与生态矛盾冲突的强大思想武器。学好用好这个武器，就可以在促进经济发展和生态保护上避免走错路、走弯路，就可以守住绿水青山和把绿水青山变成金山银山，闯出一条符合自身实际和时代要求的发展新路、正路。

**2. "两条底线一起守、两个成果一起收"是西部欠发达地区后发赶超的实现路径。**贵州始终坚持发展和生态"两条底线一起守、两个成果一起收"，经济增长速度和生态环境质量连续六年稳居全国前列，有效缩小了与全国的发展差距。实践证明，即使在贫困问题突出、发展要求迫切、生态环境脆弱的西部欠发达地区，只要发展理念和思路对头、工作方法得当，大胆地试、勇敢地闯，就完全能够做到发展和生态两条底线一起守、两个成果一起收。这将进一步启示和鼓舞那些仍在发展和生态两难困局中苦苦求索的欠发达地区，大胆探索，科学实践，努力实现弯道取直、后发赶超。

**3. 坚持生态优先、推动绿色发展是建设美丽中国的重要遵循。**贵州始终坚持"绿水青山就是金山银山"，因地制宜发展绿色经济，因势利导建造绿色家园，与时俱进完善绿色制度，绵绵用力筑牢绿色屏障，久久为功培育绿色文化，更好地实现了百姓富、生态美的有机统一，探索了青山常在、清水长流、空气常新，各民族群众在良好生态环境中生产生活的生态文明建设之路。这是一条以绿色GDP增长为基础的发展新路，以生态文明制度创新为保障的发展新路，以群众获得感提升为目标的发展新路，以人与自然和谐共生为依归的发展新路。

习近平总书记"牢牢守住发展和生态两条底线"的指示，指引贵州开辟了"两条底线一起守、两个成果一起收"的发展新路，拓展了绿色发展的理论视野和实践深度，彰显了科学理论指导下的生动实践的强劲推动力。按照这条道路坚定不移走下去，就一定能谱写好百姓富、生态美的多彩贵州新未来，大步迈向生态文明新时代！

# 治国必先治边

## ——云南边疆民族地区治理体系
## 建设的实践经验

"云南省边疆民族地区治理体系建设实践经验研究"课题组

　　党的十八大以来，以习近平同志为核心的党中央坚持和发展中国特色社会主义，明确提出推进国家治理体系和治理能力现代化，为边疆治理指明了方向。边疆民族地区治理是国家治理的重要组成部分，我国边疆地域辽阔，战略地位重要、少数民族聚集、资源禀赋突出，必须坚持国家治理和边疆治理、一般性和特殊性有机结合。在党中央领导下，云南始终牢牢把握各民族共同团结奋斗、共同繁荣发展的主题，积极探索具有云南特色的边疆治理路径，创造性地做好做活"边疆""民族"两篇大文章，呈现出边疆各民族和睦相处、和衷共济、和谐发展的生动景象。云南的实践表明，必须坚持以国家边疆稳定发展为最高原则，以民族团结为生命线，以依法治边为基本方略，坚持民族团结同心、科学发展同步、民族文化同彩、社会和谐同创、美丽家园同建、边疆安全同担、奋斗目标同向，促进边疆民族地区经济社会发展。

　　一是坚持民族团结同心。人心是最大的政治，边疆治理最管用的是争取人心，最关键的是民族团结。民族团结同心，就是要高举各民族大团结的旗帜，牢牢抓住民族团结这一边疆民族地区治理的生命线，把加强民族团结作为战略性、基础性、长远性工作来做。要厚植中华民族共同体意识，不断增进各民族对伟大祖国、中华民族、中华文化、中国共产党、中国特色社会主义的认同。坚持尊重差异、包容多样，增进各民族交往交流交融，推动建立相互嵌入式的社会结构和社区环境，创造各族群众共居、共学、共事、共乐的社会条件，引导各族人民群众"像爱护自己的眼睛一样爱护民族团结，像珍视自己的生命一样珍视民族团结"，像石榴籽那样紧紧抱在一起。全面贯彻党的宗教信仰自由政策，巩固和发展党同宗教界的爱国统一战线，依法管理宗教事务，积极引导宗教与社会主义社会相适应。

二是坚持科学发展同步。发展是解决边疆民族地区一切问题的总钥匙。科学发展同步就是推进边疆民族地区跨越发展，坚持"五位一体"、落实新发展理念推进同步发展，与全国同步全面建成小康社会。要主动服务和融入国家战略，注重层次性、差异性，全面深化经济体制改革，推动城乡发展一体化。坚持不懈为群众办实事、解难题，把改善民生、凝聚人心作为出发点和落脚点，着眼于保基本、补短板、兜底线，健全基本公共服务体系。必须实施精准脱贫保证同步发展，通过扶持产业发展"改穷业"、实施易地搬迁"挪穷窝"、生态补偿"破穷局"、加大教育投入"斩穷根"、社会保障兜底"脱穷境"，坚决打赢脱贫攻坚战，促进民族地区经济社会全面发展。

三是坚持民族文化同彩。文化是民族的血脉，是人民的精神家园。民族文化同彩，就是要大力弘扬和发展民族文化，既要塑民族文化之"魂"，又要树民族文化之"形"，让现代化内容体现民族文化特色，让民族文化再现时代特征。要把社会主义核心价值观贯穿边疆民族地区治理各领域，在边疆民族地区形成共同理想信念、强大精神力量、基本道德规范。加快民族民间传统文化保护立法，建立少数民族文化生态保护区，推进民族语文信息化建设，积极开展各类民族文化活动，让少数民族优秀传统文化出彩。加快构建覆盖城乡的公共文化服务体系，加大文化精品创作和文化遗产保护开发力度，培养各类民族文化艺术人才和管理人才，切实增加少数民族文化在国家对外文化交流中的比重，进一步提升少数民族文化国际影响力。

四是坚持社会和谐同创。社会和谐是中国特色社会主义的本质属性。社会和谐同创，就是要不断创新和健全社会治理体制，有效协调各方面利益关系，最大限度增加社会和谐因素，保持边疆社会长期和谐稳定。要构建人人参与同创机制，尊重群众创造精神，努力形成鼓励创造、追求创新的社会氛围，激发全社会创造活力。以社会公平正义为政策导向，建立健全民主权利保障制度、合理的收入分配制度、公共财政制度，以及社会整合机制、对话协商机制等等，妥善处理各种社会利益和矛盾关系，保障各族群众同创同享。大力提倡团结互助、扶贫济困的风尚，巩固和发展团结互助、平等友爱、共同前进的社会主义新型人际关系，形成文明、健康、崇尚科学的社会风尚。改进完善社会治理方式，坚持"团结、教育、疏导、化解"的方针，创新有效预防和化解社会矛盾体制，妥善处理各种矛盾纠纷，健全公共安全体系，维护边疆和国家安全，确保人民安居乐业、社会安定有序。深入推进边疆地区法治教育，维护宪法和法律权威，用法治精神、法治思维、法治方式推进边疆民族地区治理，保证边疆长治久安。

五是坚持美丽家园同建。生态文明建设，关系人民福祉、关乎民族未来。美丽家园同建，就是要坚持绿水青山就是金山银山，像保护眼睛一样保护生态环境，像对待生命一样对待生态环境，推动形成绿色发展方式和生活方式。牢固树立生命共同体理念。必须树立尊重自然、顺应自然、保护自然的生态文明理念，树立环境就是资源，生态就是资本，保护就是发展，绿色就是财富的理念。倡导理性消费，引导绿色消费，让节约资源与保护环境成为各族人民的自觉选择，切实将生态文明建设融入边疆治理各个环节。坚持节约优先、保护优先、自然恢复为主的方针，推进边疆绿色发展、循环发展、低碳发展，从源头上扭转生态环境恶化趋势，为各族人民创造良好的生产生活环境。

六是坚持边疆安全同担。安全是国家的根本利益。边疆安全同担，就是要在民族文化多样、多种宗教信仰并存、跨境民族关系、非传统安全与传统安全相互交织，以及涉及国家主权、人口、领土和政府等问题上，各民族共同担负起维护国家安全的责任。完善总体边疆安全体系，构建集政治安全、国土安全、军事安全、经济安全、文化安全、社会安全、科技安全、信息安全、生态安全、资源安全等于一体的边疆安全体系。在开放动态中实现边疆安全是新形势下要着力研究解决的新问题，必须建立健全各族人民同国家、政府一道，人人参与、人人同担边疆安全保障机制。要坚持以开放促开发，以合作促发展，与周边国家形成命运共同体，探索边疆治理和边疆安全的国际合作、共同治理、互利共赢新路径。

七是坚持奋斗目标同向。实现中华民族伟大复兴的中国梦是全国各族人民的共同奋斗目标。奋斗目标同向，就是坚持中华民族一家亲，同心共筑中国梦，坚定不移走中国特色社会主义道路。建设中国特色社会主义，既是我们党的坚定目标，也是人民的强烈意愿，既是亿万人民自己的事业，也是边疆民族地区各族人民的共同奋斗目标。中国梦本质是国家富强、民族振兴、人民幸福，是中国走向未来的鲜明指向，是激励中华儿女团结奋进、开辟未来的一面精神旗帜。习近平总书记多次强调"全面建成小康社会，一个民族都不能少"，说到底就是各民族一起来实现中华民族伟大复兴的中国梦。各民族只要共同向着中华民族伟大复兴的中国梦，就共同享有人生出彩的机会，共同享有梦想成真的机会，都能过上美好生活。

总结云南边疆民族地区治理的实践，可以得出这样几点启示：一要正确处理好中央大局与云南边疆的关系，既毫不动摇地坚持党对边疆民族地区治理的领导，不断强化政治意识、大局意识、核心意识、看齐意识，又坚持从云南边疆实际情况出发，创造性贯彻落实好中央的方针政策，让边疆各族群众过上更加幸福美好的生活。二要正确处理好边疆治理与对外辐射的关系，既注重把边疆治理好，各族群众心向党、跟党走，坚决维护国家统一和边疆稳定，又要主动服务和融入国家发展战略，紧紧抓住国家推动"一带一路"建设难得历史机遇，充分发挥边疆民族地区开放前沿的作用，不断扩大对外辐射力、影响力。三要正确处理好民族团结与民族发展的关系，既坚持各民族都是一家人，一家人都要有中华民族共同体意识，牢固树立"四观""五个认同""四个自信"和"三个离不开"思想，又坚持以人民为中心的发展思想，让各民族都一起发展、一起过上好日子。四要正确处理好跨越式发展与新发展理念的关系，既坚持发展第一要务，推动跨越发展，又牢固树立和落实新发展理念，实现弯道超车，缩小民族之间、区域之间的差距，凝心聚力谱写中国梦云南篇章。五要正确处理好改革开放与依法治理的关系，既坚持用改革的办法解决前进中的问题，全面提高对外开放水平，不断拓宽发展空间，增强发展动力和活力，又要加快推进边疆民族地区法治化进程，发挥法治手段在调节社会关系中的重要作用，依法处理民族问题、管理宗教事务、化解风险矛盾，在法治轨道上推进边疆治理体系和治理能力现代化建设。

实践发展永无止境，认识真理永无止境，理论创新永无止境。随着中国特色社会主义事业不断向前推进，需要不断总结、深入研究边疆治理过程中的新鲜经验，构建中国特色社会主义边疆治理理论，为我国边疆治理体系和治理能力现代化建设提供理论指导，确保我国边疆民族地区长治久安。

# 治边稳藏重要战略思想
# 在西藏互联网建设与管理中的实践

"西藏自治区互联网建设与管理研究"课题组

党的十八大以来，以习近平同志为核心的党中央站在党和国家战略全局的高度，为新时期西藏工作举旗定向，提出了"治国必治边、治边先稳藏"重要战略思想。自治区党委认真学习贯彻治边稳藏重要战略思想，团结带领全区各族人民积极探索、勇于担当、大胆实践，系列创新举措所取得的成功经验进一步丰富和发展了党的治藏方略。在互联网的建设和管理工作中，自治区突出后发优势，创新网络治理，推动全区网信事业实现了从无到有、从小到大的跨越式发展，初步探索出一条具有中国特色、西藏特点的治网之道。

## 一、西藏互联网建设与管理工作践行治边稳藏
## 战略思想，在全国做到了"七个率先"

**1.率先成立互联网党工委**。2013 年 9 月，在全国率先成立自治区互联网党工委及其办公室，全面加强党对互联网工作的领导。参照自治

区做法，各地（市）、部分县（区）成立互联网党工委及其办事机构。这一具有探索性、革命性、创造性的做法，得到了中央的充分肯定，中央网信办多次向全国推广介绍。

2. **率先建立健全区地县三级网信机构**。2012 年，以在自治区党委宣传部加挂牌子的形式，在全国率先组建覆盖区地县三级的互联网信息内容管理机构，实现了自治区正厅级、地（市）正县级和县（区）正科级机构设置。

3. **率先组建区地县三级网评机构**。2014 年 4 月，在全国率先组建区地县三级网评中心，核定编制 570 名。组建包含 185 名专家级特约评论员在内的网评队伍，与 130 名涉藏网络名人建立联络机制，形成了核心层、骨干层、支撑层共同发力的网络舆论引导格局。

4. **率先实行网络实名制**。颁布实施《关于实行电话和互联网用户真实身份登记的决定》等法规，在全国率先实行固定电话、手机、网络实名制。累计完成电话用户真实身份信息补录 54 万户、取缔违法代销商 4298 家、终止无效通信 1.3 万户、关停非法及空壳网站 654 家，实现全区 334 万电话用户、217.9 万互联网用户和所有互联网站实名率三个 100%。

5. **率先实现网络系统党的建设全覆盖**。创造性地提出在具有 3 名以上党员的网站单独建立党组织；党员不足 3 名的民营网站建立联合党支部；没有党员的民营网站，由主办单位党组织指派党建指导员；没有党员的国有网站，由所属地市互联网党工委办公室指派党建指导员。分 6 批在 349 家网站建立单独党支部、联合党支部或党小组，在 579 家网站派遣党建指导员，招募 317 名网络党建指导员，建立网络党建动态覆盖机制，实现了全区网络系统党组织建设和党建工作从存量全覆盖到动态全覆盖的转变。

6. **率先统筹建设政府新闻网站集群**。统筹建成属地政府新闻网站安全保障和阵地建设技术平台，统筹规划建设管理区地县三级党政部门、事业单位门户网站、微博微信公众号集群。集中建成全区微博微信大厅、74个县（区）政府新闻网站和区地县三级网信微信公众号集群，实现了从源头上进行集中统一管控。

7. **率先建设全网一体化信息管控指挥中心**。建成西藏互联网信息管控指挥中心项目，成功运行21个业务系统、66个知识库、300个功能模块，同时与自治区有关涉网部门技术系统实现无缝对接，向7地市网信办开放使用，形成了网络信息调取、数据分析、舆情调控能力。

## 二、在贯彻落实治边稳藏战略思想中，西藏互联网建设与管理工作实现了"六个转变"

1. **实现了党在互联网领域的执政基础从网下强网上弱到网上网下全面夯实的重要转变**。自治区党委在全国首批成立网络安全和信息化领导小组，第一家成立互联网党工委，把党组织建在网站上，着力发挥政治核心和战斗堡垒作用，形成了以党建促业务、以业务促党建的工作格局，党对互联网工作的领导得到全面加强。

2. **实现了从被动治理到主动作为的重要转变**。过去，涉藏网络舆论工作总是处于被动应付状态。对此，自治区坚持多措并举、标本兼治，以全时全网舆情值班和提升技术管网为主要手段，着力提升网络舆情管控水平；以强化基础管理、准入管理和开展网上网下专项治理为主要手段，着力改善网络舆论生态；以建立健全全国一盘棋涉藏网上斗争联动协作机制和社会化网络管理机制为主要手段，着力加强网络社会治理，涉藏网络空间日益清朗清净。

**3. 实现了从管得住到正能量传播的重要转变**。面对敌对势力构筑的庞大涉藏网络渗透体系，着力加强网络宣传阵地建设，推进新媒体阵地集群建设，网络传播能力得到有力提升；全面开展网络舆论引导，成功举办系列主题活动，网上舆论调控水平大幅提高；全力拓展网络宣传渠道，统筹协调各级各类网络媒体和网上舆论力量，形成了快速反应、积极引导、正面切入的主动宣传机制，打了一场又一场网络舆论漂亮仗、攻坚战。

**4. 实现了从境内宣传引导到境外主动反制的重要转变**。为切实解决在国际上有理讲不出、讲了也传不开的问题，下大力气加强境外传播能力建设，积极推进周边国家新媒体平台建设项目，加强对西方国家和西藏周边国家涉藏网络外宣和舆论引导，加强海外华文媒体、西方主流媒体西藏专版专刊的网络发行；在境外主要社交网站上开辟专栏，围绕"历史、人物、时尚、商业、宗教"等主题，运用英文、藏文传播真实的社会主义新西藏。

**5. 实现了从"发展劣势"向"后发优势"的重要转变**。针对全区信息化发展起步晚、水平低、底子薄的现状，通过实施通信村村通工程、移动网广覆盖工程、宽带通信工程等重点项目，全区互联网覆盖深度、广度大幅提高；通过实施金农、金财、金盾等金字系列工程，教育医疗、社会保障等经济社会领域的信息化水平不断提升；通过发展本地化信息经济和关键技术，西藏信息化发展环境不断优化。

**6. 实现了从注重内容和技术管控到网络安全和信息化全面推进的重要转变**。针对过去互联网管理体制机制存在多头管理、职能交叉、效率不高等问题，在全国首批单独组建自治区党委网信办。区党委网信办充分发挥统筹协调、牵头抓总的职能，加强与涉网部门的业务协同和地市网信办的业务指导，建立了各司其职、层层落实的工作格局；统筹加强网络安全管理，深入开展网络安全大检查，积极筹建网络安全态势感知和预警系统，推动全区网络安全管理工作步入正轨；统筹推进信息化建设，编制实施"十三五"专项规划，研究制定信息化发展重要政策文件，重点信息化工程取得阶段性成果。

## 三、西藏互联网建设与管理许多方面走在全国前列，成功实践蕴含着重要经验

**1. 高度重视互联网工作，是做好互联网建设与管理工作的关键所在。**以习近平同志为核心的党中央高度重视互联网工作，习近平总书记多次召开会议、发表重要讲话，提出了建设网络强国的重要战略思想。必须深入学习、融会贯通习近平总书记治边稳藏和网络强国战略思想，坚持把加强网络空间治理作为实施网络强国战略的重要组成部分。党委主要领导必须靠前指挥，未雨绸缪，协调解决复杂难点问题。必须按照习近平总书记关于互联网是主战场、主战场必须有主力军的重要要求，在机构队伍、基础建设、工作保障等方面给予重点倾斜。

**2. 始终坚持创新，是做好互联网建设与管理工作的根本动力。**习近平总书记指出，抓创新就是抓发展，谋创新就是谋未来。必须立足互联网革命性发展的实际，强化改革创新。内容上必须适应分众化、差异化传播趋势，充分发挥新闻网站和"双微一端"的传播优势，大力传播正能量；体制机制上必须强化党对互联网工作的领导，大胆探索网络系统党组织和党建工作的方法途径；法治手段上必须大力推进依法治网，推行网络"实名制"，构筑网上网下一样的法律世界；技术管控上必须打造确保网络安全的技术"撒手锏"，全面提升负面舆情的发现力、研判力、处置力。

3. **把党支部建在网站上，是实现党管网络的根本举措**。习近平总书记深刻指出，互联网是当前面临的"最大变量"。必须坚持把党的领导权前移，全方位加强对网络系统党建工作重大问题的分析研判和重大任务的统筹指导，把网络党建工作作为互联网高速通道上先配好"刹车"再上路的固本之举，把党支部建在网站作为从源头上对区域类网站党建工作实现动态管理、消除组织覆盖的空白点和党的工作盲区的长久之策。

4. **坚决打赢网上舆论斗争，是做好互联网建设与管理工作的首要任务**。习近平总书记指出，要把打赢网上斗争作为涉藏网络安全和信息化建设的首要任务。必须始终把打赢网络舆论斗争摆在党和政府工作的大局中去谋划部署，牢牢把握网上舆论斗争新动向、新趋势，充分运用互联网的传播特点和优势，坚持不懈地开展网上宣传教育，让党的声音成为网络空间最强音。必须把握斗争的时度效、讲究斗争策略、创新斗争战法，最大限度挤压分裂主义势力在网上的话语空间。

5. **全面推进依法治网，是做好互联网建设与管理工作的必然要求**。全面推进依法治网是落实全面依法治国的必然要求。必须始终坚持用法治思维、法治手段加强对互联网的建设与管理，以构建网上网下一样法律世界的行为自觉，全面实行网络实名制，将网络空间管理纳入法治化轨道，为营造干净清朗的网络空间提供坚强的法律保障，确保从源头上实现网络空间可管可控。

6. **努力建设好管网治网的技术平台，是做好互联网建设与管理工作的"杀手锏"**。习近平总书记强调，网络安全已经成为非常重要的非传统安全之一。必须在国家总体安全观的视野下，着力在网络安全上夯实基础，建设全网一体化信息管控指挥中心，实施对负面舆情、有害信息全天候的监测和研判。必须建设属地政府新闻网站安全保障和阵地建设技术平台，从源头上进行集中管控。必须坚持下好先手棋、打好主动仗，坚持攻防并举，实施人盯技防"两手抓"，构建没有盲区、没有缝隙、没有空白点的防范体系。

实践证明，治边稳藏重要战略思想是促进西藏经济社会发展和长治久安的根本之道，也是确保西藏网络意识形态领域绝对安全和西藏互联网建设与管理工作主动适应发展的强大思想武器。要确保在西藏互联网这个主战场、最前沿顶得住、打得赢，切实应对"达赖后"时期可能发生的冲击，必须一以贯之地把学习贯彻治边稳藏重要战略思想作为西藏互联网建设与管理的生命线。

# 搬得出　稳得住　能致富
## ——陕南避灾扶贫移民搬迁工程实践经验研究

"陕西省避灾扶贫移民搬迁工程实践经验研究"课题组

党的十八大以来，陕西深刻学习领会习近平总书记关于新时期扶贫开发的重要战略思想，加快实施陕南避灾扶贫移民搬迁工程，取得了显著效果，实现了减贫与减灾兼顾、当前脱贫与长远致富统一、"安居"与"乐业"相互促进，成为国家脱贫攻坚"易地搬迁一批"政策的策源地，为全国脱贫攻坚、解决同类集中连片贫困地区民生和发展问题积累了可贵的经验。

## 一、扶贫攻坚进入最为艰难的"啃骨头"阶段

陕西南部的汉中、安康、商洛三市，地处秦岭巴山腹地，土地总面积 70220.07 平方公里，占全省总面积的 34.13%，属于全国 11 个集中连片特困地区之一。按照 2011 年国家扶贫标准，三市所辖 28 个县（区）中 27 个处于秦巴山区连片特殊困难区，其中 24 个为国家级重点扶贫县。2011 年年底，陕南三市经济总量仅为全省的 11.4%，农民年人均纯收

入 1600 元以下的人口还有 376.4 万，占全省贫困人口的 67.3%；贫困村达到 1503 个，占全省贫困村总数的 72.6%。虽经多年的扶贫开发，仍有 400 多万群众生活在距乡、村公路 5 公里以上的偏远山区，基础设施严重滞后而建设和维护成本极高，基本公共服务难以有效覆盖，各种扶贫措施的综合效益难于提升，是扶贫工作的重中之重和难中之难，是新阶段扶贫开发最难啃的"硬骨头"。

陕南地形地貌复杂、河网纵横、水系密布，大部分地区山高坡陡、岩石风化、剥蚀严重，地质环境极其脆弱，以泥石流、山体滑坡为主的地质灾害易发区占到陕南地区总面积的 50% 以上。仅在 2001—2010 年的 10 年里，陕南地区共发生地质灾害两千多起，造成 590 多人死亡或失踪，直接经济损失 460 多亿元。2010 年 7 至 8 月，陕南三市同期内多点暴发特大洪涝和地质灾害，灾情最重的安康市，182 人遇难或失踪，7 名基层干部在救灾过程中英勇牺牲。每逢灾后，农村基础设施严重毁损，群众财产几乎荡然无存，多年扶贫积累的成果往往重新"归零"，陷入"受灾—贫困—扶贫—再受灾—再贫困—再扶贫"的恶性循环。

## 二、挪穷窝，拔穷根，坚决打赢脱贫攻坚战

"挪穷窝"才能彻底"拔穷根"。2011 年 8 月，陕西省人民政府印发了《陕南地区移民搬迁安置总体规划（2011—2020 年）》（陕政发〔2011〕49 号），启动了新中国成立以来最大的一次移民搬迁。按照"搬得出、稳得住、能致富"的总要求，计划从 2011 年起用 10 年时间，搬迁移民 60 万户 240 万人。具体实施分为两个阶段：2011—2016 年，重点实施避灾搬迁移民、贫困山区移民和生态移民安置 38 万户 140 万人；2017—2020 年，实施移民搬迁安置 22 万户 100 万人。规划期内，积

极实施城乡一体化发展战略，逐步建立和完善层次结构合理、布局有序的城乡结构体系，建立与经济发展水平相适应的社会保障体系，着力把搬迁安置区建成现代化的新城镇和社会主义新农村，确保移民群众有安全、经济、实用的住房，享受便利、均等的公共服务，收入和生活水平显著提高。

## 三、精准扶贫"一箭多雕"，综合效益显著提升

"十二五"期间，陕南移民搬迁工程共投入资金 595 亿元，其中各级财政投入 258.6 亿元。完成搬迁 32.4 万户、111.89 万人，建设 30 户以上集中安置点 2252 个，集中安置 29.3 万户、102.5 万人，集中安置率达 90.4%，实现了时间过半、任务过半。

**1.做到了精准扶贫**。把贫困户、特困户作为重点优先实施搬迁，5 年累计搬迁贫困户 14.48 万户、50.64 万人，特困户 3.2 万户、8.25 万人。通过"一点一策、一户一法"逐户规划致富产业，落实增收措施，配套社会保障，促进贫困群众脱贫致富。搬迁群众人均收入由 2011 年的 4151 元上升到 2015 年的 8689 元，三市减少贫困人口 50 余万人。在集约、节约投资的情况下，加快了区域性整体脱贫步伐。

**2.实现了减灾安居**。避开山梁陡坡、险滩沟壑，选择安全地带建设安置点，对"隔山为邻、十里同村"的偏远山区群众进行集中安置，使群众彻底远离了"灾害源"。搬迁前的土墙房、石墙房、木头房变成砖混结构的楼房，抗灾能力大幅提升。与 2010 年相比，陕南地区地质灾害和洪涝灾害伤亡率分别下降 80% 和 70%，移民搬迁新址近 5 年来没有一户因灾受损。

**3.促进了经济发展**。5 年来，陕南移民搬迁已直接为陕南注入资金

595亿元，带动了建材、建筑、物流、劳务中介、餐饮服务、家居装修等产业发展，加速了农村土地流转和规模经营，催生了现代工农业园区、家庭农场、产业大户等适度规模经营行业的蓬勃兴起，推动了现代农业、新型工业、生态旅游业加快发展。

**4.推进了新型城镇化。**把偏远地区群众搬迁到基础设施完善，教育、文化、医疗等服务便捷的新型社区，生活方式极大转变，生活质量明显提高，搬迁群众享受了和城市居民一样的待遇。5年来，50%以上的集中安置点进入了城镇规划区，75.2万搬迁群众进城入镇，三市城镇化率提高8.02个百分点，城镇化水平进一步提升。

**5.改善了生态环境。**陕南移民搬迁工程实施5年来，累计腾退宅基地4.03万亩（复垦2.47万亩，还林1.56万亩），陕南年均治理水土流失2400平方公里、植树造林126.7万亩，植被覆盖率提高了4.5个百分点，森林覆盖率达到了57.8%，保护了陕南的生物多样性和生态主体功能。汉江出境水质保持在二类以上，保障了国家南水北调中线工程的水源安全。

## 四、经验和启示

**启示一：必须坚持共享发展，处理好"高位推动"与群众意愿的关系。**共享发展理念是十八大以来我们党关于促进社会公平正义、逐步实现共同富裕的最新理论创新成果，是社会主义的本质要求。坚持将共享发展理念贯穿于移民搬迁工作全过程，最根本的就是要牢记全心全意为人民服务的根本宗旨，勇于担当，把脱贫职责扛在党委和政府肩上，充分发挥中国特色社会主义能集中力量办大事的制度优势，充分发挥在中国共产党领导下当代中国强大的组织动员能力，坚持以移民搬迁、脱贫攻坚统揽经济社会发展全局。5 年来，陕西省委、省政府历届班子正是以高度的政治责任感、使命感，把移民搬迁工程作为陕西的头等大事和第一民生工程来抓，一张蓝图绘到底，咬定青山不放松，一任接着一任干。

陕南移民搬迁对象涉及陕南总人口的 1/4 以上，这样一个浩大工程，自始至终将尊重群众意愿作为一条重要原则，在方案设计中把这一点作为基本要求纳入工作程序，出台的移民搬迁方案和政策，都经过了几上几下的调研讨论，奠定了较好的民意基础。移民搬迁分期分批分阶段的工程实施过程，一方面始终坚持自愿搬迁的大前提，一方面通过"供给侧改革"影响观念变革，"先搬带后搬"，以优质的基础设施、良好便捷的公共服务供给作出示范，引导需求意愿。建成的陕南移民社区交通便捷、医院学校幼儿园等基础配套设施齐全，成为山区一道亮丽的风景线。搬迁群众普遍认为党和政府帮助他们办了一件几代人想办的大事，搬迁的积极性越来越高。实践证明，只有将"高位推动"与尊重群众意愿有机统一，让共享发展理念贯穿于移民搬迁工作全过程，体现在移民搬迁工作各个环节上，使贫困人口有更多的获得感，才能真正通过移民搬迁搭建共享平台，让贫困人口实现"三个共享"：共享基础设施，共享公共服务，共享美好生活。

**启示二：必须坚持创新发展，处理好移民搬迁与新型城镇化和农业现代化的关系**。长期的输血式扶贫，并没有根本解决贫困人口彻底脱贫问题，也不可能彻底阻断贫困的代际传递。只有实施移民搬迁，才能实现人口的二次聚集。陕南移民搬迁始终把解放思想作为先导，突出问题导向，坚持创新引领，将移民搬迁与加快推进新型城镇化和农业现代化紧密结合，从理念思路、方式方法、体制机制等方面全面突破固有模式：创新扶贫开发理念，由偏重"输血"向注重"造血"转变；创新扶贫开发路径，由"大水漫灌"向"精准滴灌"转变；创新扶贫资源使用方式，由多头分散向统筹集中转变；创新扶贫考评体系，由侧重考核地区生产总值向质化量化目标任务、主要考核脱贫成效转变；创新扶贫领导机制，由多头管理向省委省政府牵头抓总、级级层层分工负责、条条块块纵横联动转变；创新扶贫工作格局，由分散小型向搭建载体激发内生功能、拓宽社会参与渠道的大格局转变。理念和行为创新的背后反映的是政府职能转型，积极主动作为，由"被动型治理"朝着"预防式治理"的方向有力迈进，从根本上提高了扶贫开发的质量和成效。

陕南每建一个大型移民搬迁安置点，就相当于再建了一个小城镇。如此大规模的避灾扶贫移民搬迁，在国际上开创了一种全新的移民模式和类型。一系列的创新形成了一套倒逼机制：以脱贫攻坚倒逼移民搬迁，以移民搬迁倒逼城镇化，以城镇化倒逼农业现代化。"三个倒逼"激发出区域发展的内生活力，走出了一条贫困落后地区实现跨越式发展的新型城镇化道路。这条具有中国特色、中国风格的城镇化道路，完全突破了西方经济学将"工业化——市场化——城市化"视为唯一路径的既有模式。在此意义上，陕南移民搬迁工程的伟大实践，在取得避灾防灾与精准脱贫双重效果的同时，也书写了中国特色政治经济学的崭新篇章。

**启示三：必须坚持协调发展，处理好陕南区域发展与陕西同步够格进入全面小康社会的关系。** 多年来，由于自然禀赋、发展基础的差异，陕南的经济社会发展和城镇化水平明显滞后于全省，贫困人口重多、发展不足是陕西的最大短板。站在新的历史起点上，陕西在战略方位上居于"一带一路"的重要支点和向西开放的前沿位置，肩负着打造西部科学发展新引擎、内陆改革开放新高地、新型城镇化发展方式创新、国家生态安全屏障等重大使命，在国家发展全局中的地位更加突出。要完成这些重大使命，必须将陕南移民搬迁纳入陕南绿色循环的区域发展总体战略，放在全省经济社会发展大局中系统谋划。省委、省政府把移民搬迁作为解决灾害易发区、连片贫困区、生态功能区"三区叠加"地区发展的重要抓手，从长远看，能从根本上改善数百万群众的生产生活条件，挖掘发展潜能；从短期看，有利于加强对贫困地区基础设施和公共服务的投入，提高惠民政策的覆盖面，带动有效投资快速增长，形成促进经济增长的新动能，在区域发展与扶贫攻坚同频共振中获得取之不尽、用之不竭的力量源泉。

**启示四：必须坚持开放发展，处理好动员外部力量"扶贫"与激发内生动力"脱贫"的关系**。扶贫开发是全党全社会的共同责任，必须畅通扶贫渠道，引导各方力量共同参与扶贫开发，处理好国家、社会帮扶和自身努力的关系，鼓励贫困群众自己探索创新脱贫致富的方式和路径，增强贫困人口自我发展能力。努力形成政府主导、社会参与、全民动员的大扶贫工作格局。

陕西以移民搬迁为抓手的扶贫攻坚工程，广泛动员社会力量，整合一切可以利用的资源，上下协同，全民参与，形成了前所未有的"大扶贫"格局。为促进移民搬迁工程的资金流转和使用，省政府成立了陕西省"陕南移民搬迁工程有限公司"，由大型国有企业陕西有色金属控股集团有限责任公司和省财政厅等共同出资组建。搬迁公司在省移民搬迁安置领导小组的指导协调下，积极筹措资金，按照"封闭运作、快速周转、保本微利"的运作模式，筹措资金用于陕南移民搬迁项目启动和资金周转。陕南各地在移民搬迁安置工程建设中，采取多元化投资，吸引社会资金、民间资本共同参与。先后探索出了"与企业联建、外出务工返乡'老板'出资合建，当地致富能人、村组干部带头建设"等多种模式，用市场机制把"外部"资源和"内生"力量有效结合起来。机关事业单位与贫困乡村"结对子"，党员领导干部与贫困村民"一帮一"。以开放发展为理念的移民搬迁，实现了集中社会合力精准扶贫与激发内生动力精准脱贫的有机统一。

启示五：必须坚持绿色发展，处理好尊重规律与永续发展的关系。实践证明，尊重自然规律、主动向大自然低头，是面对地质、洪涝等自然灾害的理性选择，通过移民搬迁"人退林进"，降低群众对山林的过度生存依赖，减少了人迹活动对自然的干扰破坏，促进了生态修复再生，这是在正确把握顺应自然与实现永续发展关系基础上的科学决策。

生态资源是陕南的最大优势，陕南移民搬迁坚持大绿色、大生态、大循环发展理念，将绿起来与富起来有机结合，为经济社会永续发展营造优质的生态环境。推进旧宅基地复垦工作，执行"一户一宅、占新腾旧"政策，鼓励各地结合农村居民进城落户政策，通过奖补等方式引导移民搬迁户加快旧宅基地腾退进度。严禁未批先用和占用基本农田，严禁削山填河、破坏生态环境。加快发展山林经济。围绕"生态、发展、宜居"的目标，按照"政府主导、市场参与、社区治理、典型示范、全面推进"的治理思路，引导搬迁群众树立良好的生活行为习惯。加大对沿江沿河搬迁安置社区垃圾和污水的治理，重点解决污水乱排、垃圾乱扔等脏乱差问题，促进废弃物循环利用。通过各种综合治理措施，既满足了搬迁群众的生活需求，让搬迁群众因生态而富；又对生态环境进行了保护，让搬迁社区因生态而美。

# 加快华夏文明传承创新区建设
# 为丝绸之路经济带建设服务

"甘肃省以建设华夏文明传承创新区为重要平台
助推丝绸之路经济带建设"课题组

甘肃是华夏文明的重要发祥地，为华夏文明的形成与发展作出了重要贡献。对三年多来华夏文明传承创新区（以下简称"华创区"）建设的经验进行总结概括和提炼，是甘肃义不容辞的历史责任。

## 一、华夏文明传承创新区建设的重大意义

——建设华创区，挖掘整理甘肃乃至西北在中华民族和中华文化发展史上的深厚资源，探索保护传承、弘扬发展优秀传统文化的新路子，对甘肃乃至西北的经济社会发展必将产生内在支撑、外在拉动的作用。

——甘肃是"四大文明"的汇聚地，是农耕文化与游牧文化不断碰撞和交汇的地带。建设华创区，有利于深入研究提炼甘肃文化发展的规律，再现华夏文明的魅力。

——推动优秀传统文化的研究、保护、传承、开发、创新一体化、

推动文化事业、文化产业与经济社会的深度融合发展，有利于打造中华文化创造性转化、创新性发展的实践范本，探索出经济欠发达但文化资源相对富集地区（以下简称"一欠一富地区"）以文化的继承与创新发展为主要抓手，实现经济社会全面发展的新路子。

——甘肃在经济合作发展与文化传播交流上有着悠久历史及丰富的成功经验，在丝绸之路经济带建设中承担着构建开放包容的体系、搭建经济发展的战略平台、加快文化"走出去"的步伐等国家使命。建设华创区，有利于甘肃总结自身历史，发挥文化对于经济发展、合作共赢的支撑与延展作用。

## 二、甘肃推进华夏文明传承创新区建设的历史和现实基础

1. **甘肃是中华民族和中华文化的主要发祥地之一**。远古时期甘肃就有人类生存。大地湾一期文化是目前所知甘肃境内最早的新石器文化遗存，有力证明了中国彩陶起源于甘肃。马家窑文化开启了中国青铜时代的孕育期。人文始祖伏羲始作八卦，肇启文明。炎黄二帝曾在陇原留下大量活动印记与传说，他们所代表的部族，逐渐形成了华夏民族的主体。周先祖不窋在陇原开启了农耕文明之先河。甘肃在千百年的历史进程中孕育了灿烂的古代文明。

2. **甘肃是历史上各民族交流交融的主要地域**。甘肃自古就是一个多民族聚居之地。河西走廊是我国古代一条路线最长、历时最久、规模最宏大、文化沉淀最丰厚的民族走廊。各民族过去是现在依然是伟大祖国的建设者，是华夏文明的创造者和传承创新者。

3. **甘肃是古丝绸之路的主要通道和重要组成部分**。丝绸之路贯穿甘

肃全境，东西方文明在这里交融汇聚。丝绸之路丰富的文化遗存是甘肃历史文化资源中最有优势、最具魅力的珍宝。甘肃因此而成为我国历史上率先对外开放的地区，河西走廊是我国走向世界的第一条通道。

4. **甘肃的文化文物资源总量在全国位居前列**。甘肃是文物大省，是中国彩陶艺术之乡，是世界上独一无二的石窟走廊和艺术长廊，是敦煌遗书和汉代简牍的出土地，是敦煌学、简牍学、西夏学的故里，是"长城之省"，是丝路沿线人类口头与非物质文化遗存丰富且独特的地区，是"中华民族重要的文化资源宝库"。

5. **敦煌的保护、研究和开发成为传统文化保护和传承的典范**。甘肃已建成了敦煌文化遗产数字资源库和敦煌学信息服务平台。《丝路花雨》《大梦敦煌》等是具有代表性的中国文化品牌。甘肃是世界敦煌学研究的中心。敦煌画派成为全国 13 个画派之一。"敦煌哲学"为敦煌文化研究开辟了新天地。敦煌国际文化旅游名城成为中华文化走出去的重要窗口和国际文化合作交流战略平台。丝绸之路（敦煌）国际文化博览会是国家在甘肃布局的又一个文化建设重大项目，标志着敦煌的保护、研究和开发迈向了国际化、高科技化、学术化、高端化、品牌化的新阶段。

## 三、甘肃省推进华夏文明传承创新区建设的主要成就和做法

1. **主要成就**。

——甘肃为华创区建设组成了学者专家库，成立了十几个相关研究机构，强化了学术支撑，增强了底气与信心，扩大了华创区的影响。

——甘肃在文物与文化资源普查的基础上，实施了文化遗产数字化工程。敦煌莫高窟保护率先进入数字时代。历史文化名城名镇名村保

护开发有序推进。非物质文化遗产保护全面展开。2014 年"丝绸之路：起始段和天山廊道的路网"成功入选世界文化遗产名录，为丝绸之路经济带建设提供了十分具体、鲜活和可复制的合作模式。

——甘肃创造性地推行"文化集市"建设，成为发展劳动密集型文化产业的创新性、示范性文化惠农工程。以"文化 +"思维，进入"文化 +"全链接的大文化发展新层面，为文化产业发展开创了更为广阔的天地。舞剧《丝路花雨》被誉为中国舞剧的里程碑。《大梦敦煌》荣登"国家舞台艺术精品工程十大精品工程"榜首。《河西走廊》成功走向世界，为中国纪录片创作生产和国际传播提供了有益的借鉴和宝贵经验。

——甘肃大力推进对外文化交流项目。与埃及开罗中国文化中心、乌兰巴托中国文化中心等 8 个中国文化中心进行了合作，使越来越多的国家及其民众对甘肃、对大西北、对丝绸之路经济带建设有了更多的了解，谱写出了民心相通的动人篇章。

——甘肃经济、文化、生态三大平台相互支撑的发展新格局已形成。华创区建设已成为中国特色社会主义文化建设中独特而不可或缺的"甘肃篇"，为传统文化的创造性转化和创新性发展探索出了可复制可推广的新路子，为"一带一路"战略提供了有力的历史文化支撑。

**2. 主要做法。**

一是顶层设计，高起点部署。甘肃着眼高起点，定位高标准，要求高质量，顶层设计密集出台，为华创区建设"定战略、指方向、明路径"，做到了从一开始就既有章可循，又有具体抓手，还有责任落实。

二是"三头"并重、"五业"并举。以敦煌文化为龙头，以兰州黄河文化为重头，以天水始祖文化为源头，抓住了主线，突出了重点。"五业"并举，主业是灵魂，祖业是内容，事业是基础，产业是载体，副业是延伸，抓好主业、保护祖业、发展事业、做大产业、搞活副业（即文化衍生产业），有利于发展先进文化、创新传统文化、扶持通俗文化、引导流行文化、改造落后文化、抵制有害文化。

三是深化文化体制改革，破解发展瓶颈。国有经营性文化单位转企改制全面完成，读者出版集团实现了甘肃文化企业上市的"零的突破"。全面完成省、市、县广电网络整合任务。形成了以数字电视业务为主，云计算数据中心、广告传媒、文化地产等为辅的协同发展格局。成立了甘肃省文化产业发展集团，设立了甘肃省文化产业发展引导基金。

四是打造文化品牌，提高文化核心竞争力。"西风烈·绚丽甘肃"原创歌曲《甘肃老家》，成为宣传甘肃的声音形象坐标。甘肃戏剧大省的地位已基本奠定。《敦煌音画》填补了甘肃没有自创民族交响音乐的空白。《血色宣言》《云中的郎木寺》成为国家新闻出版广电总局推荐的第一批重点影片，《甘南情歌》获第十四届电影百合奖优秀故事片一等奖、第十三届"五个一工程奖"。

五是大力培养文化人才，促进文化可持续发展。甘肃建立了兰州文理学院，为进一步申办专业的文化传媒大学做准备。在省内已有的普通高校中开办文化相关专业，开始招收博士生和硕士生。

## 四、甘肃省推进华夏文明传承创新区建设的主要经验和启示

### 1. 主要经验。

一是中央和国家的重视与支持是华创区建设的政治前提和政策依据。华创区是唯一一个国家级的文化发展战略平台。丝绸之路（敦煌）国际文化博览会是全国唯一以国际文化交流为主题的国家战略平台。两个"唯一"，体现出中央对甘肃的重视、重托与推动。

二是深入的学术研究、整理和挖掘，是推进华创区建设的重要基础性条件和主要依托。华创区建设要处理好保护、传承与创新三个层面的关系。通过学术研究让历史文化的"青山"常在，使文化创新的"绿水"长流。

三是党和政府的政治领导、工作指导和统筹协调，是推进华创区建设的根本保证。甘肃高度重视党和政府的工作指导和统筹协调，把历史文化的宝藏"挖出来"，让沉睡的文物"活起来"，让优秀传统文化"传下去"，使中华文化"走出去"，确保把发展先进文化、创新传统文化、扶持通俗文化、引导流行文化、改造落后文化、抵制有害文化的国家文化使命落到实处。

四是文化部门与经济部门等其他部门的协同协作，是推进华夏文明传承创新区建设的重要方法。打破行业部门和区域分割，思想大解放、工作大协同，使甘肃文化的"绿水青山"逐步变成社会进步的"金山银山"。

五是以文化的保护开发推动经济社会发展，提高人民群众的获得感，是华创区建设的根本目的。华创区建设，既要群众的参与，更要提高群众的获得感。使老百姓在精神层面上接受社会主义核心价值观的陶冶，成为高尚的人；从文化资源转化中获得经济上的收益，成为富有的人；在保障基本文化权益中，成为快乐的人。

### 2. 主要启示。

一是文化建设不能等到经济发展起来以后再做，而是需要立足资源，超前谋划，因时制宜，加快发展。甘肃巧借文化"反弹琵琶"，发挥文化建设的互动联动作用以及溢出效应，在内陆欠发达的省份闯出了独特的文化发展之路，探索出"一欠一富"地区以文化的继承与创新发展为抓手，实现经济社会全面发展的新路子，是探索挖掘"巧实力"的试验。

二是文化的传承创新需要人民群众的广泛参与，文化的发展必须融入和贯穿经济社会发展各领域。甘肃坚持以人民为中心，创办"文化集市"，大力推进乡村舞台建设，激发了农村基层群众参与文化传承创新的积极性，创新了群众性文化活动的形式，使大量的民间传统艺术活在了当代，活在了老百姓的生活中，是聚集释放"大活力"的探索。

三是甘肃的发展还需要国家层面加大支持力度，综合施策，做大做强，真正为"一带一路"的顺利实施助力发力。甘肃要达到国家发展的要求，需要从国家层面进一步加大支持力度，在用好已有国家平台和已有国家政策的同时，也期盼国家能为甘肃量身打造更多的平台与政策，使甘肃更多地为"一带一路"助力发力，成为形成特色"软实力"的高地。

四是国家应在"一带一路"战略的实施中，制定整体的文化战略，整合国内特别是西北地区文化资源，进一步加强文化交流，促进民心相通。西北地区文化基因相近，民风习俗相似，与丝绸之路经济带沿线国家与地区有某种天然的亲近感，具有民心相通基础。应从国家层面的高度，制定整体的文化战略，发挥西北地区的民族历史文化优势，打造人类命运共同体，促进人类共识体建设，使甘肃成为汇聚"一带一路""软力量"的节点。

# 青海打造生态文明示范区实践研究报告

"青海省打造生态文明示范区实践研究"课题组

建设生态文明是关系人民福祉、关系民族未来的大计，是实现"两个一百年"奋斗目标和中华民族伟大复兴的中国梦的重要内容。党的十八大以来，以习近平同志为核心的党中央，从中国特色社会主义事业"五位一体"总布局的战略高度，对生态文明建设提出了许多新观点新论断新要求，为我国走向生态文明新时代提供了根本指针。保护好青海生态环境，不仅事关国家重要生态安全屏障的稳固，事关中华民族的永续发展；还是青海加快转变经济发展方式、建设富裕文明和谐美丽新青海的必然选择。青海以习近平总书记系列重要讲话精神和对青海生态保护工作重要指示为基本遵循，以强烈的问题意识学习领会、以鲜明的目标导向贯彻落实，注重把握特殊省情，自觉履行特殊责任，坚持以生态保护优先理念协调推进经济社会发展，奋力打造全国生态文明示范区，迈出了建设和谐美丽青海的坚实步伐。

# 一、牢牢把握特殊省情，牢固树立生态保护优先理念努力走向生态文明新时代

有什么样发展理念，就有什么样的发展实践。习近平总书记指出，生态兴则文明兴，生态衰则文明衰。强调要清醒认识保护生态环境、治理环境污染的紧迫性和艰巨性，清醒认识加强生态文明建设的重要性和必要性，以对人民群众、对子孙后代高度负责的态度和责任，为人民创造良好生产生活环境。这为青海发展提供了行动指南。青海立足特殊省情，把握发展规律，2012 年提出了建设生态文明先行区，把生态保护作为面向未来的战略选择。2013 年制定《创建全国生态文明先行区行动方案》，迈出了生态文明建设新步伐。2014 年《创建全国生态文明先行区行动方案》得到国家批准，标志着创建生态文明先行示范区上升为国家战略。2015 年制定《贯彻落实〈中共中央国务院关于加快推进生态文明建设的意见〉的实施意见》，生态文明建设总体布局和工作体系基本形成。2016 年认真践行习近平总书记"要扎扎实实推进生态环境保护"的重大要求，全面部署重大生态工程、绿色发展、生态文明体制改革等重点工作。目前，生态保护优先理念已牢固确立，并渗透到规划编制、项目审批、工程建设、民众生活和政府监管等各个方面，成为指导青海经济社会发展的基本遵循，开启了生态文明建设的新征程。

# 二、自觉履行特殊责任，深入推进重大生态保护工程，为美丽中国做贡献

良好生态环境是人和社会持续发展的根本基础。习近平总书记强调，

保护生态环境是功在当代、利在千秋的事业。指出青海是三江之源，生态环境十分脆弱，最大的贡献就是保护好，要像保护自己的眼睛一样保护生态环境，像对待生命一样对待生态环境。这就道出了青海的特殊责任，需要青海牢牢确立生态红线的观念，以对人民群众、对子孙后代高度负责的态度，创造良好生产生活环境。青海自觉把筑牢国家生态安全屏障、服务中华民族长远利益作为重大历史责任，深入实施重点生态工程建设，扎实推进三江源、青海湖、祁连山等重大生态工程，深入实施封山育林育草、天然林和湿地保护、退耕还林、退牧还草等专项生态项目。坚持预防为主，综合治理，大力实施"碧水蓝天行动"，强化水、大气、土壤等污染防治，全面开展"家园美化行动"，加强垃圾污水处理设施建设，深入推进农村连片整治、城镇周边、游牧民定居点环境整治，加大重点交通沿线以及重点旅游景区综合整治。坚持问题导向，强化监督检查，在重点区域集中开展拉网式生态环保工作大检查，破坏生态环境现象得到有效控制，确保了青山常在、绿水长流，保护关系到下游藏、甘、滇、川等16个省市自治区的用水安全，为美丽中国作出突出贡献。

### 三、恪守绿水青山就是金山银山，坚定不移走绿色<br>循环低碳发展之路，着力形成可持续发展模式

生态环境问题归根结底是经济发展方式问题。习近平总书记指出，牢固树立保护生态环境就是保护生产力、改善生态环境就是发展生产力的理念，更加自觉地推动绿色发展、循环发展、低碳发展，决不以牺牲环境为代价去换取一时的经济增长。强调既要绿水青山，也要金山银山；宁要绿水青山，也不要金山银山，而且绿水青山就是金山银山。强调如果把青海污染了，多搞几百亿的生产总值又有什么意义呢？这为青海指

明了在资源富集、生态脆弱的省份走出一条绿色低碳循环发展的路子。青海坚持把调结构作为主攻方向，深入推进循环经济发展先行区建设，坚持集约化、有机化、品牌化方向，因地制宜发展资源环境可承载的高原现代生态农牧业，加快传统产业技术改造和科研基地建设，加强可再生能源基地建设，形成了特色鲜明的资源综合开发利用循环经济产业体系。坚持把现代服务业作为产业结构优化升级的战略重点，积极运用新技术、新理念，加快对传统服务业的改造升级，有效促进了传统服务业转型发展。坚持把节约资源作为保护生态环境根本之策，实施全社会节能降耗行动计划，大力培育发展节能环保产业，提前实现"十二五"淘汰落后产能目标，努力构建与生态文明相适应的发展方式。

## 四、以深化改革为牵引，强化生态文明制度建设，为生态保护与建设提供持续动力

深化改革是解决生态保护问题的根本途径。习近平总书记指出，我国生态环境保护中存在的一些突出问题，一定程度上与体制不完善、机制不健全、法治不完备有关。强调只有实行最严格的制度、最严密的法治，才能为生态文明建设提供可靠保障。这抓住了生态文明建设的"牛鼻子"，为青海全面推进生态文明制度改革提供了坚实保障。青海把建立生态文明制度体系作为全面深化改革的重要突破口和形成特色的重要领域，加快生态文明体制改革。2013 年制定《贯彻落实中央生态文明体制改革总体方案的实施意见》，先后出台了 40 多个生态方面的改革方案和意见办法，以重点领域的改革带动生态文明制度体系建设整体协调推进。积极推进煤炭等重要矿产品资源税从价计征改革，开展节水、城乡建设用地增减挂钩等试点，完善水资源费、污水处理费征收标准。依

法对自然生态空间进行了统一确权登记，完善资源有偿使用制度，探索了生态补偿的新路径。加快推进三江源国家公园体制试点，为改变"九龙治水"、实现"两个统一行使"闯出了新路子。2016制定《生态文明建设促进条例》，筑起了生态文明建设的"法治之墙"。

## 五、坚持绿色惠民，把保护生态环境作为重大民生实事让人民共享生态文明建设成果

保护生态环境关系人民的根本利益和民族发展的长远利益。习近平总书记指出，良好生态环境是最公平的公共产品，是最普惠的民生福祉。不能把加强生态文明建设、加强生态环境保护、提倡绿色低碳生活方式等仅仅作为经济问题，这里面有很大的政治。强调环境就是民生，青山就是美丽，蓝天也是幸福。这既是对生态产品的准确定位，又是对民生内涵的丰富发展，彰显了当代共产党人高度的生态自觉和执政为民。青海把改善民生作为生态文明建设的出发点和落脚点，持续加大资金投入，探索完善易地搬迁群众可持续发展和生态管护机制，扩大异地办学规模，实现城乡居民养老保险制度统一和全覆盖，落实草原奖补、生态公益岗位、公益林改革等政策，有力提升了重点生态功能区群众的生活水平，民生保障正在向普惠型、质量型转变。坚持把生态文化作为生态文明建设的重要支撑，推广绿色消费理念和行为，发展生态文化产业，加大生态文明建设宣传，深入开展文明青海、"五星级"文明户创建活动，越来越多的志愿者参与到宣传保护生态的潮流中，全社会的节约意识、环保意识、生态意识氛围日益浓厚，全省各族群众绿色生活方式正在悄然形成。

## 六、落实主体功能区规划，完善经济社会发展目标 考核体系 形成保护生态的鲜明导向

实施主体功能区规划是实现人与自然和谐相处的重要保证。习近平总书记指出，要加快实施主体功能区战略，严格实施环境功能区划，构建科学合理的城镇化推进格局、农业发展格局、生态安全格局，保障国家和区域生态安全，提高生态服务功能。指出青海的主要区域是重点生态功能区，是世界的第三极，生态产品和服务的价值极大。制定"十三五"规划时，要使保障国家生态安全的主体功能得到加强。这集中体现了党中央从严保护生态的坚决态度和坚定意志。青海认真贯彻国家和青海主体功能区规划，按照国家出台的与主体功能区规划相配套政策，陆续出台了与青海主体功能区相适应的财政、投资、产业、农业、人口、环境等配套措施，并建立了对主体功能区规划落实情况的评估机制和主体功能区规划的调整机制，2015年全省禁止开发区和限制开发区面积接近国土面积的90%，综合政策体系不断完善。建立生态文明建设依法决策和绿色绩效考核机制，健全资源环境监测评估预警体系，试行领导干部生态保护一票否决制，探索领导干部自然资源资产责任审计，建立生态环境损害问责制和责任终身制，制度约束与激励效能得到进一步强化。

## 七、青海打造生态文明示范区 筑牢国家 生态安全屏障的启示

青海资源富集与发展滞后、生态重要与生态脆弱并存。保护好青海生态环境，必须坚持以习近平总书记系列讲话和对青海工作指示为指引，

用新的发展理念指导新的发展实践，扎扎实实推进生态环境保护，统筹推进生态工程、节能减排、环境整治、绿色发展和制度改革，全力创建国家生态文明先行区。必须处好全局与局部的关系，既严格按照主体功能区定位要求，优化国土空间开发格局，又兼顾局部的利益，在发展政策、制度安排和机制运行方面给予照顾倾斜和适当补偿，以促进保护生态的积极性，培育地区新的发展动力。必须处理好保护与发展的关系，既不能走先污染后治理的老路，也不能走守着金饭碗饿肚子的穷路，坚定不移转方式、调结构，大力推进绿色低碳循环发展，走出一条生产发展、生活富裕、生态良好的文明发展道路。必须处理好保护与民生的关系，把服务民生抓生态、改善生态惠民生、抓好民生促稳定的理念贯穿到生态文明建设始终，提供更多的生态产品，让各族群众不仅拥有"青海蓝"，还能更多地分享到"绿色福利"。必须处理好当前与长远的关系，既立足当前、夯实基础，抓好生态文明建设重点任务的落实，又着眼长远、加强顶层设计，用制度保障主体功能区规划的落实，实现中华民族永续发展。

# 回汉各族一家亲　同心共筑中国梦

## ——宁夏回族自治区促进民族团结宗教和顺的经验与启示

"宁夏回族自治区促进民族团结宗教和顺实践研究"课题组

党的十八大以来，习近平总书记反复强调，民族团结是发展进步的基石，是我国各族人民的生命线。民族宗教工作是全局性的工作，处理好民族宗教问题，做好民族宗教工作，事关国家长治久安和中华民族繁荣昌盛，事关祖国统一和边疆巩固，事关民族团结和社会稳定。

宁夏是我国唯一的省级回族自治区，也是地处西北内陆的民族地区，有回族、满族、蒙古族、壮族等 47 个少数民族，其中回族人口 236.14 万人，占全区总人口的 35.7%，占全国回族人口的 1/5。多民族聚居、多宗教并存、多元文化交织的特殊区情，决定了宁夏在全国民族宗教工作格局中的重要位置，也决定了民族宗教工作在全区工作中的分量。长期以来特别是党的十八大以来，自治区党委、政府深入学习贯彻习近平总书记系列重要讲话精神特别是关于民族宗教工作的重要论述，牢牢把握正确的政治方向，始终做到"五个坚持"，着力打造民族团结、宗教和顺这张靓丽名片，巩固了各民族和睦相处、和衷共济、和谐发展的良好局面，走出了一条符合民族地区实际、具有中国特色宁夏特点的民族团结进步之路。

## 一、始终坚持党对民族宗教工作的领导

习近平总书记强调，做好民族工作关键在党、关键在人。坚持党的领导是中国特色解决民族问题的政治优势和制度法宝，是成功做好民族宗教工作的根本保证。近年来，宁夏始终坚持党对民族宗教工作的领导不动摇，牢牢掌握领导权、主动权、主导权，为推动民族团结宗教和顺提供了强有力的政治保证。一是始终把党的领导贯穿于民族宗教工作全过程。各级党委、政府把民族团结、宗教和顺作为一切工作的生命线，摆上重要议事日程，与中心工作同谋划、同部署、同落实、同检查，使民族宗教工作切实成为全局性、战略性工作。党政主要负责同志亲自过问、亲自协调、亲自督办，经常听取工作情况汇报，研究解决重大问题。不论作决策、办事情，还是编制重大规划、出台重要政策、建设重点项目，凡是不符合民族地区实际、不利于民族团结宗教和顺的事坚决不做。二是健全领导体制和工作机制。自上而下高规格成立三级民族宗教工作领导小组，健全主要领导总负责、分管领导亲自抓、领导小组统筹协调的决策高效、统筹有力、责权清晰、上下贯通、左右衔接的党委领导体制，建立经费人员保障、矛盾纠纷源头排查化解、突发事件应急处置、重大事项跨省协作共管、督查考核等工作机制，形成党委领导、政府负责、有关部门协同配合、全社会通力合作的民族宗教工作格局。三是加强少数民族干部人才队伍建设。坚持德才兼备、以德为先，把培养、选拔、使用少数民族干部作为管根本、管长远的大事来抓，注重严格把关，注重选拔使用，注重拓宽渠道，注重教育培养，使其在经济发展、民族

团结、宗教和顺、社会和谐稳定中发挥积极作用。

## 二、始终坚持各民族一律平等的根本原则

习近平总书记指出，把民族平等始终作为立国的根本原则之一，各民族一律平等、共同当家做主，实行民族区域自治，确立和巩固了平等团结互助和谐的社会主义民族关系，这是中华民族关系史上数千年未有之大变局。民族平等，是我国民族政策的核心，是民族团结的基石。宁夏始终坚持各民族一律平等这一原则不动摇，正确处理差异性与共同性的关系，使民族团结宗教和顺的大好局面不断巩固。一是保障平等权利。坚持和完善民族区域自治制度，不断完善《民族区域自治法》的配套法规体系，先后颁布实施《民族教育条例》《尊重少数民族风俗习惯的规定》《宗教事务若干规定》等地方性法规和政府规章162件，并对相关法律条例的实施和政策落实情况定期督查、视察，推动民族宗教工作走上规范化法制化轨道。二是完善扶持政策。针对地区间、民族间经济、文化、教育等发展不平衡的状况，在落实好普惠性政策的同时，加大政策、资金、项目的倾斜扶持力度，补齐发展短板，逐步缩小差距，促进各民族共同繁荣发展。三是尊重风俗习惯。坚持把尊重差异、包容多样的要求体现在日常生活工作的每个细节，把充分尊重少数民族风俗习惯体现在衣食住行、婚丧嫁娶、礼仪风俗等各个方面。从党员干部做起，从回汉群众互贺节日、各族学生共校同班等具体事做起，增进彼此了解、信任、尊重、包容。

## 三、始终坚持各民族共同团结奋斗、共同繁荣发展的主题

习近平总书记强调，发展是解决民族地区各种问题的总钥匙。增强团结的核心问题，就是要积极创造条件，千方百计加快少数民族和民族地区的经济社会发展，促进各民族共同繁荣发展。宁夏既是民族地区，也是经济欠发达省区，基础弱、条件差、起步晚。宁夏牢牢把握各民族共同团结奋斗、共同繁荣发展的民族工作主题，精确制导、精准施策，强发展之基，固民生之本，使各族群众获得感、幸福感不断增强，夯实了民族团结的物质基础。一是统筹城乡协调发展。按照"把宁夏作为一个城市规划建设"的思路，率先在全国编制实施全省域空间发展战略规划，将全域宁夏的城乡功能定位、产业发展、基础设施建设、生态环境保护等重大事项和战略部署整体落到了一张蓝图上，推动山川、城乡协调可持续发展。二是加大扶贫开发力度。举全区之力，大力实施35万生态移民工程和65万贫困人口"四到"精准扶贫工程（基础设施到村、项目扶持到户、培训转移到人、帮扶责任到单位），实现了从"输血"向"造血"、单点扶贫向整体推进、大水漫灌向精准滴灌、单打独斗向协同作战的历史性转变。金融扶贫经验、东西对口扶贫协作"闽宁模式"在全国推广。三是着力保障和改善民生。坚持民生为先，优先保障民生投入，优先安排民生项目，优先解决民生问题，连续10年实施民生计划、为民办10项30件实事，每年70%以上的财力用于民生改善。坚持以人为本、补齐短板，健全文化教育、医疗卫生等公共服务体系，推进标准化、均等化、社会化建设，促进社会事业全面发展，切实解决老百姓出行难、饮水难、就医难、上学难等问题。

## 四、始终坚持把民族团结进步宣传教育和创建活动作为重要载体

习近平总书记指出，广泛开展民族团结教育，注重把建设各民族共有精神家园作为战略任务来抓，使各民族人心归聚、精神相依。民族团结进步宣传教育和创建活动，是增强认同、凝聚人心的有效载体，是促进各民族交往交流交融的重要平台。宁夏坚持不懈深入扎实开展民族团结进步宣传教育和创建活动，使各民族同呼吸、共命运、心连心、手拉手的光荣传统代代相传，在全社会形成了人人自觉维护、人人争当模范的良好社会环境。一是广泛开展宣传教育。坚持多层次、广覆盖的原则，连续 20 多年开展"民族团结月"活动，推动民族团结教育制度化、常态化、大众化，形成了全民受教育、人人促团结的生动局面。二是深入开展创建活动。坚持重心下移、夯实基础，群众主体、共建共享的原则，着眼促进各民族交往交流交融，把创建活动延伸到乡村、社区、学校、企业、连队，延伸到"两新组织"、各行各业和各族群众，推进创建活动人文化、大众化、实体化。三是选树表彰先进典型。坚持以点带面、典型引路，大张旗鼓评选表彰民族团结进步先进典型，总结并在全区推广吴忠市"585"创建模式。全区累计表彰先进集体 811 个，先进个人 2276 名，其中受到国务院表彰的全国民族团结进步先进集体 108 个，先进个人 127 名。四是繁荣发展优秀文化。坚持保护传承、繁荣发展，大力实施少数民族优秀文化挖掘整理工程、非物质文化遗产保护传承工程和文艺精品创作工程，深入挖掘黄河文化、红色文化、回乡文化、西夏文化等文化资源，扎实开展"送文化""种文化"活动，促使各族群众在尊重中包容，在认同中互鉴。

# 五、始终坚持我国伊斯兰教中国化方向

习近平总书记明确提出，积极引导宗教与社会主义社会相适应，必须坚持中国化方向，必须提高宗教工作法治化水平，必须辩证看待宗教的社会作用，必须重视发挥宗教界人士作用，引导宗教为促进经济发展、社会和谐、文化繁荣、民族团结、祖国统一服务。这些年，宁夏坚持我国伊斯兰教中国化方向，充分发挥宗教界自身的正能量作用，积极引导和促进伊斯兰教与社会主义社会相适应，为民族团结加分，为宗教和顺添彩。一是倡导"四大理念"。坚持用社会主义核心价值观引领，用中华优秀传统文化浸润，深入开展"以儒释经"工作，大力挖掘、阐释和弘扬伊斯兰教经典教义中蕴含的积极内容和核心理念，持续开展"知大局、守规矩、起作用""念好两本经、再做新贡献"等主题教育实践活动，创造性开展社会主义核心价值观、国旗、党报党刊、文化书屋进寺院活动，大力倡导爱国爱教、坚守中道、两世吉庆、和顺包容的理念，鼓励宗教界人士争做"八大员"，引导广大信教群众既念好"教义经"，又念好"致富经、团结经"。二是坚持"六化并举"。牢固树立寓管理于服务的理念，建立领导干部与宗教界人士定期约谈、联系交友制度，深入开展和谐寺观教堂创建活动，既抓好依法管理，又抓好积极引导。始终坚持宗教中国化的方向，推动宗教事务治理法治化、宗教场所管理民主化、宗教人士教育经常化、宗教团体建设规范化、宗教工作保障机制化，依法民主管理宗教事务的水平明显提升，宗教界人士积极作用得到有效发挥，现有宗教格局保持基本稳定，宗教领域保持了和谐稳定的良好局面。

如今在宁夏，"两个共同""三个离不开""五个认同"等思想深入人心，大家像石榴籽一样紧紧抱在一起，像爱护自己的眼睛一样爱护民族团结，像珍惜自己的生命一样珍惜民族团结，唱响了回汉一家亲、共筑中国梦的赞歌。宁夏促进民族团结宗教和顺的生动实践，是我们党探索走中国特色解决民族问题正确道路、不断推动马克思主义民族理论中国化伟大实践的生动写照。宁夏的生动实践充分表明，中华民族一家亲，同心共筑中国梦，必须坚定不移走中国特色解决民族问题的正确道路，必须千方百计实现少数民族地区跨越式发展，必须与时俱进巩固和发展社会主义民族关系，必须强化培育中华民族共同体意识，必须积极引导宗教与社会主义社会相适应。

中华民族伟大复兴的中国梦，是每个民族的梦想。实现梦想，人人有责，梦想实现，人人共享。宁夏回汉各族儿女将在党的民族政策的光辉指引下，坚定不移地团结在以习近平同志为核心的党中央周围，共同团结奋斗、共同繁荣发展，凝聚最大公约数、画出最大同心圆，切实把民族团结、宗教和顺的名片打造得更加亮丽！

# 新疆维吾尔自治区去宗教极端主义研究

"新疆维吾尔自治区去极端化经验做法研究"课题组

宗教极端主义对新疆的渗透影响由来已久,是由深刻的宗教、历史、国际等多方面原因交织造成的,是"泛突厥主义、泛伊斯兰主义"在当代新疆的突出表现和具体体现。去新疆宗教极端思想是谋长远之策,行固本之举,建久安之势,成长治之业。自治区党委统筹谋划、联合攻关,集合疆内外宗教问题研究专家的智慧,借鉴国外宗教极端研究的有益成果,以马克思主义宗教观为分析工具,对新疆宗教极端主义和去宗教极端主义工作开展了深入系统研究。

## 一、看清了宗教极端主义的本质

宗教极端主义本质是假借宗教名义,歪曲宗教教义,宣扬、传播"神权政治"论、"宗教至上"论、"异教徒"论、"圣战"论等宗教极端主义,或者以其他方式煽动歧视、煽动仇恨、鼓吹暴力的思想言论和行为,企图达到分裂国家、建立神权统治的目的。具有政治性、排他性、极端性等特征,其本质不是宗教,是反人类、反文明、反社会。

"宗教至上"论是新疆 20 世纪八九十年代动乱的主要根源，与近年来"三非"活动、暴力恐怖活动紧密相关。

"神权政治"论排斥一切，反对一切，具有极端排斥"异教"的特点，把信徒引向狂热，从事颠覆政权、分裂破坏活动。

"异教徒"论成为排挤打压正信群众的借口和工具，成为捏造"宗教迫害"、煽动"迁徙"出境的借口。

"圣战"论伤害了信教群众对宗教的信仰和感情，将穆斯林群众引向愚昧无知和残忍暴力。

## 二、分析了宗教极端主义的根源

新疆宗教政治色彩浓厚，与伊斯兰文化圈联系较强，伊斯兰复兴运动兴起分别构成了新疆宗教极端化倾向的宗教、历史、国际根源。

**1. 宗教原因**。伊斯兰教自 10 世纪初传入新疆以后，开始在新疆境内传播。其后数百年间，多次通过武力、强制传教，使伊斯兰教传播范围得以扩展。到 15 世纪末 16 世纪初吐鲁番、哈密等地居民改信伊斯兰教后，新疆维吾尔族绝大多数信仰了伊斯兰教。这种信仰的普遍性一直延续至今。宗教与生活的同一性加深了群众的信仰，使信教群众往往从宗教感情、心理、宗教活动、礼仪等方面互相感染，客观上形成一些地区宗教氛围较为浓厚。这是新疆特别是南疆少数民族聚居地区基本社情。在各大宗教中，伊斯兰教是具有更为明显的政治特色的宗教。特别是伊斯兰教历史上流传的两种思想，容易被政治势力所利用。第一是"乌玛"思想。它主张一切信仰伊斯兰教的人都归于一个民族共同体，视为同一"乌玛"的成员。第二是"泛伊斯兰"的影响。伊斯兰教对政治、经济、文化、社会的影响较大。也有的人把伊斯兰教视为无所不包的社会上层建筑。

2. **历史原因**。新疆的伊斯兰教于 10 世纪初从中亚传入。新疆主要接受的是已在中亚成为主导教派的逊尼派中的哈乃斐教法学派，并沿袭至今。此外，来自中亚的苏菲派在新疆也有一定的传播，目前在新疆仍有上万信众。在伊斯兰教传入新疆初期，主要由外国（主要中亚）传教士担任教职，新疆伊斯兰教的主导权，直到 19 世纪中叶仍然被外来宗教特权集团所控制。后来随着传播地区的扩大，教徒人数的剧增，才开始了教职人员本地化进程。但是，由于教民中懂阿拉伯文、波斯文的人数较少，对伊斯兰教教义的学习和理解不深，加之地理原因，熟悉中国传统文化的人少，进而推进伊斯兰教本土化的进程较为缓慢。特别是伊斯兰教产生于阿拉伯半岛，在历史上形成了以《古兰经》为核心，以中东为中心的伊斯兰文化圈，造成新疆的宗教人士和信教群众认为伊斯兰教本身就是从"西边"传播过来的，所以往往视"西边"的宗教教义为正宗，受伊斯兰文化圈的影响较大。由于宗教的同一性容易增强不同民族的内在认同性，这种历史造成信教群众对伊斯兰文化圈的认同较强，对中华文化圈的认同较弱，直接影响对中华文化和中华民族共同体的认同。

3. **国际原因**。近代以来，由于地缘因素和跨境民族因素，使境外各种伊斯兰社会思潮和社会运动，如瓦哈比教派运动、当代原教旨主义，战后特别是 1979 年伊朗伊斯兰教革命胜利后伊斯兰复兴思潮，以及当前伊斯兰世界急剧变化动荡中宗教极端主义的再度兴起和泛滥等，都能凭借地缘优势、民族因素和文化联系等传入新疆，伊斯兰世界主要的思潮和发生的重大事件在新疆都有不同程度的反映。20 世纪 80 年代我国实行改革开放以来，对外经济文化交流不断增多。国外敌对势力利用新疆靠近中亚、中东等伊斯兰国家和境内众多民族信仰伊斯兰教的特殊地理文化条件，趁机对新疆进行宗教极端主义的渗透。这种渗透活动不但使当代国际伊斯兰复兴运动的思想在新疆一些地区得到传播，而且也使新中国成立以后曾因遭到打击而沉寂多年的泛伊斯兰主义、泛突厥主义再度活跃起来。

## 三、形成了去宗教极端主义的策略

深入推进去极端化工作，必须以法治意识、国家意识、一体多元、尊重包容、和平理性、现代文明大力对冲宗教极端"宗教至上"论、"神权政治"论、泛突厥主义、"异教徒"论、"圣战"论和愚昧落后思想。

1. **以法治意识对冲"宗教至上"论**。大力开展国法大于教规，新疆绝无法外之地、法外之人、法外之教的法律宣传教育，引导信教群众用理性、合法的方式表达正当诉求，维护社会和谐稳定，避免成为"宗教至上"论下的殉葬品。

2. **以国家意识对冲"神权政治"论**。大力开展"中国特色社会主义和中国梦宣传教育开展马克思主义国家观，引导信教群众增强在祖国大家庭中团结奋斗的光荣感、自豪感和责任感，树立国家意识，避免成为"神权政治"论下的奴隶。

3. **以一体多元对冲泛突厥主义**。大力开展以"中华人民共和国是各族人民共同缔造的伟大国家""中华文化是包括56个民族的文化""中华民族是各民族共有大家庭"等为主要内容的宣传教育，引导信教群众牢固树立各民族水乳交融、唇齿相依、休戚相关、荣辱与共的观念，树立中华民族共同体意识。

4. **以尊重包容对冲"异教徒"论**。大力开展以尊重包容、求同存异的社会主义核心价值观宣传教育，引导信教群众在尊重差异中扩大社会认同，在包容多样中达成思想共识。

**5. 以和平理性对冲"圣战"论。**大力开展客观认识、冷静分析、和谐理性的宣传教育，引导信教群众擦亮眼睛、明辨是非、远离极端，追求正信，实践善行，爱国爱教，避免沦为炮灰和牺牲品。

**6. 以现代文明对冲愚昧落后。**大力开展现代文明理念、行为方式和世俗化生活的宣传教育，引导信教群众正确认识传统文化和生活习俗，正视各种陈规陋习，主动移风易俗，避免被宗教极端主义绑架，陷入愚昧落后的深渊。

## 四、摸索了去宗教极端主义的做法

自治区党委、政府对把"去极端化"作为意识形态领域最突出、最紧迫的任务。坚持变化变革、先行先试、敢于担当，形成了全社会共同参与共同抵御共同去宗教极端主义的大格局，探索了"去极端化"工作的有效做法。

**1. 深化正信挤压，坚决压缩宗教极端主义滋生空间。**坚持和发展中国特色社会主义宗教理论，坚持宗教中国化方向，用社会主义核心价值观引领和教育宗教界人士、信教群众，弘扬中华民族优良传统，用团结进步、和平宽容等观念引导广大信教群众，因地制宜、因时制宜、因事制宜，着力激发宗教界的自觉自省，积极引导宗教与社会主义社会相适应，坚决遏制"去中国化""沙化"思想的蔓延。深刻认识准确把握宗教规律，坚持保护合法、制止非法、遏制极端、抵御渗透、打击犯罪，做好宗教工作。

**2. 深化文化对冲，以先进文化引领"去极端化"工作。**深入开展马克思主义国家观、民族观、宗教观、历史观、文化观和社会主义核心价值观宣传教育，开展"五个认同"教育，不断增强各族群众向心力和凝聚力。

3. **深化法治约束，坚决遏制宗教极端主义**。坚持主动进攻，依法严厉打击宗教极端违法犯罪活动幕后黑手、宗教极端团伙首要分子和骨干分子，摧毁滋生暴恐活动的组织基础。去极端化应当准确把握民俗习俗、正常宗教活动、非法宗教活动与极端化行为的界限，区分性质、分类施策，坚持团结教育大多数，孤立打击极少数。

4. **深化科学普及，坚决清除宗教极端主义的生存土壤**。坚持以马克思主义唯物论为指导，深入开展科学知识与技术普及，深刻阐明物质世界、生命起源和人类社会发展规律，彻底揭批"圣战殉教上天堂"等歪理邪说，引领群众崇尚科学文明生活。坚持问题导向，精准科普，针对实际问题和宗教极端主义渗透重点，分类分批分层次，定向、及时地将科普知识及资源送达目标人群，实现入脑入心。

5. **深化源头治理，坚决切断宗教极端主义传播渠道**。坚持打防并举、重在预防，坚决制止非法宗教活动、非法宗教宣传品、非法宗教网络传播等"三非"活动，切断极端主义源头和传播渠道。及时掌握"三非"新情况新动向，制定有针对性的应对措施，分类施策、综合整治，依法查处，预防"三非"活动演变为宗教极端违法犯罪。大力加强对以传承宗教为目的的地下讲经等非法宗教活动的依法治理，坚决依法打击利用"三非"活动传播宗教极端主义，宣传"圣战"，培植民族分裂、恐怖势力的行为。

"去极端化"是一个世界难题。从理念上、实践上、效果上看，新疆去宗教极端主义是目前世界上最先近、最系统、最明显的一项社会改造工程。十几年来的世界反恐斗争进入"越反越恐"的怪圈，究其根本就是极端思想的种子、土壤、市场没有得到清除。自治区党委针对"极端化"这一根源性问题，借鉴世界各国政府"去极端化"普遍共识，坚决贯彻落实党中央决策部署，紧密结合新疆实际，充分发挥政治制度优势，党政主导、部门协同、社会参与，不断探索前行、实践创新，形成了比较系统科学的"去极端化"指导思想、工作机制和措施办法，为系统谋划和顶层设计提供了基础条件，为实现新疆社会稳定和长治久安奠定了坚实基础。

# 充分发挥兵团特殊作用
# 筑牢新疆长治久安的文化之基

*"中华文化认同与新疆长治久安"课题组*

历览 2000 多年来新疆的安危兴衰，总结新中国成立以来 60 多年新疆稳定发展的基本经验，考察世界多民族国家治理的经验教训，历史和现实都昭示我们：在新疆这个多民族并存、多宗教共生、多文化汇集的边疆地区，长治久安的根本在于中华文化认同；兵团及其屯垦戍边事业，是筑牢新疆长治久安文化之基的战略选择。

## 一、对制约和影响新疆长治久安关联因素的辨析

多民族并存、多宗教共生、多文化汇集、欠发达、边疆地区，是新疆最本质、最突出的区情特点。民族问题、宗教问题、发展问题、民生问题、政策问题等等，都与新疆长治久安息息相关、不能罔顾。但这些与新疆长治久安紧密关联的因素，并非是导致新疆不稳定的决定因素。

1. 就关联因素纵向看新疆。纵观历史与现实，上述关联因素，并非今天才有，至少新疆和平解放以来始终是这样的。在此固有关联因素下，

和平解放到改革开放之初的新疆，经济发展不可谓不落后，民生不可谓不艰苦。但正是这一时期，"共产党是大救星、毛主席是红太阳、各族人民是亲兄弟"，新疆呈现了持续数十年民族团结、社会稳定的祥和局面。然而，近些年来的新疆，国家政策大力支持，全国对口支援，经济跨越发展，民生翻天覆地，但社会稳定却面临更多忧患。

**2. 就关联因素横向看全国各地**。全国范围内，上述关联因素同样存在于云南、贵州、甘肃、宁夏、青海等省区，而并非新疆所独有。就民族数量来说，这些类比的省区与新疆并无根本差异；就宗教来说，多宗教并存、伊斯兰教独大的宗教生态也非新疆独有；就发展来说，类比的省区并不比新疆更快、更好；就民生来说，类比的省区也不比新疆更优越；就政策来说，新疆所享有的民族、宗教、民族区域自治、经济和民生政策同样不比类比的省区少等等，但类比的省区却并没有因为关联因素导致突出的稳定问题。

**3. 就关联因素外向看世界**。上述关联因素在世界各国都普遍存在，但这些因素并不一定是导致相似国家动乱的根本因素。就民族而言，世界多数国家都是多民族国家，多数国家稳定的核心问题也并非民族问题；就宗教而言，多宗教并存是人类历史形成的普遍文化现象，但史上很少因为本质意义上的宗教引发动乱，有的只是宗教的极端化，而极端化不能代表某种宗教；就发展而言，当年的苏联和东欧国家不可谓不发达，但依然分崩离析；就民生而言，今天的英国、德国、西班牙等西方国家并非贫穷国家，但同样存在分离主义的国家之痛；就政策而言，世界上有哪个国家拥有比中国更优越的民族、宗教、民生和民族区域自治政策。

综上所述，本质意义上的民族、宗教、发展、民生、政策等问题，并不是导致新疆稳定与否的根本问题，经济发展、民生改善也并不能自然而然地带来长治久安。

## 二、新疆长治久安的根本在于中华文化认同

7000 年中华民族融合发展的历史脉络，2000 多年西域新疆兴衰更替的历史轨迹，历代中央王朝经营治理西域新疆的经验教训，新中国成立以来 60 多年新疆发展稳定的实践总结，几代新疆人的切身感受和疆内外有识之士的思考认知，世界多民族国家兴衰聚散的溯源寻根，都昭示我们：中华文化认同是新疆长治久安的决定因素。

1. **文化认同是新疆长治久安之基**。国民之魂，文以化之；国家之神，文以铸之。从秦始皇统一中国到如今，泱泱中华，虽历经朝代更替，无论中华民族之哪个民族主政，都岿然几千年一统不改。究其源，文化认同，始终是维系中华一体、国家一统的根脉。文化认同涵盖共同世界观、人生观、历史观、民族观、文化观、祖国观、国家观、发展观、宗教观、价值观等文化各方面的认同和文化进程的步调相对一致。在新疆，强调文化认同，核心要义在于增强各族群众对中华主流文化和先进文化的认同以及各民族文化的相互认同，正所谓"各美其美，美人之美，美美与共，天下大同"。

2. **"文治"是图治达安之本**。"圣人之治天下也，先文德而后武力。凡武之兴，为不服也。文化不改，然后加诛。"（汉·刘向《说苑·批武》）中华民族的形成，中华版图的构成，是靠文化的融合融会形成的——这是毋庸置疑的历史结论。因此，在新疆这个多民族并存、多宗教共生、多文化交汇且经济社会欠发达的边疆地区，中华文化的认同、先进文化的引领、"一体多元"文化的构建和先进文明的不断进步，是疆域图存、社会图治的根本途径。而过去 2000 年来历代封建王朝"因俗而治"的羁縻政策，以及重政轻文、重武轻文、重王化轻文化、重"武功外悠"

轻"文化内榠"等失之"文治"的历史缺撼，成为新疆治理最深痛的历史教训。

**3. 我们与"三股势力"等分离主义斗争的实质，是中国特色社会主义文化与泛伊斯兰主义、泛突厥主义等宗教极端文化、极端民族主义的斗争**。泛伊斯兰主义和泛突厥主义鼓吹"安拉唯一"而排斥世俗政治；鼓吹穆斯林族群"优越论"而排斥异族、异教徒，肆意拼凑所谓"土兰"帝国；崇尚"吉哈德"（阿拉伯语，意为"圣战"），推行暴力恐怖主义，其文化进程、文化扩张就是残酷的"吉哈德"及其演进了的"伊吉拉特"（阿拉伯语，"迁徙圣战"），其文化的核心图谋就是背离中华大一统祖国观而建立政教合一的"东突厥斯坦共和国"。这样的文化，必然与"和而不同"的中华文化观和"共同发展、共同繁荣"的民族观格格不入，因而必然导致族群战争、社会动荡和国家分裂。因此，"双泛"思潮是万恶之源，反分离主义斗争的实质，是中国特色社会主义文化与"双泛"思潮的斗争；文化的较量是根本的较量，意识形态领域是反分离主义斗争决胜的主战场。

**4. 以先进文化为引领的"一体多元"文化是新疆文化发展的根本方向**。这个发挥引领作用的"先进文化"，就是中国特色社会主义文化；这个"体"，就是中华文化这个共同体；这个"多元"，就是兼蓄和包容在中华文化共同体之中的各族优秀文化。中华文化是新疆各民族文化的最大公约数。必须强调：新疆文化发展的方向是先进文化引领下的"一体多元"文化，而不是个别民族文化的"一枝独秀"，也不是脱离开中华文化这个共同体的所谓地域特点、民族特色或者由个别民族所自我欣赏的民族文化或地域文化。个别民族的文化不能代表新疆文化。坚持先进文化引领，推动各族文化交往交流交融，构建"一体多元"新疆文化，是实现新疆长治久安最根本、最基础、最长远的战略路径。

**5.语言统则心相通、民相亲、族相融，大力发展国语教育，是新疆实现中华文化认同的决定因素之一**。古今中外，治国安邦莫不把语言文字的统一作为基本国策。同在一片蓝天下，言不通、语不懂、字不同、文不统，"见个面面容易拉话话难"，是2000多年来制约新疆族际交流、文化传播、民族融合、科技普及、舆论引导的最大障碍，也成为强化民族意识、造成民族隔膜的无形推手。加快普及国语，是桥梁工程、血脉工程、交融工程，是新疆文化建设的基础工程，也是实现新疆长治久安最为迫切的任务。

**6.宗教文化关系新疆文化方向、文化健康和文化安全，必须标本兼治，积极推进宗教改革，加强宗教文化引导**。宗教是人类社会发展进程中的文化现象，宗教文化也是发展演变的，核心问题是"宗教的发展向何处去"。宗教作为一种文化现象，我们不去引领，别人就会去引领。宗教与社会主义相适应，核心是主流文化对宗教文化的引领。加强伊斯兰教中国化进程，促进其教义与中华文化和社会主义相适应，构建其中国化、本土化的教义体系，是新疆宗教文化引导的紧迫任务。不能只讲"宗教信仰自由"而放弃宗教文化引领、任由宗教无序发展甚至异化。

**7.文化群落决定文化属性，必须嵌入先进文化群落，厚植先进文化因子，促进新疆社会形成更有利于中华文化主导和先进文化传播的文化群落结构**。人是文化的因子，承载一定文化的人群构成的文化群落是该文化的根据地、播种机和扬声器。在新疆，民族众多，少数民族人口庞大，少数民族间人口相差悬殊；宗教领域伊斯兰教一教独大，伊斯兰教信众数量超过总人口一半以上；多民族大杂居而单一民族高度聚居，形成条块分割的"文化孤岛"。存在决定意识，文化族群决定文化属性。在新疆这样一个边疆地区，多民族的人口结构和单一民族高度聚居形成的区域封闭性的文化群落，深刻影响着一定区域乃至新疆的文化融合、文化属性和文化方向。中华文化、先进文化在新疆的立足、扎根和繁荣，需要代表中华优秀文化和先进文化的文化群落的嵌入和广泛布局，并以此构建文化高地，打破条块分割的文化壁垒，营造主流文化强势，密织各族文化交往交流交融的纽带，构建为各族人民共建共享的"一体多元"文化格局。

综上所述，文化之于民族融合、社会稳定乃至长治久安，具有根本性、基础性、持久性和不可阻挡的穿透力；厘清中华文化认同之于新疆长治久安的关系和意义，找到建设性路径并加以实施，是新疆长治久安的治本之策。

### 三、兵团屯垦戍边，是在新疆传播中华文化、引领先进文化、促进各族人民中华文化认同、构建新疆长治久安文化根基无可替代的战略选择

如前所述，新疆长治久安的决定因素在于中华文化认同。多民族并存、多宗教共生、多文化汇集、欠发达、边疆地区等独特区情下新疆的中华文化认同，必须更加充分地发挥兵团屯垦戍边的特殊作用，以改变单一民族高度聚居的民族分布，优化更有利于长治久安的人口结构，壮大兼容各族优秀文化的中华文化群落，创建各民族相互嵌入并深度交往交流交融的社会结构和社区环境，构建"一体多元"新疆文化，深化各族文化认同，筑起新疆长治久安的文化基础。

1.**屯垦戍边是历代中央王朝在边疆多民族地区治国安邦、传播先进文化、促进文化认同、维系祖国统一的历史遗产和基本国策。**屯垦戍边是人类历史上最为壮美瑰丽的文化形态。从公元前105年西汉在眩雷（今

伊犁河谷地区）屯垦至今，新疆的屯垦戍边已有 2122 年。屯垦戍边的
终极目标是维护和捍卫中华民族根本利益和国家最高利益；两千多年屯
垦戍边积淀了"屯田是千古之策"（明：李贽）、"屯垦兴则西域兴，屯
垦废则西域乱"的历史遗训。历代中央王朝在西域新疆经久不绝的屯垦
戍边，其实就是对边疆文化的过程，是在西域新疆根植中华文化的过程。
历览中国边疆兴衰的历史长卷，从边疆巩固到社会治理，从科技进步到
生产方式，从语言文字到文学艺术，从宗教兴替到生活方式等等，西域
新疆的文化演进莫不与屯垦戍边息息相关。中华文化的传播并得到普遍
认同，有地域间外交、商贸、军事、文化交流、宗教活动以及各民族间
往来等多种途径，但在边疆多民族地区，屯垦戍边对于中华文化的传播
和广泛认同始终发挥着无可替代的中坚作用和主渠道作用。因为无论外
交、商贸、军事、宗教活动，还是民间往来，其对文化的传播都只是片
面的、碎片化的、有限的、局部的、一时的和间接的，而只有植根于斯
的屯垦戍边才堪当边疆地区大文化传播的使命，才更具持久力、辐射力、
渗透力、感染力和传播力。

　　**2. 引领先进文化，传播中华文化，用文化的力量推动新疆稳定发展
和长治久安，是兵团 60 多年屯垦戍边实践的核心价值**。回顾兵团 60 多
年屯垦戍边，其核心价值，就在于推动新疆持续 60 多年的巨大文化进
步。正是这种持续 60 多年的文化运动，使亘古新疆沧海桑田：在主权
意义上，不可逆转地实现了新疆作为中国版图组成部分的领土归属，增
强了各族人民对伟大祖国的认同；在发展道路上，推动新疆不可逆转的
实现了由半奴隶半封建半殖民地社会向社会主义社会的历史跨越，促进
了新疆各族人民对中国特色社会主义道路的认同；在科技文化上，推动
新疆不可逆转地实现了由原始的游牧文化、农耕文化、封闭式绿洲文化
向现代化的飞跃，带来了生产方式的革命；在精神文化领域，在新疆确

立了马克思主义指导地位，繁荣发展了包括文学艺术在内的社会主义意识形态，为构建"一体多元"新疆文化奠定了基础；在方式文化层面，带来了以现代文明为内涵的思维方式、行为模式、生活方式和民俗文化的深刻变化。

**3. 发展壮大兵团，优化兵团力量布局，加快推进兵团文化发展繁荣，是优化新疆文化群落、筑牢精神文化高地、引领先进文化、促进各族文化交往交流交融、构建"一体多元"新疆文化、实现中华文化认同的战略选择。** 兵团是各族人民的集合体，是兼容各族优秀文化于一体的先进文化群体，传播中华优秀文化、引领先进文化，是兵团屯垦戍边使命的题中应有之义、核心要义；既高度集中统一又深度融入新疆社会的体制和布局，决定了兵团传播中华优秀文化、引领先进文化、促进各族文化交往交流交融、构建"一体多元"新疆文化的独特优势；红色的文化血脉、五湖四海的文化元素、捍卫中华民族根本利益和国家最高利益的文化品质、和而不同的文化理念、60多年屯垦戍边的文化积淀、"热爱祖国、无私奉献、艰苦创业、开拓进取"的文化内核，厚植了兵团引领新疆先进文化的坚实基础。新的历史时期，兵团在新疆扼守精神文化制高点、传播中华优秀文化、引领先进文化、构建"一体多元"新疆文化的特殊作用不可替代。在多民族"大杂居"、单一民族高度聚居、"文化孤岛"林立、族际间文化交流不畅的条件下，兵团是打破文化壁垒、促进族际文化交流交融、构建"一体多元"文化不可替代的桥梁和纽带；在宗教氛围浓厚、宗教极端活动猖獗、意识形态领域反分裂斗争异常尖锐复杂的条件下，兵团是强化主流文化主导地位、抵御文化渗透、维护新疆文化安全的铜墙铁壁、中流砥柱和"压舱石"；在文化欠发达的条件下，兵团是引领先进文化、传播现代文明、引进先进生产力和生产方式、推动新疆现代化进程的文化建设大军。

**4."稳定器、大熔炉、示范区"的使命定位，赋予新时期兵团重大文化使命**。习近平总书记指出："兵团要真正成为安边固疆的稳定器，凝聚各族群众的大熔炉，先进生产力和先进文化的示范区。""稳定器、大熔炉、示范区"，先进文化是贯穿其中最核心、最本质、最能动、最持久的东西。作为"稳定器"，核心要义之一就是文化安全砝码；作为"大熔炉"，核心要义在于凝聚各族优秀文化、构建"一体多元"新疆文化，使各族文相认、心相亲、人相融；作为"示范区"，核心是传播中华优秀文化、引领先进文化。发挥好这些作用，必须加快兵团发展壮大，核心是壮大实体、扩充人口，增强兵团作为文化建设大军的体量；必须优化兵团力量布局，加快推进兵团力量嵌入式布局的深度、广度和覆盖面，重点加强兵团南疆力量建设，促进南疆地区较快形成更有利于长治久安的社会结构；必须优化作为文化棋子的布局，增强兵团文化的主导力、引导力、影响力和渗透力，强化文化示范引导和辐射带动力。

在文化认同决定新疆长治久安的视角下，在文化群落规模决定文化属性的条件下，在其他路径无法改变新疆多元多体的文化群落结构和族际文化壁垒的客观背景下，兵团屯垦戍边促进新疆各族人民文化融合以及中华文化认同的特殊作用和强大功能是无以替代的。必须把兵团的这种特殊作用和功能上升到国家文化安全、意识形态安全、边疆安全和国家整体安全的战略高度加以充分认知和有力运用。

# 国有企业混合所有制发展实践研究

## ——以中国建材集团为例

"国有企业混合所有制发展实践研究"课题组

  党的十八届三中全会以来，党中央、国务院将混合所有制经济作为基本经济制度重要实现形式、深化国企改革重要突破口的战略高度进行部署，对深化国有企业改革、做强做优做大国有企业、发展壮大国有经济，巩固和完善基本经济制度具有重大实践意义。

  近十年来,中国建筑材料集团有限公司（简称中国建材集团）[①]积极适应经济发展需要，遵循市场经济规律和企业发展规律，坚持市场化改革方向，积极推进混合所有制经济发展，由一家底子薄、资本金少、完全市场竞争的"草根央企"逐步成长为现在以400亿元国有权益带动控制了5500亿元总资产[②]，集科研、制造、流通为一体的大型综合性建材产业集团，连续六年进入世界500强，引领了我国建材行业的结构调整、

---

  ① 2016年8月26日，经国务院国资委同意，中国建筑材料集团有限公司与中国中材集团有限公司实施重组，中国建筑材料集团有限公司更名为中国建材集团有限公司，作为重组后的母公司，中国中材集团有限公司偿划转进入。本课题研究对象为重组前的中国建筑材料集团有限公司。如无特殊说明，数据截至2016年6月30日。

  ② 2017年合并后的数据。

转型升级和节能减排，走出了一条国有资本和非公资本交叉持股、相互融合、共同发展的道路。总结起来主要有八大经验做法。

**一是以促进发展为目的**。中国建材集团发展混合所有制不是"为混而混"，不是"完成目标任务"，而是在市场的倒逼下，为实现生存和发展的"突围"之路。中国建材集团所在的基础建材行业属于充分竞争领域行业，产能严重过剩，长期存在"多、散、乱"等突出矛盾，中国建材集团以国家产业政策为导向，坚持战略引领，确定了推进水泥、玻璃等传统建材产业的结构调整和节能减排，大力发展新型建材、新型房屋和新能源材料的发展战略，积极响应国家供给侧结构性改革政策要求，围绕调整结构和优化市场，打出大规模联合重组、严格限制新建、淘汰落后产能、开展错峰生产、发挥大企业引领作用、推动以协会为主导的行业自律等"六招"改革发展组合拳，结合企业发展阶段，稳步推进混改，加快推进资源整合和产业升级，实现了跨越式发展，同时让过剩产能退而有序，提高了行业集中度，使严重过剩的水泥行业步入产业结构调整升级的良性循环，为建材行业供给侧结构性改革做出重要关系。

**二是以规范操作为前提**。中国建材集团坚持"规范运作、互利共赢、互相尊重、长期合作"的"十六字"混合原则，牢牢把握明确混改目的、选择合适对象、建立高效机制的"三个关键"，按照"混得适度""混得规范""混出效果"的混合三原则，提出了"三六六"规范操作指南，即操作策略上明确指导原则、操作原则、行为原则，操作主体分为六大机构，操作流程上遵循选区域、选企业、审计评估尽职调查、谈判协议、交接、重组后评价的六个程序。通过这些做法，有效防控风险，提高联合重组效率，严防国有资产流失，切实保护各类出资人权益，为成功"混改"奠定了坚实基础。

**三是以产权改革为基础**。中国建材集团大力推进积极股东参与的多元化股权结构，既不能一股独大，让所有者缺位，也不能股权过于分散，导致"内部人控制"。在上市公司、平台公司和生产企业三个层面实施"三层混合"，采取多种途径和方式吸引非公资本。在股权比例上，设计了"正三七"和"倒三七"结构，既保证了集团在战略决策、固定资产与股权投资等层面的绝对控股，又调动了子公司在精细化管理、技术改造等环节的积极性。中国建材集团在转制科研院所、高新技术企业，探索混合所有制企业员工持股，总结了员工持股的四个关键点①，通过规范操作，有序推进员工持股，极大地增强了企业的凝聚力、创造力和竞争力，实现了"员工和企业共同成长"。

**四是以联合重组为主线**。中国建材集团没有采用存量改革的方式，而是在水泥行业大规模联合重组的过程中，通过海外上市、增发等形式募集资金，以公允合理定价、保留一定股权、留用创业团队的"三盘牛肉"吸引非公企业参与，联合重组了近千家不同所有制企业，组建了南方水泥、北方水泥、西南水泥等大型区域性水泥平台公司。在"联合重组 + 资本运营"的双轮驱动下，以混合所有制的方式实现了自身的快速健康成长，形成了中国建材股份、北新建材、中国巨石、洛阳玻璃、凯盛科技、瑞泰科技等一批活跃的上市公司群，也促进行业逐步走上竞争有序、价格稳定、充满活力、健康运行的发展道路。中国建材集团还通过混合所有制的方式发展战略性新兴产业，围绕行业转型升级重组一批具有核心技术和发展潜力的民营企业，目前已经在水泥大型成套装备、超薄液晶显示基板玻璃、石膏板、玻璃纤维、薄膜太阳能等领域达到甚至超过世界先进水平。

**五是以转换机制为核心**。做企业不仅要靠责任心、事业心和政治觉

---

① 即以增资扩股为主要方式，合理限定持股人员范围，明确规定以现金入股，设定股权退出和调整机制。

悟，还要靠先进的机制。中国建材集团提出并践行"央企市营"的发展理念，通过股权多元化、规范公司治理、建立职业经理人制度、内部机制市场化、依照市场规律开展企业经营，促进企业转换经营机制，使企业真正成为市场竞争的法人主体。中国建材集团是国资委规范董事会试点企业和落实董事会职权试点企业，在试点中总结提炼出规则制度保障先行、董事会结构合理、董事权责明晰、董事会决策科学、建立董事会评价机制等五条经验，充分发挥外部董事作用，坚持"两要两不要和三个确保"①行为原则，使董事会真正成为公司决胜市场的战略性力量。积极探索建立职业经理人制度，根据职业操守、职业化能力、业绩等方面表现制定薪酬机制，建立起股东利益、经营者利益与企业效益正相关的关系。

**六是以创新驱动为手段**。创新是企业适应经济发展新常态、化危为机的必由之路。中国建材集团在发展混合所有制经济过程中，积极探索技术创新、商业模式创新及管理模式创新等路径。在技术创新方面，通过"混改"整合资源，发挥科技优势，改造传统产业、发展新兴产业，推动转型升级，引领行业走低碳环保、绿色发展的道路；同时，将原始创新与集成创新相结合，围绕核心技术创新进行"混改"联合重组。在商业模式创新方面，创新整合优化成长模式，变"量本利"为"价本利"的盈利模式，创新"跨境电商＋海外仓"、智慧工业平台等新模式。在管理创新方面，提出"格子化"管控，推行"八大工法"②"六星企业"③

---

① 要保护外部董事的"外部性"（独立、客观），要帮助外部董事专业上"内部化"（提高专业水平）；不要拉拢外部董事，不要隐瞒外部董事；确保外部董事的独立性，确保外部董事获得信息的完整性，确保董事会决策的客观公正。

② 五集中、KPI、零库存、辅导员制、对标优化、价本利、核心利润区和市场竞合。

③ 业绩良好、管理精细、环保一流、品牌知名、先进简约、安全稳定。

等一系列行之有效的管理整合方法，外抓市场，内控成本，保证重组成功的同时，有效提升企业竞争力。

**七是以企业文化为纽带**。企业文化认同的前提是文化本身要有先进性，符合市场经济和行业发展的规律，以及企业文化沿革和成长逻辑。中国建材集团在"混改"中以"包容文化"为纽带，寻求各方最大公约数。在重组中，中国建材集团建立了以融合为特质的"三宽三力"①文化体系，强化文化感召、素质提升和人文关怀，塑造引才、育才、用才的良好环境。企业重组整合的过程也是文化博弈融合的过程，中国建材集团坚持"用先进的文化指引心灵"，要求加盟的企业必须认同集团的文化，并将经营理念、发展思路、企业愿景等写进每一个联合重组协议，形成"注重共同利益远远大于个人利益"的高度认同感。倡导"以人为本"的核心理念，坚持"企业是人、企业靠人、企业为人、企业爱人"，把企业建设成员工"乐生"平台，让员工施展才华、实现自我价值、创造美好生活，将幸福感转化为对企业的热爱和忠诚。

**八是以加强党建为保障**。中国建材集团不断健全混合所有制企业党组织发挥政治核心作用的有效机制，坚持"四同步""四对接"，加强对混合所有制企业基层党组织建设，实现党组织和党员管理全覆盖。根据混合所有制企业实际情况，对其党组织分别采取领导型管理和强化指导型管理，对某一区域内新联合重组的企业，特别是党员人数少、暂不具备条件设立党组织的商混企业和粉磨站企业，选择依托区域内某家较大规模、党建工作规范成熟的企业，成立区域联合党组织。将混合所有制企业中优秀的股东党员、职业经理人党员引进党组织班子，严格工作作

---

① "三宽"指待人宽厚、处事宽容、环境宽松，"三力"指向心力、凝聚力、亲和力。

风，营造"亲清"<sup>①</sup>文化，使不同成分（股东型、职业型、体制内）经理人之间做到既亲近融洽又风清气正。

中国建材集团通过稳步推进混合所有制经济发展，为企业注入强大的内生动力，取得了六大显著成效：一是促进了企业活力增强与持续快速发展，10多年来收入、利润双双增长100倍，年复合增长率超过40%；二是以少量国有资本撬动大量社会资本，实现了国有资产保值增值与国有资本功能放大；三是打造出多个实力雄厚的产业平台，推动了行业健康发展和产业结构优化升级；四是发挥了中央企业在技术创新和承担社会责任的"国家队"作用，应用于航天军工的T800碳纤维率先实现了千吨级生产，打破了美日国家的技术和产品供应封锁；五是培育了一批优秀骨干企业和善打硬仗的企业家队伍；六是带动众多民营企业同步快速包容性成长，开创了国有经济与民营经济共生多赢局面。

中国建材集团在混合所有制经济发展实践中，探索一整套独具特色做法，取得显著成效，受到了社会各界高度关注，为巩固和完善基本经济制度贡献了有益的共识与启示：一是坚持社会主义市场化改革方向；二是坚持"三个有利于"改革标准；三是坚持把优化资源配置、调动人的积极性作为改革的直接目的；四是坚持以改革促发展、促转型；五是坚持因企施策、多方共赢的"有机混合"；六是坚持加强党的领导和完善公司治理相结合。中国建材集团的经验做法，为当前深化国有企业改革、稳步推进竞争性行业国有企业混合所有制经济发展提供了可学习借鉴、可复制推广的宝贵经验。

---

① 2016年3月4日，习近平总书记在民建工商联委员联组会上提出。

# 国有企业科技创新实践研究

## ——以中国航天科技集团为例

"企业技术创新实践研究"课题组

　　国有企业科技创新具有什么优势，选择什么模式，不仅是一个关系中国能不能建成创新型国家和世界科技强国的重大实践问题，是一个关系中国特色科技创新道路能不能走得好的重大理论课题，也是一个关系到"两个一百年"奋斗目标能不能顺利实现的重大战略问题。

　　以中国航天科技集团为代表的国有企业的科技创新是我国科技创新发展路线的缩影，是国家科技创新竞争力体系的重要力量，是产业竞争综合实力的集中体现，代表着社会主义中国特色的航天创新竞争力。61年来，中国航天科技集团作为我国航天科技工业的主导力量，作为国家首批创新型企业，创造了以载人航天和月球探测两大里程碑为标志的一系列辉煌成就，在推进国防现代化建设和国民经济发展中作出了重要贡献。

　　航天科技的发展史代表着中国特色的国有企业科技创新体系，形成了可以长久涵养后人的"航天谱系"的创新竞争力。开展以中国航天科技集团为代表的国有企业科技创新研究，特别是总结出可复制、可推广的经验和具有普遍指导性的规律，对提高我国国有企业科技创新能力和水平具有十分重要而紧迫的意义。

## 一、服务国家战略是创新发展的前进方向

国家战略作为战略体系中最高层次的战略，指导着国家各个领域的总方略，依据国际国内情况，综合运用政治、军事、经济、科技、文化等国家力量，筹划指导国家建设与发展，维护国家安全，达成国家目标。习近平在科技创新的国家战略上指出，"在国际上，没有核心技术的优势就没有政治上的强势。在关键领域、卡脖子的地方要下大功夫。军事上也是如此。"中国航天铸就了新中国的核盾牌，奠定了我国国防安体系的基石，深刻影响了国际战略格局的演变，塑造了中国崭新的大国形象。

以航天科技创新所构建的国家战略及航天报国的国家竞争力创新体系打造了中国的国防实力，提升了我国的国际地位。中国航天肩负着国家安全战略、经济发展的重任，是我国综合国力的重要支柱，提升了创新竞争力，促进了国家竞争力的提升，赢得了发展的先机，争取发展的主动权。"实施创新驱动发展战略，要抓好顶层设计和任务落实。顶层设计要有世界眼光，找准世界科技发展趋势，找准我国科技发展现状和应走的路径，把发展需要和现实能力、长远目标和近期工作统筹起来考虑，有所为有所不为，提出切合实际的发展方向、目标、工作重点。"从国家战略发展需求来看，创新驱动发展的国家战略亟待科技创新的支点支撑。

在国家航天战略层次上，中国航天科技集团围绕国家战略，服务国家战略，加强战略研究，高度重视技术创新顶层设计和超前系统谋划部署，制定了清晰、持之以恒的、可持续发展的技术发展路线图。在国防安全方面，航天科技始终立足于关系国家安全，体现着国防实力的战略

核心力量，已经具备了研制多种类型战略、战术导弹武器装备的实力和能力，研制生产了从基本型到系列化的完整配套的导弹武器系列，主要指标接近或达到国际先进水平，实战能力、突防能力和精确打击能力显著增强，已拥有了有效的战略核威慑力量和防御反击能力，奠定了国家战略安全的基石，占据了国家战略的竞争制高点。

## 二、航天报国是创新发展的动力源泉

航天报国就是树立报国之志，热爱祖国、忠于祖国、献身祖国、建设祖国的民族精神、家国情怀。习近平指出，"高端科技就是现代的国之利器。近代以来，西方国家之所以能称雄世界，一个重要原因就是掌握了高端科技。真正的核心技术是买不来的。正所谓'国之利器，不可以示人。'只有拥有强大的科技创新能力，才能提高我国国际竞争力。"航天技术是我国的国际竞争力的代表，是一国处于科学、技术和工程前沿的高技术群，具有高度综合性和高度先导性，是衡量国家高技术水平和综合国力的重要标志，航天人"以国为重"，承载着国之利器、国家安全的民族使命。航天报国的创新使命就是发展航天事业通过创新构建国家安全基石，捍卫民族尊严，促进经济社会发展，引领创新型国家建设。

新中国贫乏年代，航天人开始投身到"两弹一星"世界高科技领域最为复杂的科学工程领域，起步之初中国完全没有基础，人才极度匮乏，技术领导层主要是一大批海外归来的专家，仅仅在23位"两弹一星"功勋奖章获得者中，就有21位是海外归国人员，对祖国的热爱使他们归心似箭，为我国航天事业带来了第一把宝贵的火种。正是有着最朴素的家国情怀，航天之父钱学森冲破一切阻拦回来报效祖国，火箭控制系统专家梁思礼直言"他们干的导弹是瞄准中国的，我干的导弹是保卫我们祖国的"，郭永怀在飞机失事的瞬间与警卫紧紧抱在一起，怎么也分不开，最后发现他们之间就是原子弹、氢弹的绝密图纸……每个航天人都始终坚持把国家利益作为最高准则，从内心深处把自己与航天事业完全融合在一起，履行使命、不辱使命。经过长达几十年，几代航天人的艰苦创业和顽强拼搏，我国航天事业才创造了以"两弹一星"、载人航天、月球探测为代表的举世瞩目的辉煌成就。

世界大国为争夺太空控制权进行着顶尖技术竞赛，卫星与导弹武器等产品是太空时代维护国防安全、信息安全和经济安全的战略基石。在这些领域核心技术是买不到的，指望从发达国家引进高精尖的技术和武器装备来武装我们的军队是痴心妄想。中国航天立足于坚持国家和民族利益至上，在推动航天科技创新过程中，从仿制起步到独立研制，大力开展核心技术攻关，突破多人多天太空飞行，太空出舱行走，空间交会对接等多项关键技术，累计完成航天发射226次，在轨运行卫星近150颗，拥有完整的通信、遥感、导航以及技术试验等卫星系列，成功实现航天器月球软着陆，卫星导航系统向全球组网迈进，到2020年前后，我国计划建成世界第三个在轨组装的空间站。航天人以探索开发宇宙空间，构建国家安全基石为战略使命和历史责任，以富国强军的神圣使命开展科技创新工作，从一无所有到步入世界空间技术先进行列，中国航天砥砺前行的是至死不渝的航天报国的家国情怀，正在从航天大国迈向航天强国。

## 三、集中力量办大事是创新发展的体制优势

习近平总书记强调，"长期以来，我国科技事业快速发展，取得举

世瞩目的成就。为什么能够成功？我看，最重要的经验是发挥社会主义制度优越性，集中力量办大事，抓重大、抓尖端、抓基本。"我们国家以"统筹结合"为特征的科学高效、实用便利的制度安排，具有最大限度整合社会资源、集中力量办大事的体制优势。

中国航天工程的举国模式，是通过立体化的全国大协作，组织协同创新，决策快、执行快，是非常有效率的治理模式，这一治理模式需要从国有企业架构、责任划分和资源配置等几个方面共同推进和实现。国有企业架构是以重大科技创新项目为主导，确立"统一计划、集中管理、按权限审批、分级实施"的管控思路，覆盖科技创新活动全过程和重点工作、重要环节，提高科技创新的标准化、制度化和规范化水准。责任划分则是迅速将项目转化为具体的策略和计划，界定企业各层级和职能部门的职责范围，使科技创新活动从计划到完成的整个流程中。资源配置是对集中的科技创新人力、物力和资本进行统筹调配，减少创新资源的重复配置，避免浪费，如何发挥有效性，并最终高质量地完成国家重大科技创新战略计划。

著名的"两弹一星"计划是新中国强烈感受到国家安全受威胁之时，"集中力量办大事"，迅速召集了包括钱学森、钱三强等一大批一流科学家启动的国家创新战略。航天"921工程""集中力量办大事"，政府既是倡导者、决策者，也是组织者、直接参与者，由中央专委代表政府行使管理职能，实施大型系统工程专项管理，统筹协调工程13个系统的110多家研制单位、3000多家协作配套和保障单位的工作，形成了一个从中央到中央专委再到国防科工委，再到各主管部门的垂直领导体系。载人航天工程的"集中力量办大事"，按行政、技术两条指挥线组织开展研制、建设工作，设立了总指挥、总设计师联席会议制度，总指挥、总设计师联席会议研究决定工程实施过程中的重要问题，重大决策报请国务院批准后实施。

## 四、自主创新是创新发展的根本保障

自主创新能在技术高地中触摸世界高度。习近平指出，"增强创新自信。经过长期努力，我们在一些领域已接近或达到世界先进水平，某些领域正由'跟跑者'向'并行者''领跑者'转变，完全有能力在新的起点上实现更大跨越。我国广大科技工作者一定要有这个信心和决心。"航天领域是我国为数不多掌握独立自主知识产权的高端制造业，是我国国有企业技术创新的龙头与表率，中国航天事业从创立之日起就带着自主创新的基因。

创新模式有原始创新、引进消化吸收再创新和集成创新。不同国家和企业会根据自身的具体情况选择适合的模式。原始创新主要取决于基础研发能力，由于投资多、周期长，在欧美等发达国家一般是由有实力的大学实验室进行。引进消化，仿制吸收再创新，往往发生在发展中国家前期的发展过程中，我国改革开放三十多年基本采用了这种创新模式，但这种模式现在开始遇到问题，常常容易引起专利纠纷，受到西方发达国家法律限制。近年来多提到集成创新，即把各种创新要素有机地组合起来、融会贯通，集成一种新产品或新的工艺生产式，目的在于有效集成各种技术要素，提高技术创新水平，为企业建立起真正高层次的竞争优势。

"两弹一星"是在国内经济困难、国外技术封锁的背景下启动，航天人依靠独立自主的创新精神取得了技术上的重大突破。1992年，载人航天工程启动时，世界航天大国在载人航天领域已经行进了30年。尽管当时已经掌握大推力火箭和返回式卫星技术，但对于载人航天却几乎一切从零开始。经过 7 年的艰苦奋战,中国运载火箭技术研究院负责抓总的长征二号 F 火箭终于研制成功,从而为中国载人航天工程的持续推进奠定了重要的基础。在载人飞船一期工程实施 10 多年来,科技人员先后攻克了近 20 项系统级关键技术难题,突破了一大批具有自主知识产权的核心技术,填补了 100 多项技术空白。"天宫一号"与"神舟九号"飞船载人交会对接技术是国际公认的航天技术难点,也是空间站建设必须首先突破的关键技术,与我国已掌握的载人航天、出舱活动共同被称为载人航天三大基本技术。我国交会对接技术的最大特点是"起点高、一步到位"。我国仅进行了 3 次载人航天飞行就突破了交会对接技术,我国成为继俄罗斯、美国之后世界上第三个完全独立掌握空间交会对接技术的国家,这对我国载人航天工程第二步战略目标的代际升级具有决定性意义。

从垂直总装、垂直测试、垂直转运和远距离测试发射的"三垂一远"发射模式,到国际先进的航天测控网,从火箭控制系统采用更加精准的迭代制导手段,到空间交会对接机构;从独居特色的航天医学工程体系,到瞄准国际前沿的空间科学实验,中国载人航天"始终坚持走独立自主、自力更生的发展道路,主要依靠自身力量,根据国情和国力,自主发展航天事业,实现代际升级,满足国家现代化建设的基本需求"。中国航天真正掌握了具有自主知识产权的核心技术和关键技术,牢牢掌握了航天科技发展的主动权,在世界高科技领域有所作为并不断实现新的跨越。

## 五、军民融合是创新发展的重要支撑

"军民融合"是指将应用于军事装备等军品的研发技术应用于民用生产领域,扩大军用技术的生产规模,提高民用产品的科技水平,实现军民的共同发展，你中有我，我中有你。"军民融合"目的在于打造开放式创新平台，降低企业研发成本，缩短研发周期，提高创新成功率，迅速占领市场。习近平强调，"把军民融合发展上升为国家战略，开创强军新局面，加快形成全要素、多领域、高效益的军民融合深度发展格局。"

可以有效实现相应技术的企业内部技术资源，与企业外部如科研机构的研发资源，前端资源与后端资源的聚合和对话，可高效协助提高企业研发与创新效率。纵观全球军工经济发展态势，军民融合在发达国家已有范例。美国建立的国防科技工业体系即是"军民融合"的一个典型。美国国会的一份研究报告显示，军民融合给美国国防部每年节约 300 亿美元，相当于其采办费总额的 20% 以上，军事技术二次转化为民用，每投入 1 美元，能产出 7 美元的效益。而据国内相关研究机构测算，载人航天的投入产出比是 1∶10 到 1∶12，对经济拉动作用显著。

党的十八大要求在国家层面建立推动军民融合发展的统一领导、军地协调、需求对接、资源共享机制。加快军民融合科技创新的应用体系建设，可以推动经济发展方式和战斗力生成模式的同步转变，为实现"一份投入两份产出"奠定坚实基础，更是应对经济全球化和网络信息时代"安全冲突与发展竞争"一体化趋势的内在要求。在军民融合的战略发展思路下，航天"用之于民"的技术已经渗透到普通百姓日常生活的方方面面，以较少的投入，高标准、高质量、高效益地实现军民创新资源共享、附加值共享和效益倍增的有效途径。在和老百姓生活息息相关的测绘、渔业、交通运输、电信、水利、森林防火、减灾防灾和安全等诸多领域得到应用，建立了以市场为导向的创新成果转化机制，产生了显著的经济效益和社会效益。

由原来的"输血"转为"造血"，促进我国军工产业升级，中国航天构建了国家主导、需求牵引、市场运作、军民深度融合的运行体系，找到了军民结合的最佳切入点，为航天高科技成果的转化提供一个良好的需求市场，以需求带动航天民用产品、技术的研发与产业化发展。航天工业根据自身特点开发出的民用产品达 5000 多种，累计实现产值 550 亿元，平均每年以 28% 的速度增长，民品产值和民品队伍均占航天工业总产值和职工总数的 2/3。在"十二五"期间，中国航天产业规模由百亿量级跃升至千亿量级，收入年均增长 18%，产业利润占集团公司利润总额提高到 58%。

## 六、航天精神是创新发展的文化灵魂

中华民族的创新精神、思想情操、道德规范、辩证思维等优秀丰厚的传统文化历史积淀，为我国未来科学技术发展提供了人文精神及创新文化的养分和多样化的路径选择。创新作为企业的一个整体行为，必须由统一的创新文化作导向。航天精神是伟大民族精神和航天实践相结合的产物，具有鲜明的民族性和实践性，同时也是中国航天集团科技创新留给中华民族宝贵的精神财富。习近平强调，"要有逢山开路、遇河架桥的意志，为了创新创造而百折不挠、勇往直前。要有探索真知、求真务实的态度，在立足本职的创新创造中不断积累经验、取得成果。"2003年 11 月 7 日，胡锦涛同志在庆祝我国首次载人航天飞行圆满成功大会上指出："在长期的奋斗中，我国航天工作者不仅创造了非凡的业绩，而且铸就了特别能吃苦、特别能战斗、特别能攻关、特别能奉献的载人航天精神。"

伴随着中国航天事业从无到有、从小到大、从弱到强的发展历程，不但铸就了"两弹一星"、载人航天、月球探测等为代表的辉煌成就，而且在不同的发展阶段和不同的时代背景下，孕育和催生了"自力更生、艰苦奋斗、大力协同、无私奉献、严谨务实、勇于攀登"的航天传统精神。航天精神的自力更生，为坚持走中国特色自主创新道路定了基调；艰苦奋斗，为困难重重的航天事业发展披荆斩棘；大力协同，体现了"全国一盘棋"的集中力量办大事的优越性；无私奉献，甘做航天事业发展过程中的一颗"螺丝钉"；严谨务实，"质量是政治、质量是生命、质量是效益"；勇于攀登，不断超越进取，攀登一座又一座航天科技高峰。

航天精神是以爱国主义为灵魂的民族精神和以改革创新为核心的时代精神的生动体现。航天精神与社会主义核心价值观是内在统一、根本一致的，是社会主义核心价值观在航天领域的具体体现。航天人提倡讲大局、讲原则、讲风格、讲团结，提倡互谅互让、主动支援、主动承担责任，引导科研人员牢固树立整体观念、全局观念和"一盘棋"思想，培育形成了完备系统工程管理思想、理论和方法。

为了实现中华民族的飞天梦，一大批优秀的科学家、工程技术人员等胸怀报国之志，肩负载人航天重任。酒泉航天人是载人航天精神的缩影。"祖国利益高于一切"，酒泉卫星发射中心地处甘肃，出了航天城，四处是一望无际的戈壁滩和大沙漠。一年到头基本上不下雨，年平均降雨量只有40毫米。空气中含氧量只有18%，晚上睡觉睡不踏实，像睡着了又像没睡着。从实验室到生产企业，从大漠深处航天发射场到浩瀚大洋上"远望号"测量船，祖国大地到处留下了航天人攻坚的足迹。"天之骄子"的航天员常年超负荷工作，承受着常人难以承受的困难和压力。航天人立足岗位、追求卓越的敬业精神，严谨细实、以质取信的诚信精神，航天精神体现在航天事业发展的每一个历史阶段和重大转折关头，杨利伟曾这样描述，"离心机训练是大家公认最痛苦的一项，如果承受不了可以按报警按钮。尽管无数次经历痛苦的煎熬，但那个按钮却一次也没有被按响过。"据统计，直接为中国载人航天工程贡献力量的人员达 10 多万，而每个人的背后还有默默付出的家人。

面向未来，中国已经确定了"两个一百年"的奋斗目标，实现中华民族伟大复兴的中国梦，必须真正用好科技创新的力量和体制机制优势。中国航天作为创新驱动战略和制造强国战略的排头兵，集中了科技创新的精神优势、文化优势、制度优势，突破了创新的重点和难点，有效地促进了企业竞争力的提升。中国航天科技创新的历史规律表明，在重视历史和现实的多重背景下，科学选择科技创新的发展方向，合理创造科技创新体系、模式和路径，积极引领产业转型升级，促进经济持续发展，社会全面进步，正是航天科技创新的经验所在。

# 推动高铁创新发展
# 以铁路强国为中华民族伟大复兴
# 当 好 先 行

"中国高铁创新发展实践研究"课题组

党的十八大以来，中国铁路总公司认真学习贯彻习近平总书记系列重要讲话精神，深入落实党中央、国务院的决策部署，立足党和国家工作大局，提高政治站位，强化使命担当，持续推动我国高铁事业实现创新发展，为促进经济社会持续健康发展发挥了重要作用。

## 一、我国高速铁路发展历程

我国高铁发展历程始于 20 世纪 90 年代，从提出发展高速铁路构想，到实施既有线提速、顺利建成秦沈客运专线、成功研制"中华之星"动车组，再到陆续建成京津、京沪、京广、哈大等一大批具有世界先进水平的高速铁路，自主研制拥有完全自主知识产权的中国标准动车组，我国高铁发展用较短时间走过了发达国家高铁几十年的发展历程，创造了世界铁路发展史上的奇迹。

总体看，我国高铁发展大致可分为三个阶段：

**1. 前期工作准备和实践探索阶段。**1992 年，原铁道部颁布《铁路今后十年和"八五"科技发展纲要》，提出研究开发高速客运技术和建设时速 200 公里以上高速铁路，并于当年启动"京沪高速铁路预可行性研究"工作，标志着发展高铁被摆上重要日程。此后，在高铁设计建造技术、高速列车技术等重点领域开展了一系列技术攻关。在 1994 年成功对广深线实施时速 160 公里改造的基础上，于 1997 年起连续 6 次对既有线进行大面积提速，为发展高铁积累了实践经验，提供了技术储备。2002 年，由我国自主设计、施工的时速 200 公里的秦沈客运专线建成投产，成功研制"中华之星"动车组，标志着我国已具备客运专线建设能力。这些为我国高速铁路发展奠定了重要理论和实践基础。

**2. 高铁建设全面展开和技术创新快速推进阶段。**2004 年 1 月国务院审议通过了中国铁路史上第一个《中长期铁路网规划》，2008 年 10 月批准调整《规划》，提出建设以"四纵四横"客运专线为骨架的快速铁路网。按照规划安排，在国家有关部门和地方党委政府的大力支持下，铁路部门加快实施《中长期铁路网规划》，相继开工建设一批重大高铁项目，推动我国高铁建设进入快速发展的新阶段。以这些重大项目实施为依托，深化高铁工程技术创新，在工务工程、通信信号、牵引供电、运营管理和客运服务等重点领域取得重要突破，逐步形成了中国高速铁路技术体系和设计规范，使我国高铁设计和建造水平提高到一个新水平。

**3. 高速铁路网加快形成和关键技术全面自主化阶段。**党的十八大以来，高铁建设稳步推进，自主创新力量显著增强，成果丰硕。2012 年 12 月，世界上第一条穿越高寒季节性冻土地区的哈尔滨至大连高速铁路建成运营；2012 年 12 月，全长 2298 公里，世界上运营里程最长、跨越温带、亚热带和众多水系的北京至广州高速铁路全线通车；2014 年

12月，全长 1777 公里，世界上一次性建设里程最长、穿越沙漠地带和大风区的兰州至乌鲁木齐高速铁路投入运营；2015 年 12 月，世界上第一条穿越热带滨海地区的海南环岛高铁全线投入运营。一批干线高铁和区域性高铁、城际铁路相继投产，基本形成以"四纵四横"为主骨架的高速铁路网。同时，全面推进高铁关键技术自主化，系统掌握了涵盖工程建造、技术装备、运营管理等高铁核心技术，形成了比较完备的高铁技术体系。特别是围绕实现高速动车组全面自主化，成功研制了拥有完全自主知识产权、具有世界先进水平的中国标准动车组"复兴号"，安全性、舒适性和节能环保性能均有较大提升，标志着我国铁路技术装备发展进入一个崭新时代。2017 年 9 月，"复兴号"动车组将按建设设计时速 350 公里在京沪高铁运行，全面确立我国高铁在世界上的领先地位。

## 二、我国高速铁路发展成就

经过 10 多年的艰苦努力，我国高速铁路建设取得举世瞩目的成就，集中体现在以下三方面：

1. **成功建设和运营了世界上规模最大的高铁网，成为高铁发展最快的国家**。到 2016 年年底，我国高铁运营里程超过 2.2 万公里，占世界高铁总里程的 60% 以上。全路每日开行动车组列车 4500 多列，是世界上高铁运营里程和列车开行数量最多的国家。我国高铁投入运营以来，展示出了安全、舒适、快捷、经济的优良品质，受到广大旅客的青睐，高铁客运量持续大幅度增长。2016 年，动车组旅客发送量达到 14.43 亿人，占总客运量的比重超过 52%。

2. **形成具有自主产权的高铁技术体系，我国高铁总体技术水平步入**

**世界先进行列**。按照"需求牵引、系统提升、持续创新、支撑发展"的技术路线，有序高效推进高铁技术创新，形成了涵盖高铁工程建设、装备制造、运营管理三大领域的成套高铁技术体系。在高铁工程建造领域，适应我国地质及气候条件复杂多样的特点，在高铁路基、桥梁、隧道、轨道、客站和系统集成等方面，攻克了一系列世界性技术难题。在高铁技术装备领域，中国标准动车组实现动车组牵引系统、制动系统、网络系统等全部核心软件和车体、牵引电机、转向架、车轮、车轴等主要硬件的自主化，软件源代码全部由国内企业掌握；研发了满足时速200—250公里和时速300—350公里运行要求的高铁列车控制技术、大张力接触网系统和牵引供电综合自动化系统。在高铁运营管理领域，全面掌握了复杂路网条件下长距离运行的高铁运营管理成套技术，建立了适应国情路情、具有世界先进水平的高铁运营管理体系。在高铁系统集成领域，系统掌握了高速铁路总体设计、接口管理、联调联试等关键技术，实现了高速铁路各子系统的高效、安全联动，使系统整体功能达到最优。

3. **推动高铁走出去取得重大突破，深刻影响和改变世界高铁发展格局**。铁路总公司认真落实中央关于铁路走出去的部署要求，充分发挥综合优势和企业层面的牵头作用，构建企业间工作协调机制，统筹运用人才、技术、资金、管理等优势资源，积极拓展国际铁路市场，显著提升了我国高铁的全产业链竞争力。中国已与20多个国家进行了高铁合作或洽谈，包括土耳其、委内瑞拉、沙特阿拉伯、利比亚、伊朗、泰国、缅甸、老挝、越南、柬埔寨、马来西亚、新加坡、罗马尼亚、巴西、墨西哥、波兰、美国、英国、俄罗斯和印度等。目前，印尼雅万高铁、中老铁路、巴基斯坦轻轨项目已开工建设，匈塞铁路塞尔维亚段已正式启动，中泰铁路、俄罗斯莫斯科至喀山高铁、马来西亚至新加坡高铁等项目正在有序推进，显著提升了我国高铁国际影响力。

## 三、高铁对我国经济社会发展的贡献巨大

我国高铁的快速发展，充分体现了五大发展理念，对经济社会发展贡献巨大，是交通运输领域供给侧结构性改革的成功范例。

1. **极大地改善了人民群众出行条件**。高铁大大缩短了区域和城市间的时空距离，区域内形成 1 小时交通圈，跨区域大城市间实现 1000 公里内 5 小时到达，2000 公里内 8 小时到达。铁路客运供给侧质量的提升，有效激发了出行需求。"十二五"期间，我国高铁客运量年均增幅高达 48.5%。

2. **带动了经济增长和产业结构优化升级**。高铁建设投资拉动关联产业的乘数效应超过 3 倍，远高于其他运输方式。动车组研制生产已形成完整的高端装备制造产业链。高铁还带动了旅游等第三产业发展，推动了产业结构优化升级。

3. **推动了区域和城乡协调发展**。高铁显著增强了沿线中心城市的经济集聚功能和辐射带动作用，促进了区域协调发展和城镇化进程。中西部和贫困地区开通运营高铁，能够有效补强交通"短板"，改善投资环境，加速承接产业转移，为区域经济社会发展注入新的活力。

4. **促进了资源节约型、环境友好型社会建设**。据测算，高速动车组每人百公里能耗为 5.2 度电，仅为飞机的 18% 和大客车的 50% 左右；与 4 车道高速公路相比，高铁占地仅为其 50%，完成单位运输量占地仅为其 10%；高铁二氧化碳等排放水平仅为飞机、汽车的 6% 和 11%。发展高铁对于推进美丽中国建设、实现绿色发展具有重要促进作用。

5. **提升了我国对外合作水平**。目前，我国高铁走出去能够实现设计建造、装备制造、运营管理和技术标准等全产业链整体输出，在促进"中

国制造"走出去由低端向高端发展、由劳动密集型向技术密集型发展中将发挥重要作用。

## 四、我国高速铁路创新发展的基本经验

**1. 得益于党中央、国务院的正确决策和高度重视。** 党中央、国务院历来重视铁路建设发展。特别是党的十八大以来，以习近平同志为核心的党中央大力实施创新驱动发展战略，对加快高铁技术创新和发展高铁提出明确要求，国家出台了一系列支持铁路建设发展的政策措施；中央领导同志多次组织研究高铁有关工作，多次现场考察高铁建设运营，多次在重大外交场合宣传推介中国高铁，为加快高铁创新发展提供了强大动力。国家对铁路的重视和支持，为高铁技术创新提供了强大动力和坚强保障。

**2. 得益于改革开放 30 多年来综合国力的显著增强。** 高铁作为国家重要基础设施和世界最先进的轨道交通方式，科技含量高、建设投资大，是跨行业、跨专业、跨领域的重大系统工程，是综合国力的集中体现。我国高铁技术创新之所以能够在短时间内取得重大突破，其中一个很重要的原因，就是改革开放 30 多年我国综合国力显著增强，科研开发、工业制造、工程建设等方面有了巨大进步，而且资金、物资、人才等方面也有丰富储备，为高铁技术创新和快速发展奠定了坚实的物质基础。

**3. 得益于我国铁路独有的体制和机制优势。** 我国铁路实行运输集中统一指挥和垂直管理，有利于统筹配置各类资源，有利于集中力量办大事。在铁路建设方面，铁路总公司落实铁路建设主体责任，统筹组织建设施工力量，统一安排高铁工程实施，统一筹集和使用建设资金，确保了工程进度和质量。在技术创新方面，铁路总公司充分发挥主导作用，

着眼于技术应用和推广，统筹国内有关科技资源，构建了以企业为主体、科研院所、相关高校广泛参与的合作模式，使产学研用各方面紧密结合开展协同创新，为一系列重大项目的顺利推进提供了体制保障。

4. **得益于得天独厚的市场资源和技术条件**。我国有 13 亿人口，对铁路特别是高铁运输需求极大，为高铁技术创新发展提供了需求和动力。我国有世界上最复杂、最多样的高铁建设和运营环境，有世界上型号最全、能力强大的高铁技术试验平台，有别国所没有的高铁运营试验场景、海量的高铁技术数据，这些都为高铁新技术的研发提供了必要条件。这些动力和条件，不仅使我国高铁技术在较短时间内实现跨越、取得领先地位，而且还将有力地支撑我们持续占据世界高铁技术发展前沿。

5. **得益于培养和锻炼了一支高素质的高铁人才队伍**。在我国高铁发展和技术创新的进程中，始终把人才培养和队伍建设放在重中之重，依托重大科研项目和建设运营实践，在高铁规划设计、建设施工、装备制造、运营管理等领域，培养造就了一大批具有先进理念、掌握高新技术、富有创新精神的技术人才、管理人才和高技能人才，形成了一支规模宏大、素质较高的高铁专业人才队伍，为高铁创新发展提供了有力的智力支持和人才保障。

# 电视国际传播的双轮驱动模式探析

## ——以四达时代集团为例

"北京四达时代通讯网络技术有限公司
在非洲发展有线电视网络实践研究"课题组

电视国际传播在传播中国声音、讲好中国故事、提升中国形象、弘扬中国文化方面取得了显著成绩,为"沟通中外,联接世界"发挥了重要作用。随着我国国际地位的提升,电视国际传播根据新的形势和任务积极创新传播模式、改进传播方法、开拓传播渠道,呈现出前所未有的新局面。四达时代集团在非洲的成功实践,为我国电视国际传播模式创新提供了有益参考,尤其在构建双轮渠道模式方面提供了有力佐证。在政府引导和支持下,国有媒体与民营文化企业在国际传播中充分发挥各自优势,在不同领域重点突破,形成合力,提升我国电视国际传播的整体实力和影响力。

## 一、四达案例对电视国际传播的借鉴与参考

四达时代集团自 2002 年开始拓展海外市场以来,已在 30 多个非

洲国家注册成立公司，开展网络系统集成、付费电视运营、内容集成与制作业务，年营业额约 1 亿美元。四达时代集团对非传播实践为我国际传播能力建设作出了积极贡献：传播中国文化，提升国际话语权和影响力；带动广播电视技术、设备、终端产品对非规模化出口；投资非洲媒体基础设施，掌握宝贵传播资源。

研究认为，中非传统友好和中非关系持续稳定发展、中国政府的大力支持、非洲相对宽松的市场准入政策，是四达时代集团在非取得成功的重要外部原因。从微观层面和内因看，主要得益于四达时代集团全面实施本土化战略、致力于打造技术和内容的核心竞争力、采取灵活商业策略、以品牌建设强化可持续发展等四个方面。同时，四达时代集团在非洲发展面临的主要困难和问题不容忽视，包括后续投入的可持续性、非洲营商环境不完善和来自西方国家的激烈竞争、非洲新媒体技术发展对传统广播电视业务的挑战等等。

四达时代集团在非洲成功实践的一个重大意义，就是实现了在国际传播关键领域的技术突破，即在非洲有效开展了渠道建设和平台运营，为我国节目内容在目标国或区域的广泛覆盖与深度传播提供了基础和条件。媒体渠道建设和平台运营与国计民生密切相关，往往较为敏感；专业化程度较高，对于企业的适应性有较高的要求；资金投入较大，对于企业的融资能力以及风险控制能力也有很高的要求。

通过系统分析非洲媒体环境以及我国媒体对非传播的竞争态势、现状、作用和效果，本研究发现，中国媒体对非传播是在双方政治制度、媒体环境、经济社会发展水平存在较大差异的基础上开展的，中非关系发展、传媒技术进步、当前非洲国家对媒体数字化的客观需求为中国媒体对非传播提供了难得的历史机遇。基于这样的背景，四达时代集团在非洲所取得的成绩，与政府支持、当地需求、自身发展等都密不可分；

简言之，中国政府的支持与推动，以及非洲媒体发展需求与四达海外发展战略的对接，成为四达在非洲发展重要的推进因素。

从国际传播战略研究的角度来看，四达时代集团在非的成功实践，为我国探索新的国际传播模式提供了有益参考。随着民营文化企业快速发展和实力显著提升，它们在电视国际传播中发挥着日益重要的作用。在新形势下，电视国际传播要统筹好国有媒体与民营文化企业的优势资源，在政府引导协调下实现双轮驱动。

## 二、电视国际传播双轮驱动模式的内涵

电视国际传播是跨国、跨文化的传播，包括内容创作、译制播出、渠道建设、品牌推广、受众服务、效果评估等多个方面。其中，内容与渠道是两个关键要素，也是电视国际传播的"两轮"。

就中国电视国际传播的主体而言，国有媒体和民营文化企业应该成为"车之双轮"，分别在内容和渠道方面发挥优势、形成影响。目前，国有媒体在电视国际传播中扮演着主力军角色，民营文化企业则作为重要补充。国有媒体在品牌建设、资源积累、人才队伍等方面形成了自有优势，民营文化企业则积极参与海外渠道建设和运营，并在一些国家和地区形成取得成效。另一方面，国有媒体和民营文化企业都需要在政府的有力牵引下才能协调运作、形成合力。四达时代集团在非洲的成功固然与其正确的经营策略有关，但更与改革开放以来中国综合国力的大幅提升，以及中非关系的持续健康发展密不可分。没有中国政府的大力支持和资金投入，没有中国广播电视业近年来在技术、节目等方面取得的长足进步，四达时代集团不可能在非洲市场发展壮大起来。换而言之，民营文化企业需要在政府的有力牵引下才能扮演好"双轮驱动"的角色。

随着全球化和网络化深入发展，国际传播领域的竞争日益激烈。经过多年发展，我国广播电视国际传播能力得到了显著提升，但与西方媒体强国相比仍有较大差距。2016年2月19日，习近平总书记在新闻舆论工作座谈会上强调，党的新闻舆论工作要适应国内外形势发展，创新方法手段。当前，电视国际传播的模式创新非常关键，关乎国家传播战略的顶层设计、媒体布局、资源分配等。"双轮模式"的核心内涵就是在政府统筹协调下，把民营文化企业置于与国有媒体同等重要的地位，与国有媒体优势互补，构建从内容到渠道的整体布局。

## 三、电视国际传播双轮驱动模式的必要性

国有媒体和民营文化企业作为电视国际传播的"双轮"，各有其优劣势。长期以来，我国电视国际传播以国有媒体为主导，在政策引导、资金扶持、管理机制、媒体建设、人才培养等方面都向国有媒体倾斜，国有媒体也在内容制作规模、海外站点建设、全球覆盖网络、人才队伍建设等方面形成了强大优势。国有媒体在管理体制和运行机制方面有其显著特点，但在开拓国际市场、推进本土运营和实施资本化运作方面存在审批程序过长、灵活性不足等问题，在国际传播中往往被贴上政府标签，遭遇意识形态障碍。

相比之下，四达时代集团等民营文化企业在电视国际传播中具有独特优势。一是民营文化企业容易突破政治制度和文化价值差异障碍，在内容制作、产品出口、市场销售、资本运作等方面善于捕捉商机。二是民营文化企业更适应海外市场，在开拓海外市场时更具灵活性、针对性和竞争力。民营文化企业机制灵活，善于在海外开展资本运作，能较好地融入了当地市场。三是民营文化企业在推进本土运营和实施资本化运

作方面效率更高。在市场竞争和经营压力下，民营文化企业有着强烈的"求生存、求发展"意识，为了获得市场和实现赢利，民营文化企业必须主动出击，及时调整经营理念和运营方式，形成更强的市场竞争力。四是民营文化企业产品和服务更契合受众需求。民营文化企业生存和发展的关键在于受众，唯有获得受众认可才能赢得市场、获得生存发展机会。与此同时，民营文化企业在国际传播过程中仍存在诸多障碍，突出表现在：一是国家扶持问题。民营文化企业在资金扶持、新闻采访资质等方面都处于不利地位，海外影视设施建设和技术改造成本居高不下，需要巨大资金投入。二是内容资源问题。内容是对外传播的核心资源，这方面民营文化企业实力较弱，缺乏节目资源积累，整体实力同国有媒体相比还有较大差距。

因此，国有媒体和民营文化企业需要在政府引导、支持下合同运作，成为步调一致、互相支持的"车之双轮"。

## 四、思考与建议

当前，我国电视国际传播应致力于把中国的政治优势、经济实力和文化资源转化为国际传播优势，通过模式创新实现资源的有效整合，不断提升国际竞争力。为此，要充分发挥双轮模式的优势，协调和调动好国有媒体与民营文化企业的优势资源，利用民营文化企业的商业属性在海外构建渠道网络、开拓海外市场，为国有媒体的内容传播提供支撑。

第一，更加重视对民营文化企业的培育，将民营文化企业纳入电视国际传播整体布局中。完善媒体管理政策，提升民营文化企业的社会认可度和品牌知名度；完善内容供给机制，为民营文化企业走出去提供优质内容资源支撑；创新国际传播资金支持模式，以补贴方式资助公益性国际传播项目或以投资方式推动商业性国际传播项目，加大对民营文化企业的资金支持。国有媒体在内容领域的优势无须赘述，但在渠道建设、商业运作方面需采取更多灵活有效措施。建议创新体制机制、顶层设计和运行模式，充分整合国有媒体和民营文化企业的优势资源。

第二，进一步发挥政府引导作用，为"双轮"提供动力支撑。发挥中国特色社会主义的体制优势，综合运用外交、商务、媒体、企业等各方面力量，协助国有媒体和民营文化企业开拓国际市场，提升国际竞争力和影响力。一是把协助媒体企业开拓国际市场作为外交工作的一项重要任务。不仅要从公共外交的角度对媒体国际传播活动给予支持，更应该从国家利益和战略角度协助克服政策壁垒，解决工作中碰到的困难和问题。二是充分发挥经济合作和经济援助对国际传播的带动作用。对外国政府传媒领域的援助要求应予以优先考虑，通过产业合作为媒体国际传播创造更加有利条件。

第三，在媒体管理上要着力提高专业化水平，增强国际传播内生动力。国际传播能力的提高得益于媒体产业的整体发展，更离不开一批专业化水平高、国际竞争力强的国有媒体和民营文化企业。为此，要创新管理机制，更加重视内容建设，打造国际一流媒体；提升传播技巧，积极创作推广优秀节目；鼓励中外合作，实现互利共赢。

# 阿里巴巴彰显电子商务与网络金融发展之"浙江经验"

"电子商务网络金融实践研究"课题组

电子商务是以信息网络技术为手段、以商品交换为中心，在互联网、企业内部网和增值网上以电子交易方式进行交易的商务活动，是对传统商业活动各个环节的电子化、网络化、信息化。在短短十余年时间，历经发展起步、网络零售、平台生态、战略扩展四个阶段，阿里巴巴成长为全球电子商务行业的领军企业。阿里巴巴电子商务网站成功融合B2B、C2C、搜索引擎和门户，无论是从总交易额，还是从用户数来衡量，其都已成为全球最大的网上交易平台。2014年9月19日，阿里巴巴集团在纽约证券交易所正式挂牌上市，总市值高达2383.32亿美元。这一历史上最大的IPO堪称中国乃至全球电子商务领域的里程碑式事件。

网络金融是金融业与互联网产业、现代信息技术产业相互融合的新兴产物，主要涵盖第三方支付、P2P网络借贷、股权众筹融资、金融产品网络销售平台、大数据金融以及互联网金融门户等新兴业态。电子商务中的信用难题催生阿里巴巴金融业务的萌芽。凭借电商实力的支撑，经过投石问路、多方探索和全面启航三个阶段，阿里巴巴网络金融成功崛起。2014年10月，蚂蚁金融服务集团对阿里网络金融进行全面整合，构建支付宝、芝麻应用、蚂蚁达客、蚂蚁金融云、余额宝、招财宝、蚂蚁聚财、网商银行、蚂蚁花呗九大业务板块。2016年年初，蚂蚁金服新一轮融资估值高达600亿美元，仅次于美国Uber，成为中国有记录以来最大的私人公司。

从微观层面上看，阿里巴巴成功崛起的背后是创始人马云的过人商业天赋与人格魅力、优秀创业团队对发展机遇的敏锐把握、富有想象力的商业模式和市场策略；从宏观层面上看，阿里巴巴根植浙江、引领全国、迈向全球，是观察电子商务和网络金融之"浙江现象"的重要窗口。阿里巴巴的崛起之路彰显，炽烈的企业家精神、一流的市场环境与前瞻的产业政策构成三大"浙江经验"，推动浙江成为电子商务和网络金融的发展先行区和创新创业沃土。

**炽烈企业家精神形成浓厚创新文化。**创新是企业家精神的灵魂。电子商务和网络金融之"浙江现象"再一次印证，企业家精神是浙江最深厚的软实力，是实实在在的精神财富。浙江地处中国东南沿海，"富于冒险、开拓进取"之海派文化传统源远流长。在改革开放的新历史条件下，潜藏于浙江人意识深处的独特文化传统和价值取向迅速复苏，一批批令人尊敬的草根创业者陆续涌现，演绎无数精彩创业创新故事，铸就"浙商模式"的辉煌。"干在实处永无止境，走在前列要谋新篇"。锐意进取的浙江人并未陷入传统模式的窠臼。近10余年来，随着浙江企业家突破低端制造路径依赖，瞄准新兴行业走转型之路，新浙商已成为浙江经济转型升级的中坚力量，而马云就是新浙商的符号性人物。马云不仅一手缔造阿里巴巴电商帝国，而且凭着对中国金融市场机会的敏锐把握，挟雄厚电商实力跨界挺进金融业，在网络金融领域开疆拓土、独领风骚，对企业家创新精神进行了完美的诠释。2000年，马云荣登《福布斯》杂志封面，成为 50 年来首位获此殊荣的中国企业家。2011 年，马云再次走进《福布斯》的封面故事，足见新浙商已登上国际经济舞台，成为西方商业世界观察中国经济走向的风向标。

一流市场环境孕育充沛创新动力。市场经济是创新的机器，完善的市场是孕育创新动力的最佳软环境。作为中国市场化改革的先行区，浙江精心培育市场，牢固树立起市场环境质量的标杆。早在 2002 年 7 月，以习近平同志为书记的浙江省委省政府就秉持市场经济是信用经济的理念，印发《关于建设"信用浙江"的若干意见》，在全国率先探索信用建设之路。时隔四年，随着《中共浙江省委关于建设"法治浙江"的决定》出台，浙江又在全国率先探索法治建设之路，为市场经济打造法治基础。党的十八大召开以来，浙江市场环境建设向纵深推进。从限制政府权力、强化政府责任、赋予市场自由、减少微观干预、打造阳光政务五个维度，浙江力推"四张清单一张网"改革，进一步厘清政府与市场的关系，简政放权。2014 年下半年，浙江相继"晒出"全国首张省级政府权力清单与全国首张省级政府责任清单。2015 年 9 月，"四张清单一张网"改革荣膺全国行政服务大厅"十佳"案例，成为中国深化行政体制改革的典范。2016 年年底，浙江省委在全省经济工作会议上提出"让群众和企业到政府办事最多跑一次"的理念和目标。2017 年浙江省政府工作报告进一步明确，"最多跑一次"改革为政府工作重点之一。

前瞻产业政策打造坚实创新基础。秉持"有效市场"与"有为政府"双轮驱动理念，浙江政府牢牢把握新一轮信息技术革命在诸多领域引发变革的战略契机，实施前瞻性产业政策。在电子商务领域，浙江省经贸委 2000 年开始着手电子商务推进工作，并于 2002 年出台电子商务建设意见；浙江省人民政府 2006 年出台《关于加快电子商务发展的意见》，明确电子商务扶持政策；浙江电子商务工作领导小组 2011 年成立并发布《浙江省电子商务产业"十二五"发展规划》；《关于进一步加快电子商务发展的若干意见》与《关于深入实施"电商换市"加快建设国际电子商务中心的实施意见》分别于2012年与2013年出台，确定了浙江电子商务产业发展重点与扶持政策。卓有成效的产业政策推动浙江成为电子商务起步最早、发展最快、业态最全的省份。在网络金融领域，作为全国首个网络金融行业地方法规，《浙江省促进互联网金融持续健康发展暂行办法》于2015年出台，倡导开放包容理念与风险底线思维，引导网络金融行业健康发展。今日浙江正着眼新兴市场需求，着力核心关键技术，依托"数字浙江"建设"智慧浙江"，打造"云上浙江、数据强省"，进一步夯实在信息产业上的领先优势。

电子商务是浙江"十三五"期间经济社会发展的新引擎、新动力。随着"一带一路"、长江经济带建设和"互联网+"行动计划的实施，浙江能够更好地发挥电子商务先发优势，有效开拓国内外网络销售市场，全面推动互联网和经济融合发展，拓展电子商务发展新空间。网络金融已成为浙江金融万亿产业目标的一大支柱，而浙江在新兴产业方面的优势也将助力网络金融的创新发展。浙江正着力打造以支付宝、浙江网商银行为龙头的网络金融新业态；打造网络金融企业孵化器，建设网络金融集聚区。总体来看，在"十三五"期间，浙江电子商务和网络金融仍处于可以大有作为的重要战略机遇期，但其面临的挑战也不容忽视。一方面，浙江处于产业发展前沿，没有现成的经验和模式可借鉴，因此把握发展趋势的难度较大；另一方面，市场竞争日趋激烈。国内其他省（区、市）日益重视电子商务和网络金融的发展，浙江原有的先发优势正逐步削弱，亟需形成发展新优势。

习近平总书记2006年主政浙江时强调，"我们要坚持和发展'自强不息、坚韧不拔、勇于创新、讲求实效'的浙江精神，与时俱进地培育和弘扬'求真务实、诚信和谐、开放图强'的精神，以此激励全省人民'干在实处、走在前列'。"坚持以党的十八届五中全会提出的"创新、协调、绿色、开放、共享"五大发展理念为指导，浙江必将继续担当电子商务和网络金融发展的排头兵。

**创新发展**。电子商务和网络金融的业务创新不断涌现，政府需因势利导并创新治理。要以人才培养培训、信用体系、标准规范、法律法规、行业管理、技术研发、知识产权保护、基础设施建设等领域为重点，不断夯实电子商务发展的基础环境，促进市场充分发挥资源配置的决定性作用；要增强政策制定过程的专业性、充分性、透明性，切实推进扶持政策的快速有效落实；要建立健全监管体系，避免出现"监管真空""监管冲突"和"监管套利"。

**协调发展**。要进一步缩小城乡电商发展差距。以实现农村市场网络化全覆盖为目标，以加强农村市场体系建设为重点，加大"万村千乡市场工程"和农村电子商务的整合力度，推进农村淘宝和农家店配送中心建设力度，提高配送率。要大力缩小城乡网络金融发展差距。随着"互联网＋"战略加速向"三农"领域渗透，网络金融要深耕农村金融市场，成为农业供给侧结构性改革的重要内容，切实满足"三农"发展对多样化、个性化金融服务的需求。

**绿色发展**。要推动电商企业实行绿色低碳、环境友好的经营方式，这不仅能有效提升商业活动的效率，促进流通、降低交易成本，也将进一步推动低碳产业链的发展，引领广大消费者形成低碳环保的消费理念及生活方式。发展绿色经济需要金融尤其是绿色金融的支持。网络金融运营成本较低、覆盖面更广，在推动绿色金融发展时具有低成本和地域空间受限较少两大优势，因此要推动其成为绿色金融的重要组成部分。

**开放发展**。跨境电商是我国经济进一步深度融入世界经济的助推器。

要坚持开放发展理念，加快推进中国（杭州）跨境电子商务试验区、义乌国际贸易综合改革等国家级改革试点的相关工作，深入贯彻"企业走出去"发展战略。蚂蚁金服等网络金融企业正加速向海外市场扩张。鉴于互联网是网络金融的载体，要夯实世界互联网大会等多边合作交流平台，推动互联网全球治理体系变革，为本土网络金融企业"走出去"营造有利的网络空间环境。

**共享发展**。电商扶贫已被国务院纳入精华扶贫战略，越来越多的低收入人群开始利用电商脱贫致富。要进一步完善电商扶贫的政策体系、工作部署和推进机制，让电商为精准扶贫提供更多的助力。网络金融借助互联网尤其是移动互联网技术，充分利用了大数据、云计算等先进技术，突破时空约束，扩大金融服务半径，推动金融服务下沉，有力支撑了普惠金融的发展。要引导网络金融为小微企业、农户提供优质服务，大力支持普惠金融从公益概念演变为真正的商业机会。

# 华为公司国际化经营的启示

"企业国际化经营实践研究"课题组

党的十八大报告提出，应加快走出去步伐，增强企业国际化经营能力，培育一批世界水平的跨国公司。国家"十三五"规划纲要指出，要强化企业创新主体地位和主导作用，形成一批有国际竞争力的创新型领军企业。华为公司就是我国改革开放以来脱颖而出的一家国际化、创新型和具有世界水平的领军企业。

华为公司创立于 1987 年。30 年来，华为坚持以客户为中心，以奋斗者为本，基于客户需求持续创新，赢得了客户的尊重和信赖，从一家初始资本只有 2.1 万元的民营企业，稳健成长为年销售规模超过 3950 亿元的世界 500 强。华为公司的业务涉及电信网络设备、IT 设备及智能终端三大板块。目前，华为是全球最大的通信网络设备制造商和全球第三大智能手机生产商。在世界 500 强的中国公司中，华为是唯一海外市场收入超过国内市场收入的企业。2015 年，华为的海外市场销售收入占公司总销售收入的 60% 左右。目前，华为在全球设立了 14 个地区部，16 个研究所，31 个联合创新中心。公司业务遍布全球 170 多个国家和地区，全球 50 家最大的电信运营商中，有 45 家使用华为提供的产品技术和解决方案。2014年，华为进入全球最大品牌咨询公司Interbrand发布的最佳全球品牌100强，是当年唯一进入100强的中国企业，同时也是该榜单历史上的第一个中国品牌。过去两年，华为持续蝉联全球品牌100强中国企业第一名。华为公司的国际化经营实践，既是践行创新、协调、绿色、开放、共享发展理念的生动展示，也为中国企业国际化经营提供了一系列有益启示。

**坚持开放发展理念，科学谋划全球经营战略**。改革开放是决定当代中国命运的关键抉择。华为抓住了我国电信市场开放和全球电信产业大发展的时代机遇，1994年就提出了"三分天下，华为占其一"的远大战略目标。1998年制定的《华为公司基本法》第一条强调："华为的追求是在电子信息领域实现顾客的梦想，并依靠点点滴滴、锲而不舍的努力，使我们成为世界级的领先企业。"带着这样的坚定信念，任正非与华为人义无反顾地踏上了充满挑战的国际化之路。在成为领先者的道路上，华为"屡战屡败，屡败屡战"，筚路蓝缕，勇于创新，洗刷"中国制造"的负面形象，跨过森严的国际化壁垒，超越强大的竞争对手，不断在挑战中历练成长。当前，我国正在大力推进"一带一路"战略，它的建设过程涉及众多国家和地区、众多产业和巨量的要素调动，这其间产生的各种机遇不可估量。中国企业必须主动把握时代机遇，科学谋划国际化经营战略，有序拓展海外业务。

**坚持提升企业学习能力，为创新发展提供恒久动能**。中国企业作为"后发者"，在国际市场上与跨国巨头相比，基本上没有任何优势，无论在产品、技术、管理、人才方面，还是对本地化市场、文化、制度的经验方面都相对幼稚和落后。作为国际市场的后起之秀，华为从最初的蹒跚学步和尝试摸索，到腾飞发展，在国际化进程中逐渐创出了以自主创新、自营渠道和自创品牌为核心的自主开拓模式，成功实现了从低端产品到高端产品、从发展中国家边缘市场到发达国家主流市场的"蛙跳式"跨越。华为的经验表明，中国企业拓展海外市场就是全面系统地学习技术、市场、规则、语言、文化和思维方式，进而不断提升自身创新发展能力的过程。在学习路径上，企业要逐渐从跟随模仿向创造开拓转型，在学习、吸收和应用世界先进知识和技术基础上开拓适合自身特征的创新发展道路，实现"弯道超车"和加速赶超。

**坚持自主研发，培育企业核心竞争力**。依赖低价优势进入国际市场的中国企业，往往受阻于核心竞争力瓶颈。为了培育和强化企业的核心能力，华为近10年累计研发投入超过2400亿元，2015年研发投入占销售收入的15.1%。在近17万员工中，超过45%的员工从事创新、研究与开发工作。在投入方向上，华为采用聚焦战略，将优势资源集中投入战略性技术机会，实现短时间内有目标的战略突破和从点到面的战略布局。在创新导向上，华为注重客户需求为主、技术为需求服务和不盲目领先的策略，以保证在持续性研发高投入条件下实现稳健发展。在创新组织上，华为采取开放式合作策略，逐步构建国际化研发能力体系，在世界范围内设立了研发能力中心，与竞争对手、客户、大学与研究机构广泛开展技术创新合作。华为的经验表明，只有专注于自主研发来推动核心竞争力，从价格优势升级至技术、品牌和知识产权优势，才能突破国际主流市场。长期坚持不懈的自主研发是积累自主核心技术资产的源泉，单纯依赖技术引进的高额"买路钱"只能换来一时的收益，并不能带来持续的成功。但是，面临前沿技术的高投入、高风险，企业也不能盲目追求技术先进性，要以客户需求为导向选择实用、具有高市场价值的技术方向，采取聚焦战略，集中有限资源寻求重点突破，再逐渐聚点成面，积累形成核心技术资产。中国企业应该积极利用外部资源，广泛开展国内外合作推进开放式创新来解决内部资源不足的问题。在拥有核心技术资产和知识产权的基础上，不断推出创新产品，争取赢得客户和获得竞争对手尊重，树立和扩大自有品牌影响，进而提升核心竞争力。

**重视知识产权和技术标准，提升国际话语权。**坚持自主创新，积累核心技术资产和知识产权，是应对国际市场竞争对手的技术要挟与知识产权围剿的根本手段。2003年，全球数据通信巨头思科就曾以侵犯知识产权为由将华为告上美国得州联邦法庭。为了应对挑战，华为大力推进面向客户需求的技术创新策略，制定了全面、严格的知识产权、版权保护制度和流程，并积极加入国际标准组织，参与国际标准制定，力争提升对通信产业技术发展方向的话语权。根据世界产权组织（WIPO）发布的数据，早在2006年，华为率先进入了PCT（专利合作条约）年度国际专利申请量全球20强，2014年更是名列前茅。截至2015年，华为公司获得全球专利授权41903件。华为的经验表明，企业应完善知识产权管理战略，构建内部知识产权管理体系，善于运用知识产权抵御进攻并保护自己的权益。在尊重别人的知识产权的同时，应充分利用知识产权武器保护自己的权益，也可采用对外技术许可或交叉许可的方式获取收益。企业还要积极加入国际标准组织和参与标准制定，扭转受制于人、被动挨打的局面。

**加强合规管理，积极参与全球商业治理。**了解和遵循国际通行的商业准则，是企业在国际市场持续发展的重要条件。一些中国企业将在国内市场形成的拉关系、搞公关、走捷径等陋习带到了国外，可能很快在局部市场打开局面，但可持续发展能力不足，时常为丑闻所困扰，或招致经济和法律纠纷而陷入困境。为了实现公司从初创阶段的"游击队"向"正规军"的转变，华为向国际知名咨询公司学习流程管理，提升企业内在经营管理能力，持续推进流程变革，通过引入一系列与国际接轨的现代企业制度和管理流程，并开发集成IT平台和信息系统固化流程，使全体员工在统一的平台上工作，通过无缝连接的流程体系，实现对业务的跨地域、全过程动态监控，解决分支机构的合理授权与有效监管之间的矛盾。华为的经验表明，中国企业应老老实实地学习全球领先的跨国企业的成功经验，建立严密的流程管理体系，规范企业人员的行为；应通过与世界各地的财务、法律、人力资源等专业服务机构战略合作，建立制度化、常态化的合规管理体系；应积极参与和配合出口管制、贸易竞争、反贿赂与反腐败等商业治理活动，不断积累合规管理的专业知识和能力；应积极参与全球经济治理和公共产品供给，提高我国在全球经济治理中的制度性话语权。

**深化人才发展体制机制改革，构筑国际化人才优势**。人才是第一资源，国际化人才是中国企业实现全球化经营的重要战略资源。国家制定的《推动共建丝绸之路经济带和 21 世纪海上丝绸之路的愿景与行动》计划也明确提出了"宽领域、多层次、国际化、复合型"人才需求。然而，我国国际化人才培养体系尚不健全，传统培养方式及流动机制无法满足中国企业对国际化人才的要求。因此，必须加快构建更加科学高效的国际化人才管理体制，构筑国际化人才制度优势，做到"择天下英才而用之"。一方面，政府应充分发挥相关职能作用，明确国际化人才需求和人才培养方向，创新国际化人才培养、评价、流动、激励、引进、保障机制，加快建立国际化人才信息库，设立国际化人才开发培养和引进、交流专项基金，保证国际化人才队伍建设规范化运行。另一方面，高等院校应充分发挥专业优势，建立和完善国际化人才培养教育体系，并积极开展与跨国公司的合作，建立国际化人才培养基地，积极对接社会需求。最后，中国企业应学习华为，积极探索和创新有鲜明特色的国际化人才管理体系，通过加大对内部员工的国际化培养力度，挖掘境外人才资源，吸引海外留学人员，开发利用海外华人华侨人才资源，为国际化经营提供强大的人才贮备。

**注重企业文化建设，共建企业精神家园**。国际化竞争日趋激烈，企业要生存，要发展，必须要有凝聚力。华为坚持"奋斗者"文化，即坚持以奋斗者为本，秉持自我批判、开放进取、团队合作和至诚守信的经营理念，为成就客户而持续艰苦奋斗的。"奋斗者"文化是推动华为国际化经营的持续力量，更是驱动国际化人才艰苦奋斗的内在动力，鼓舞激励着员工放弃熟悉的国内环境而投身海外去开拓新的"领地"，不惧战争、自然灾难、疾患，为客户服务。华为以其优秀而独特的"奋斗者"文化凝聚了一大批海内外优秀人才，激发了他们的创造力、生产力和执行力，提升了核心竞争力。华为的实践告诉我们，优秀的企业文化有助于增强企业内部凝聚力和外部竞争力，是企业健康持续发展的关键。企业应结合经营实际，积极培育具有鲜明个性和丰富内涵的企业文化，以增强员工的归属感和向心力，进而吸引和凝聚有文化认同感的海外人才，充分发挥他们的优势和才能。只有这样，才能在激烈的市场竞争中取得成功，推动企业实现可持续的发展。

**深入推进本土化战略，塑造中国企业负责任的国际形象**。中国企业走出国门，必然要面对东道国迥异的政策法规、市场条件和文化特征，"本土化"则是化解这些障碍重要途径。华为的本地化涵盖本地雇用、本地纳税、提供适合本地需求的产品以及通过与本地优秀企业进行产业分工合作。华为与运营商合作，在全球建设了1500多个网络，为东道国的通信基础设施作出了巨大贡献，促进各国经济增长，提升人民生活质量。据英国牛津经济研究所的调研报告，华为近3年对英国经济的贡献为9.56亿英镑，产生约4.11亿英镑的英国税收。在非洲大国尼日利亚，华为参与建设的电信设施大幅降低了通信资费，满足了当地人民的通信需求，使他们的生活发生了实实在在的变化。目前，华为在全球有

45 个培训中心，海外员工本地化率约为 75%。中国企业应本着"亲、诚、惠、容"理念和互惠互利的原则，同各国企业和组织构建多元伙伴关系，建立长期稳定的互利共赢生态圈，惠及所在国人民，实现共同发展；应积极吸引本土优秀人才，增强跨文化管理能力，致力消除文化冲突，促进文化融合，充分发挥本土员工的优势和才能，使本土员工与企业共同成长；应积极履行社会责任，为当地社会作出积极贡献，树立良好的中国企业形象。